国家社科基金
后期资助项目
GUO JIA SHEKE JUIN HOUQI ZIZHU XIANGMU

20世纪
黑龙江考古

石 岩 著

中华书局

图书在版编目(CIP)数据

20世纪黑龙江考古/石岩著. —北京:中华书局,2024.4
(国家社科基金后期资助项目)
ISBN 978-7-101-16549-4

Ⅰ.2… Ⅱ.石… Ⅲ.考古工作-黑龙江省-20世纪
Ⅳ.K872.35

中国国家版本馆 CIP 数据核字(2024)第 030620 号

书　　名　20世纪黑龙江考古
著　　者　石　岩
丛 书 名　国家社科基金后期资助项目
责任编辑　陈　乔
责任印制　陈丽娜
出版发行　中华书局
　　　　　(北京市丰台区太平桥西里38号　100073)
　　　　　http://www.zhbc.com.cn
　　　　　E-mail:zhbc@zhbc.com.cn
印　　刷　三河市宏盛印务有限公司
版　　次　2024年4月第1版
　　　　　2024年4月第1次印刷
规　　格　开本/710×1000毫米　1/16
　　　　　印张21¾　插页2　字数350千字
国际书号　ISBN 978-7-101-16549-4
定　　价　98.00元

国家社科基金后期资助项目出版说明

后期资助项目是国家社科基金设立的一类重要项目，旨在鼓励广大社科研究者潜心治学，支持基础研究多出优秀成果。它是经过严格评审，从接近完成的科研成果中遴选立项的。为扩大后期资助项目的影响，更好地推动学术发展，促进成果转化，全国哲学社会科学工作办公室按照"统一设计、统一标识、统一版式、形成系列"的总体要求，组织出版国家社科基金后期资助项目成果。

全国哲学社会科学工作办公室

目　录

前　言

　　黑龙江地区历史悠久，多民族聚居。早在远古时代，黑龙江流域就有原始人类在这里活动。历史上曾是肃慎、夫余、东胡等民族及其后裔劳动、生息、繁衍的地方。在漫长的岁月中，黑龙江由于其特殊的地理位置和自然环境，各族人民创造了灿烂的历史文化，遗留下丰富的文物宝藏。

　　1908年"俄国皇家东方学会"在哈尔滨成立，开始了对东北北部地区考古学、民族学、地质学、古生物学等领域的调查研究。1922年中国当局接管了"俄国皇家东方学会"，并在此基础上成立了"哈尔滨东省文物研究会"，同时设立了"东省文物研究会陈列所"（后改名为东省文物研究会博物馆，即现今的黑龙江省博物馆），到九·一八事变前该馆已成为当时重要的文物机构之一。因此，黑龙江地区是我国近代考古事业最重要的发源地之一。

　　起步时期的黑龙江考古具有强烈的殖民色彩，俄、日学者是从事考古工作的主体。1949年以后，黑龙江考古在与中国考古大形势共同发展的同时，仍然保持着自身的特色。黑龙江考古在中国考古学中占有重要的地位，它既是中国考古的一部分，也是东北亚考古的重要组成部分，因此，对20世纪黑龙江考古的历程做一个完整的回顾与总结具有很重要的意义。

　　本书是以20世纪黑龙江地区的考古工作实践作为基础，以时间和空间为纵横轴，时间上从旧石器时代至清代，空间上以现黑龙江省境内松嫩平原、三江平原和牡丹江·绥芬河流域三大区域为核心，总结和概括一个世纪以来汇集的资料、所取得的成绩以及认识。并通过这些基础工作，探讨黑龙江地区历史上文明的起源及其逐渐发展的过程。

　　本书采用的考古年代上限起自旧石器时代，下限止于清代。在考古断代上，采用旧石器时代、新石器时代、青铜时代、早期铁器时代、渤海时期、辽金时期、元明清时期。涉及的范围仅为黑龙江行政区划内的考古活动,对虽属同一考古学文化,但处于不同省份的遗址和文化不做涉及。

一、黑龙江省自然环境

黑龙江省地处祖国东北边陲,因境内最大的河流黑龙江而得名。她是我国纬度最高、经度最东的省份。其四至西与内蒙古自治区毗邻,南与吉林省接壤,北部和东部隔黑龙江、乌苏里江与俄罗斯阿穆尔州以及滨海边疆区交界。这里是东北亚区域的中心,从小兴安岭和张广才岭向东边面向太平洋,向西边背靠欧亚大陆。

黑龙江省的现代地形,是在长期演化的地质中逐渐形成的。大部分陆地形成于古生代末期至中生代时期,燕山运动末期,一直处在海平面以下的黑龙江东部地区才逐渐上升为陆地。经第三纪、第四纪地壳运动,到了中更新世初期,松嫩平原作为一个独立盆地的地理单元已初具规模,与此同时,松花江与黑龙江汇流流向东北,形成黑龙江地区三江平原的主要水系。自全新世以来,由于气候的冷暖交替变化,平原地区持续下降,孕育了许多河床漫滩、沼泽、牛轭湖、无尾河等复杂的地形地貌。

经历了漫长的岁月,沧海桑田几度变换,最终形成了黑龙江地区的现代地形。在更新世时期,水文网由不断变动到趋向稳定,沼泽、湖泊与河流,草原、灌丛与森林,以及动物群落等都在变化中调整着自己的位置。这些自然因素使古地理、古生态随时间发生变化,而它们也直接或间接地影响着各种生物,包括人类的生存和活动区域。

现在的黑龙江省是一个比较完整的自然地理区域,它幅员辽阔,地形多样,有巍峨纵横的高山,有起伏绵延的丘陵,有一望无际的平原沃野,也有水源丰沛的河流湖泊,地貌特征从总体格局看,具有"山水环峙,平原中开"的特点。在黑龙江区域的最外缘有黑龙江、乌苏里江、绥芬河、拉林河和嫩江等河流环绕,河流内外又有山脉环峙。西侧有大兴安岭将松嫩平原和蒙古高原截然分开,北侧的小兴安岭将俄属精奇里平原与松嫩平原分开,张广才岭和老爷岭等山脉在东部形成屏障。再加上横亘在区域南部的松辽分水岭,把宽阔低平的松嫩平原围绕在中部,构成四周高中部低的碟状地形结构。松嫩平原循着松花江谷地与三江平原一线相通。三江平原又与黑龙江下游谷地平原衔接,一直通向鞑靼海峡和鄂霍茨克海滨。黑龙江省气候四季分明,冬季漫长而寒冷,夏季火热而短暂。

　　松嫩平原位于黑龙江省西南部,是由嫩江和松花江冲积而成的平原。北部与小兴安岭山脉相连,东西两侧分别与东部山地及大兴安岭接壤,南部以松辽分水岭为界,并在松花江谷地和三江平原相连,整个平原略呈菱形。松嫩平原在黑龙江省境内的占地面积为10.32万平方公里,占黑龙江省全省面积的21.61%。从地质的构造上看松嫩平原其实是一个凹陷地区,也应当属于松辽断陷带的一个组成部分。凹陷区的西南区域直到现在还在继续往下沉,其东北区域则呈现出上升现象。第三纪和第四纪的沉积物目前已经上升形成台地,在当地称其为岗。松嫩平原的表面具有波状起伏的特点,因这个特点得名为波状平原。平原表面的海拔在120~300米之间,中部则分布着许多的湿地和大小不一的湖泊,地势低平,其中嫩江与松花江流经了平原的南部和西部,漫滩宽广。

　　三江平原在黑龙江省东部,它是由松花江、乌苏里江和黑龙江这三条河流的河水不断泛滥和河道迁徙所形成的冲积平原。三江平原西靠小兴安岭,北临黑龙江,东到乌苏里江,南抵完达山,总面积约10.89万平方公里。三江平原的地势低平,自西南向东北呈倾斜趋势,平原之上零散分布着部分残山和残丘,有卧虎力山、街津山、大顶子山和别拉音山等,这些残山的高度多数仅在500米以下。在这一区域,沼泽地得到了大面积发育。这些沼泽地是众多的自然因素相互作用而孕育的独特的自然综合体,这些自然因素包括了沼泽地的地貌部位、气候的过冷过湿、沼泽性河流的发育、冻土层的分布、不透水层的分布及与它们相适应的沼生湿生植物的不断生长等。沼泽多数是发育在平原上的低洼河漫滩上和部分靠近山地的低洼地区,因为此地地势低平,坡度极缓,汇水条件较好。三江平原上流经了20多条主要河流,其中多数河道弯曲,河床狭窄,甚至还有没有明显河槽的典型沼泽性河流。

　　牡丹江,在唐朝时叫忽汗河,元朝时称忽尔哈江,明朝改为虎尔哈河,到了清朝,上游叫穆丹乌拉,镜泊湖以下称瑚尔哈河。牡丹是穆丹的音转,满语穆丹的意思是水湾,意为弯曲,又因牡丹江发源于长白山脉吉林省敦化市的牡丹岭,牡丹江便因山得名。牡丹江是松花江第二大支流,是黑龙江省一条比较大的河流,流经吉林省的东北部,到黑龙江省内后流经宁安市、牡丹江市、海林市、林口县、依兰县等市(县),在依兰县的西部地区汇入松花江。牡丹江的全长为726公里,在黑龙江省境内的总长度为382公里。其中主要的4个支流有海浪河、乌斯浑河以及五林河和三道河。牡丹江流域的总面积为37023平方公里,在黑龙江省境内流域面积28543平方公里。由于全新世的火山爆发,火山流出的熔岩堰塞了牡丹江的河床,使其在宁安县的境内形成了镜泊湖。吊水楼瀑布以下至桦林为中游,河谷较宽,河谷盆地呈串珠状排列其间。桦林以下为下游,河谷较狭窄,在依兰县长江屯以下进入平原区。牡丹江流域属湿润气候区,是黑龙江省重要林区,山区林副产品和矿产资源丰富。

绥芬河位于黑龙江省的东南部,绥芬是"率宾"、"速频"、"恤品"等词语的音转,原属于满语,其意应为"锥子",是由于其河道蜿蜒穿行在老爷岭的丛山密林之间,形状酷似锥子而得名。文献记载绥芬河史称"率宾水"、"苏滨水"、"恤品水"、"速平江"、"恤品河"等,清代定名为绥芬河并一直沿用至今。绥芬河有南、北两源,南源发源于老爷岭,称"大绥芬河",北源发源于太平岭,称"小绥芬河",二源汇流于东宁市小地营北对头碇子附近,形成绥芬河干流,继而东流穿过俄罗斯境内海参崴东部地区南向注入日本海。绥芬河全长443公里,流域总面积17321平方公里,中国境内绵延258公里,流域面积7451平方公里,干流长61公里,其中包括2公里的中俄界河。绥芬河流域南北西三面为高山,多森林覆盖,植被茂密,水能资源丰富。

黑龙江省因为其优越的地理环境和自然环境,尤其是上述区域因为其富足的资源而成为适宜人居之地。研究表明黑龙江地区从旧石器时代中期到新石器时代早期,气候经历由寒冷干燥到温暖湿润的转变,此后温度继续转暖、湿度随之升高,在公元前5000~前3000年左右达到最佳气候期,之后气温几乎没有多大变化。这种气候环境是比较适合人类生活的,因此黑龙江地区自古以来就孕育了黑龙江远古人类和原始文明,并一直延续。几千年的文明更因为考古学的成就而成为明证。

二、黑龙江文明概述

黑龙江地区历史悠久,自古以来就生活着许多不同的民族。这些民族在历史上创造的文化是中华民族灿烂的古代文化的有机组成部分。其中不少民族的活动,在我国和东北亚历史发展的进程中产生了相当深远的影响,在我们多民族国家的形成中担当了重要角色,占据显著地位,起到不可忽视的作用。先秦时期,这里分布着肃慎、濊貊和东胡三大族系的先民。在漫长的岁月中,这些古老的民族及其后裔在这块土地上劳动、生息、繁衍,创造了灿烂的历史文化,遗留下丰富的文物宝藏。新中国成立后,通过考古调查、发掘和文物普查,使我们对这块土地下面所蕴含的丰厚的文化内涵有了更多的了解。

远古时代,黑龙江地区的古气候干湿冷暖交替,古地理变迁,为区域内生态多样性发育提供了良好的发展基础,也为具有一定生产力水平的人群进入这一地区提供了广阔的生存空间。

黑龙江地区到底是从什么时候开始有人类活动,这个曾经很难解的谜团,在经历了几十年的旧石器时代考古遗存的不断发现与研究工作之后,已经基本上有了答案。目前发现的考古资料表明,在旧石器时代晚期,黑龙江境内开始出现明确的人类活动的遗迹,尽管现在发现的遗址数量不多,但分布范围较广。在黑龙江省的北端塔河十八站、东端饶河小南山以及松嫩平原上的哈尔滨顾乡屯、荒山、齐齐哈尔大兴屯等处都留下了古人类生活的足迹。他们在文化面貌上略有不同,但在经济形态上看则基本保持一致,都是依靠狩猎和采集这两大手段来获得食物。

由于生产力发展水平有所提高,人类的生存能力增强,活动区域增多,在黑龙江境内发现的新石器时代的人类活动地点增多。就目前掌握的资料,新石器时代的遗存几乎覆盖了整个黑龙江省,有些地方的遗址分布尤为密集。在三江平原,分布着新开流遗址和小南山遗址。在新开流遗址中发现的遗迹和遗物,反映出当地浓厚的渔猎经济文化色彩。在新开流遗址所发现的生产工具中,渔猎工具占有着相当大的比例,比如捕鱼所使用的发达的骨质工具等,并且发现有储存鱼的窖穴,遗址的地层堆积中也发现大量的碎鱼骨,出土的陶器纹饰也多是取材于与鱼、水等有关的题材。这些发现表明其渔猎文化的特色。小南山文化出土的玉器则反映出黑龙江的古代人类已经掌握了比较成熟的手工工艺,具有原始的宗教观念和审美观念。松嫩平原发现的昂昂溪遗址是黑龙江最早经过发掘的新石器时代遗址,在该遗址周围分布着相同内涵遗址和遗物点多达百余处。其主要特色是拥有发达的骨器和压制的石器,压制的石器中又以石镞为大宗,说明当时人们的经济生活主要是以捕鱼和打猎为生。牡丹江·绥芬河流域也分布着数量较多的遗存,比较有代表性的有宁安的莺歌岭下层文化、亚布力北沙场遗址、石灰场遗址下层等。在亚布力、石灰场遗址都发现了石铲、磨盘、磨棒等农业生产工具,莺歌岭下层遗址出土了较多的陶塑动物,其中以陶猪数量最多,可能当时已经开始了对猪的饲养。亚布力、莺歌岭等遗址发现数量较多的斧、铲、锄等工具,为当地农业的出现提供了实物资料。根据目前出土的考古资料,新石器时代早期文化的社会经济生活仍以渔猎为主,中期开始直至晚期,农业出现并得到一定发展,形成渔猎与农业相混合的生业模式类型。

大约在距今 3500 年左右,黑龙江地区进入了青铜时代。比较典型的商周时期的考古学文化有肇源的白金宝文化、小拉哈一期文化,其中白金宝遗址是松嫩平原面积最大、保存最好的一处青铜时代文化遗址。在该文化遗址中发现了大量陶鬲。陶鬲这种炊具在黄河流域从新石器时代晚期一直到商周时代都十分流行,白金宝文化中出现的大量陶鬲说明当时松嫩平原与中原地区存在着密切的接触。大约在同一时期,黑龙江东部地区还存在着一些文化遗存,如位于牡丹江下游依兰的桥南一期文化遗存、宁安的莺歌岭上层遗址、石灰场下层遗存等等,尽管这些遗存中基本不见青铜制品,但其文化内涵显示,它们是与白金宝文化处于同一时代的。这些遗存向我们展示了当时人们的生活场景,共同演绎着商周时期的文明。

青铜时代之后,黑龙江地区逐渐过渡到早期铁器时代,这个时代特指青铜时代之后至渤海国之前的这一时段。铁器的出现和使用,使黑龙江的社会经济得到了较快的发展。铁制农具的出现,促进了大面积耕作的开展,提高了农业水平。在一些遗址中发现了炊器,并在出土的储藏器中发现了炭化谷物,说明当时农作物不仅在相当程度上满足生活的需求,并且有了一定的剩余。铁制工具的应用和生活资料的不断积累,使较大规模的营筑作业成为可能,只在三江平原地区,就发现了近千座聚落址。这些聚落址功能众多,既有聚居的村落,也有大型祭坛和多重城垣军事城堡。这一时期也是黑龙江境内发现遗址数量最大、确立各种考古学文化遗存种类最多的阶段。比较有代表性的考古学文化有泰来的平洋墓葬、宁安的东康文化、东宁的团结文化、绥滨的同仁文化和双鸭山的滚兔岭文化、凤林文化等。在众多的城址中,以友谊县凤林古城的规模为最大。此外,类似滚兔岭和凤林古城这类的遗存,在双鸭山市、宝清县、集贤县、佳木斯市、桦南县、勃利县等地区均都有所发现,其数量已经达到数百处之多。

渤海国建于698年,是唐朝册封的中国东北地区以粟末靺鞨为主体、结合靺鞨诸部及其他各民族建立的地方性政权。渤海国历十五王,存229年,于926年为契丹所灭。渤海国全盛时,地方五千里,东到日本海,西抵伊通河,北至黑龙江下游,南以泥河(金野江)与新罗临境,辖区包括我国东北大部地区、俄罗斯滨海地区、朝鲜半岛北部地区,有五京、十五府、六十二州、一百三十余县,史有"海东盛国"之称。渤海时期遗存在黑龙江省境内大都集中于东部地区的牡丹江·绥芬河及拉林河流域。今宁安县渤海镇的上京龙泉府遗址,是目前国内保存最完整、规模最大的古城址之一。以上京城遗址为中心,在上京城周围及牡丹江、海浪河、乌斯浑河两岸发现了多处渤海时期的城址和墓葬,并在这些遗址中留下了大批的渤海时期的文物。这些发现从不同侧面反映了渤海国在政治、经济、军事、宗教、文化、艺术等方面的历史面貌。

公元926年(辽天显元年),辽太祖阿保机灭渤海国之后,以其地封予皇太子耶律倍,对渤海遗民实施间接的统治。因在契丹东,故名东丹国。东丹国初都天福城(今黑龙江宁安境),建元甘露,置左大相、右大相、左次相、右次相,有权除授百官,行汉法。因为现今关于东丹国的史料太过匮乏,对于其状况缺乏了解,因此关于东丹国何时灭亡尚无定论。

辽代为五代时契丹族所建。辽在东北置上京道和东京道,管辖嫩江、黑龙江、松花江流域的广大地区,把黑龙江地区的女真族和室韦族置于它的治理之下。经过考古调查和发掘,已经发现了数座辽代的古城址,依兰的五国城遗址是辽代五国部越里吉国的故城。汤原双河古城、桦川瓦里霍吞古城、绥滨奥里米古城分别是辽代女真人五国部的盆奴里、越里笃、奥里米国的故城。泰来县的塔子城遗址是辽泰州故城,出土"辽大安七年残刻"等珍贵文物。在黑龙江地区辽代遗址和墓葬中出土的鸡冠壶、鸡腿坛、辽三彩、白瓷、三足铁锅等文物,具有鲜明民族风格和特色。

金朝是我国历史上女真族建立的由多民族共同组成的政权。其鼎盛时期东临日本海,北达外兴安岭(今俄罗斯境内的斯塔诺夫山脉),西部到今内蒙古包头、陕西北部、甘肃兰州一线和西夏王朝接壤,南以秦岭、淮河一线与南宋王朝相望。金朝从建国后到贞元元年(1153年)海陵王迁都中都(今北京)前,曾建都于会宁府(今黑龙江省阿城市白城),是当时金王朝早期的政治中心。迁都后,虽然政治中心南移,但这里作为女真族的故乡,一直是女真族认知中的"内地"。金代的古城址分布遍于黑龙江全省各地,可谓星罗棋布。克东蒲峪路故城、肇东八里城等都是当时金代的军事重镇。位于黑龙江省与内蒙古自治区交界处的金东北路界壕边堡,则是一处金代的长城。广泛分布在阿城小岭乡五道岭的古矿洞、炼铁炉等冶铁遗址,八里城遗址出土的种类齐全的铁器,反映了金代的生产力达到相当水平。在各地的金墓中,出土了大批反映金代贵族生活的精美器物,具有重要的历史、艺术和科学价值,基本揭示了金代宗教、文化、经济、政治等各方面的面貌。金朝前期,汉人工匠大量进入,促进了女真经济、文化的发展。阿城县亚沟石刻图像、白城宝严大师塔铭志、松峰山曹道士碑等等,则反映了金代宗教与文化的内容。

金朝末年,蒲鲜万奴建立东夏国。在镜泊湖城子后山城,牡丹江市郊出土的刻有"天泰"年号的"古州之印",为东夏国遗存。

元朝时,黑龙江地区属辽阳行中书省的开元路和水达达路管辖。元代的遗迹和遗物在黑龙江省也有发现。汤原固木纳城为元代桃温万户府故城。阿城出土的八思巴文"镇宁州诸军奥鲁之印"、"管水达达民户达鲁花赤印"、宝清县发现的"管民千户之印"等,都是元代的重要文物。

明朝于1389年(明洪武二十二年)设立兀良哈三卫,管辖黑龙江西部地区。1409年(明永乐七年)在黑龙江入海口附近的特林建立了相当于省级行政机构的奴儿干都指挥使司,下辖384卫、24所、7城站、7个地面、1个寨。黑龙江口的"永宁寺记"碑和"重建永宁寺记"碑是明朝对黑龙江流域行使主权的历史见证。明朝在黑龙江地区设奴儿干都司和400多卫所的同时,还设置了两条连接东北与中原地区的重要交通线"海西东水陆城站"和"海西西陆路城站"。目前已经考证出海西东水陆城站有十六个城站途经三江平原,具体为六城十站。通过考古调查和考证研究,这十六个城站,按自西向东的路线,依次为:斡朵里站(今依兰县西马大屯)、半山站(今汤原县西南舒乐河镇附近)、托温城、满赤奚站(今汤原县香兰镇东北3公里的固木纳城址)、阿陵站(今佳木斯市西郊敖其镇)、柱邦站(今佳木斯市的沿江公园一带)、弗思木城与古弗陵站(今桦川县东北20公里的瓦里霍吞城址)、奥里米站(今绥滨县西9公里江畔之奥里米城址)、弗踢奚城与弗能都鲁兀站(今富锦市上街基乡嘎尔当村西200米、松花江南岸的嘎尔当城址)、考郎兀城(今同江市乐业镇团结村西南1.5公里的图斯克城址)、乞列迷城与乞勒伊站(今同江市勤得利农场一分场西南约4公里的勤得利城址)、莽吉塔城(位于今抚远市城东北10公里、黑龙江右岸的城子山上)、药乞站(今抚远市通江乡黑瞎子岛上的木克得赫村)。在依兰发现的"囊哈儿卫指挥使司印"、嘉庆年间布特哈发现的"朵颜卫左千户所百户印"等均为明代珍贵的文物。

　　清代是黑龙江地区的一个重要历史时期,是历史上行政区划变更最大的时期,清初曾经在海林市设宁古塔昂邦章京,后将其移至吉林,改称吉林将军。增设了黑龙江将军,起初驻扎黑龙江左岸的黑龙江城,分别负责管辖黑龙江流域内广大地区。清代在黑龙江省境内留下了重要的遗址和文物。海林县的宁古塔旧城遗址是清初管辖黑龙江地区的宁古塔将军的驻地。黑河市的瑷珲新城遗址是1685年(清康熙二十四年)后,镇守黑龙江等处将军的驻地。黑龙江省博物馆所藏逾千公斤重的"神威无敌大将军"铜炮是抗击沙俄侵略的雅克萨之战的重要物证。肇源衍福寺双塔、宁安大石桥、虎林虎头关帝庙等都是清代的建筑。由于黑龙江地区是多民族的聚居地,这里有世居黑龙江流域的满、达斡尔、锡伯、鄂伦春、赫哲、鄂温克等少数民族,留下了大量的物质文化遗存。随着大型基本建设的不断开展,埋在地下的清代遗存也不断被发现,这些发现对于全面了解清代历史,了解清代各民族的生产生活等都有很重要的作用。

三、黑龙江考古学术史概要

20 世纪黑龙江地区的考古事业取得了可喜的成绩,考古事业从无到有,从初始到日益成熟,到如今,已经成长为科学的学科。

黑龙江地区考古学的研究成果,主要是集中在 20 世纪 70 年代以后,特别是 90 年代以来,不仅考古资料的客观公布越来越注重时效,而且在综合研究上也硕果累累。

1978 年以前,全省文博系统专业人员共撰写文章 60 余篇,在专业刊物和报纸上发表了 52 篇;1979 年至 1985 年间,撰写文章(含参加学术会议)326 篇,发表 90 余篇;1986 年至 1992 年撰写文章(含参加学术会议)422 篇,发表 272 篇;1993 至 1998 年共发表文章 431 篇;1999 年至 2005 年发表的文章也达 400 余篇。这些文章,包括自然、历史、考古发掘、文物调查、博物馆学等学科或专业。

旧石器时期的主要研究成果,谭英杰的《黑龙江旧石器时代考古的回顾和展望》[①],黑龙江省文物管理委员会等出版了《阎家岗 旧石器时代晚期古营地遗址》发掘报告 [②],于汇历、尤玉柱的《阎家岗遗址的结构及埋葬学研究》[③],张森水的《中国旧石器考古的新转折——〈阎家岗 旧石器时期晚期古营地遗址〉述评》[④],于汇历的《黑龙江五常学田旧石器文化遗址的初步研究》[⑤],通过对黑龙江境内的阎家岗、五常学田两个旧石器时代地点的专门研究,反映出黑龙江地区旧石器时代的文化特点。叶启晓的《黑龙江史前人类迁徙和环境演变研究》[⑥],对史前人类的活动及生存环境做了研究。干志耿、魏正一的《黑龙江省旧石器时代

---

① 谭英杰:《黑龙江旧石器时代考古的回顾和展望》,《黑龙江文物丛刊》1982 年第 1 期。
② 黑龙江省文物管理委员会等:《阎家岗 旧石器时代晚期古营地遗址》,文物出版社,1987 年。
③ 于汇历、尤玉柱:《阎家岗遗址的结构及埋葬学研究》,《考古与文物》1988 年第 4 期。
④ 张森水:《中国旧石器考古的新转折——〈阎家岗 旧石器时期晚期古营地遗址〉述评》,《北方文物》1991 年第 2 期。
⑤ 于汇历:《黑龙江五常学田旧石器时代文化遗址的初步研究》,《人类学报》1988 年 7 卷 3 期。
⑥ 叶启晓:《黑龙江史前人类迁徙和环境演变研究》,《环境考古研究》第二辑,科学出版社,2000 年。

考古发现与研究》①、《黑龙江省旧石器时代考古二十年》②等文章,对黑龙江地区的旧石器时代考古工作做了阶段性的总结。以上的文章从各个方面对黑龙江地区的旧石器时代文化进行研究,取得了一定的成绩。

新石器时代考古学文化的研究开展较早,早在20世纪30年代,梁思永的《昂昂溪史前遗址》就拉开了中国学者研究黑龙江地区新石器时代考古的序幕。1949年以后发现的新石器时代遗址较多,但综合性研究成果相对较少,多数是发掘简报。郝思德的《试论黑龙江省新石器时代文化的特点》③,对黑龙江地区的新石器时代文化特征做了概括论述。

商周时期的遗址主要分布在松嫩平原上,对这个时期的研究成果,主要有谭英杰、赵善桐的《松嫩平原青铜文化刍议》④,李陈奇等《松嫩平原青铜与雏形早期铁器时代文化类型的研究》⑤,对松嫩平原的商周时期的考古学文化做了综合性研究。因为松嫩平原的商周时期文化目前能够确定的主要有肇源的白金宝文化,所以针对白金宝文化的研究比较深入,主要有郝思德的《白金宝文化初探》⑥、都兴智的《试论汉书文化和白金宝文化》⑦、贾伟明的《关于白金宝类型分期的探索》⑧、李学来的《白金宝文化研究》⑨等。

早期铁器时代的主要研究成果,有单个文化的研究,也有对某个区域的综合性研究。于建华的《对牡丹江中游原始文化的几点认识》⑩和匡瑜的《战国至两汉的北沃沮文化》⑪等文,分别对牡丹江中游乃至绥芬河及图们江流域该时期的考古遗存进行了类型的划分和分期,并将同族属联系起来共同考察。林沄曾在《论团结文化》⑫一文中,全面详尽

① 干志耿、魏正一:《黑龙江省旧石器时代考古发现与研究》,《北方文物》1989年第3期。
② 于汇历:《黑龙江省旧石器时代考古二十年》,《北方文物》2000年第1期。
③ 郝思德:《试论黑龙江省新石器时代文化的特点》,《求是学刊》1981年第2期。
④ 谭英杰、赵善桐:《松嫩平原青铜文化刍议》,《中国考古学会第四次年会论文集》,1985年。
⑤ 李陈奇、殷德明、杨志军:《松嫩平原青铜与雏形早期铁器时代文化类型的研究》,《北方文物》1994年第1期。
⑥ 郝思德:《白金宝文化初探》,《求是学刊》1982年第5期。
⑦ 都兴智:《试论汉书文化和白金宝文化》,《北方文物》1986年第4期。
⑧ 贾伟明:《关于白金宝类型分期的探索》,《北方文物》1986年第4期。
⑨ 李学来:《白金宝文化研究》,《青果集》,知识出版社,1998年。
⑩ 于建华:《对牡丹江中游原始文化的几点认识》,《黑龙江文物丛刊》1982年第2期。
⑪ 匡瑜:《战国至两汉的北沃沮文化》,《黑龙江文物丛刊》,1982年第1期。
⑫ 林沄:《论团结文化》,《林沄学术文集》,中国大百科全书出版社,1998年。

地论证了"团结文化"的内涵、特征、年代以及分布等。贾伟明的《论团结文化的类型、分期及相关问题》①,也对团结文化的内涵进行了分析研究。杨志军等的《平洋墓葬研究》②,对平洋墓葬的文化特点进行了总结。谭英杰、赵虹光的《黑龙江中游铁器时代文化分期浅论》③、《再论黑龙江中游铁器时代文化晚期遗存的分期——科尔萨科沃墓地试析》④,对黑龙江中游的铁器时代文化做了分析研究。张伟在《松嫩平原早期铁器的发现与研究》⑤中,将松嫩平原出有铁器的早期文化重新做了分析和界定,将原来笼统划在青铜时代内的一些遗存区分出来,归入早期铁器时代。

渤海时期的考古开展得也较早,研究的范围比较广泛。有综合性的研究,也有专题研究,近年来还有一些成果结集成书。研究成果主要有孙秀仁的《新中国时期渤海考古学的进展》⑥、《略论海林山嘴子渤海墓葬的形制、传统和文物特征》⑦,刘晓东的《渤海墓葬的类型与演变》⑧;城址方面的研究成果,有李殿福的《渤海上京永兴殿考》⑨,魏存成的《渤海的建筑》⑩,刘晓东等《渤海上京城营筑时序与形制渊源研究》⑪;《渤海上京城主体格局的演变》⑫ 等文,对上京城的营建、主体格局等诸方面进行了详细论证,将上京城的研究逐渐引向深入。

宋辽金元时期的考古主要研究成果,有黑龙江省文物考古工作队的《从出土文物看黑龙江地区的金代社会》⑬,孙秀仁、干志耿的《论辽代

———————

① 贾伟明:《论团结文化的类型、分期及相关问题》,《考古与文物》1985 年第 2 期。
② 杨志军、刘晓东、李陈奇、许永杰:《平洋墓葬研究》,《北方文物》1996 年第 4 期。
③ 谭英杰、赵虹光:《黑龙江中游铁器时代文化分期浅论》,《考古与文物》1993 年第 4 期。
④ 谭英杰、赵虹光:《再论黑龙江中游铁器时代文化晚期遗存的分期——科尔萨科沃墓地试析》,《中苏考古学论文集》,1990 年。
⑤ 张伟:《松嫩平原早期铁器的发现与研究》,《北方文物》1997 年第 1 期。
⑥ 孙秀仁:《新中国时期渤海考古学的进展》,《黑龙江文物丛刊》1982 年第 2 期。
⑦ 孙秀仁:《略论海林山嘴子渤海墓葬的形制、传统和文物特征》,《中国考古学会年会论文集》(1979 年),文物出版社,1981 年。
⑧ 刘晓东:《渤海墓葬的类型与演变》,《北方文物》1996 年第 2 期。
⑨ 李殿福:《渤海上京永兴殿考》,《北方文物》1988 年第 4 期。
⑩ 魏存成:《渤海的建筑》,《黑龙江文物丛刊》,1984 年第 4 期。
⑪ 刘晓东、魏存成:《渤海上京城营筑时序与形制渊源研究》,《中国考古学会第六次年会论文集》(1987 年),文物出版社,1990 年。
⑫ 刘晓东、魏存成:《渤海上京城主体格局的演变》,《北方文物》1991 年第 1 期。
⑬ 黑龙江省文物考古工作队:《从出土文物看黑龙江地区的金代社会》,《文物》1977 年第 4 期。

五国部及其物质文化特征》①，孙秀仁的《黑龙江辽金考古与历史研究的主要收获》②，赵评春、迟本毅的《金代服饰——金齐国王墓出土服饰研究》③，吴顺平的《论黑龙江地区金代早期的陶瓷工艺》④，胡秀杰的《辽金时期契丹女真族瓜棱器研究》⑤，郝思德的《黑河卡伦山辽代墓葬出土的漆器及其制作工艺》⑥，王永祥、王宏北的《黑龙江金代古城述略》⑦，王禹浪、曲守成的《黑龙江地区金代古城初步研究》⑧等。

综论性的研究成果，主要有谭英杰等人的《黑龙江区域考古学》⑨，谭英杰、赵虹光的《黑龙江考古学研究的回顾与思考》⑩，孙秀仁的《黑龙江历史考古述论》（上、下）⑪，杨志军等的《二十年来的黑龙江区系考古》⑫，黑龙江省博物馆等单位编辑的《黑龙江文物考古工作三十年主要收获》⑬，郝思德、刘晓东的《黑龙江省近十年考古工作的主要收获》⑭，黑龙江省文物考古研究所的《建国以来黑龙江省考古的主要收获》⑮，杨志军的《牡丹江地区原始文化试论》⑯、张泰湘的《嫩江流域原始文化初论》⑰，杨虎、谭英杰、张泰湘的《黑龙江古代文化初论》⑱，干志耿、孙秀仁的《黑龙江古代民族史纲》⑲等，干志耿的《东北考古述略》中也谈到关于

① 孙秀仁、干志耿：《论辽代五国部及其物质文化特征》，《东北考古与历史》1982 年第 1 辑。
② 孙秀仁：《黑龙江辽金考古与历史研究的主要收获》，《黑龙江文物丛刊》1983 年第 1 期。
③ 赵评春、迟本毅：《金代服饰——金齐国王墓出土服饰研究》，文物出版社，1998 年。
④ 吴顺平：《论黑龙江地区金代早期的陶瓷工艺》，《北方文物》1989 年第 4 期。
⑤ 胡秀杰：《辽金时期契丹女真族瓜棱器研究》，《北方文物》1996 年第 2 期。
⑥ 郝思德：《黑河卡伦山辽代墓葬出土的漆器及其制作工艺》，《北方文物》1996 年第 4 期。
⑦ 王永祥、王宏北：《黑龙江金代古城述略》，《辽海文物学刊》1988 年第 2 期。
⑧ 王禹浪、曲守成：《黑龙江地区金代古城初步研究》，《东北地方史研究》1988 年第 4 期。
⑨ 谭英杰、孙秀仁、赵虹光、干志耿：《黑龙江区域考古学》，中国社会科学出版社，1991 年。
⑩ 谭英杰、赵虹光：《黑龙江考古学研究的回顾与思考》，《北方文物》1993 年第 3 期。
⑪ 孙秀仁：《黑龙江历史考古述论》（上、下），《社会科学战线》1979 年第 1、2 期。
⑫ 杨志军、许永杰、李陈奇、刘晓东：《二十年来的黑龙江区系考古》，《北方文物》1997 年第 4 期。
⑬ 黑龙江省博物馆、黑龙江省文物考古工作队：《黑龙江文物考古工作三十年主要收获》，《文物考古工作三十年》，文物出版社，1979 年。
⑭ 郝思德、刘晓东：《黑龙江省近十年考古工作的主要收获》，《黑河学刊》1989 年第 2 期。
⑮ 黑龙江省文物考古研究所：《建国以来黑龙江省考古的主要收获》，《北方文物》1989 年第 3 期。
⑯ 杨志军：《牡丹江地区原始文化试论》，《黑龙江文物丛刊》1982 年第 3 期。
⑰ 张泰湘：《嫩江流域原始文化初论》，《北方文物》1985 年第 2 期。
⑱ 杨虎、谭英杰、张泰湘：《黑龙江古代文化初论》，《中国考古学会第一次年会论文集》，文物出版社，1979 年。
⑲ 干志耿、孙秀仁：《黑龙江古代民族史纲》，黑龙江人民出版社，1987 年。

黑龙江考古的成就①。这些文章将不同时期黑龙江省在考古工作上的收获做了概括总结。

四、本书对考古学区域与考古学年代体系的划分方法

（一）考古学区域的划分

"黑龙江考古"是一个区域考古概念,如果从自然地理的含义来说,黑龙江考古应是全部黑龙江流域的考古。本文研究的空间范围只是界定于现黑龙江省辖区范围内古代文化遗存研究,对虽属同一考古学文化,但处于不同省份的遗址和文化不做涉及。

黑龙江省的考古区域划分目前有几种划分法,各划分方法略有不同,基本上都是根据自然地理指标,结合古代文化分布来进行划分的。目前主要有三种不同的划分方法。

1. 五区法。由张忠培提出②,五区分别是:其一为嫩江流域,其中还包括松花江的一段;其二是京哈铁路沿线,其中包括了呼兰河流域,向东至巴彦附近地区,这个地区其实还是吉长地区的延伸,但又颇具自身特色,同时也是东、西、南这三个方面文化区交汇的反复争夺地域;其三是三江地区;其四为牡丹江流域;其五则是绥芬河以及穆棱河流域。

2. 四区法。由谭英杰等提出的划分方法③,将自新石器时代到铁器时代初期的文化遗存,按照地理分布情况,分为四个大的区域,即中部松嫩平原区;东部三江平原区;东南部牡丹江·绥芬河流域;东北部黑龙江流域。

3. 三区法。由许永杰提出的划分方法④,将黑龙江考古区域分为松嫩平原区、牡丹江·绥芬河区和三江平原区。

本文采用第三种划分法。

---

① 干志耿:《东北考古述略》,《社会科学战线》1997 年第 1 期。
② 张忠培:《黑龙江考古学的几个问题的讨论》,《北方文物》1997 年第 1 期。
③ 谭英杰等:《黑龙江区域考古学》,中国社会科学出版社,1991 年。
④ 许永杰:《黑龙江考古界说》,《北方文物》2001 年第 4 期。

（二）本书研究的时间范围及考古学年代的划分

考古学年代的划分包括两部分的内容，一是黑龙江地区考古学年代的上限与下限，一是考古学年代不同时期的称谓。

黑龙江地区考古学年代的上限，由于在黑龙江境内已经发现了确凿的旧石器时代人类活动的遗存，因此将考古学年代的上限设定为从旧石器时代开始。

黑龙江考古年代的下限，目前的认识还不一致。目前主要有以下几种认识：一是将下限设定为金代，在《黑龙江省近十年来考古工作的主要收获》[①] 一文中，把金代作为黑龙江考古的年代下限，记述的内容有克东蒲峪路故城、新香坊金墓、阿城金齐国王墓等。二是把明代作为黑龙江考古的年代下限，《黑龙江区域考古学》[②] 著述了包括奴儿干都司与永宁寺遗址、阿什哈达摩崖、朵颜卫左千户所百户印等内容。三是把清代作为黑龙江考古的年代下限，《黑龙江文物考古三十年主要收获》[③] 一文记述了康熙十五年造"神威无敌大将军"铜炮；《黑龙江考古五十年》[④] 也把清代作为黑龙江考古的年代下限，记述内容有依兰永和、德丰清代赫哲族墓葬，以及"神威无敌大将军"铜炮。

关于考古年代下限的设定，要根据当地的历史发展状况来确定。一方面，与中原地区相比，黑龙江的历史缺乏文献记载，对考古学有更大的依赖性；另一方面，黑龙江是一个多民族的区域，这里有世居黑龙江流域的满、达斡尔、锡伯、鄂伦春、赫哲、鄂温克等少数民族，留下了大量的物质文化遗存，将其纳入黑龙江考古的范畴，不但可以了解这些民族的历史，而且可以全面地认识黑龙江的历史。清代是黑龙江历史上行政区划变更最大的时期，因此，从黑龙江地区实际出发，把清代列入黑龙江考古的范畴，具有十分重要的政治意义，这种观点已经逐渐成为共识 [⑤]。

① 郝思德、刘晓东：《黑龙江省近十年来考古工作的主要收获》，《黑河学刊》1989 年第 2 期。
② 谭英杰等：《黑龙江区域考古学》，中国社会科学出版社，1991 年。
③ 黑龙江省博物馆、黑龙江省文物考古工作队：《黑龙江文物考古三十年主要收获》，《文物考古工作三十年》，文物出版社，1979 年。
④ 黑龙江省文物管理局：《黑龙江考古五十年》，《新中国考古五十年》，文物出版社，1999 年。
⑤ 见许永杰：《黑龙江考古界说》，《北方文物》2001 年第 4 期。

　　黑龙江地区考古学的年代概念，因为地缘和历史的原因，所使用的年代体系，一直采用苏联的模式，即旧石器时代、新石器时代、青铜时代、早期铁器时代及发达铁器时代（渤海、辽金时期）。中国考古学学科分段是与中国历史分期密不可分的，包括旧石器、新石器、商周、战国秦汉、魏晋南北朝、隋唐、宋元时期考古。相比之下，黑龙江地区使用的考古学年代概念与中国考古学年代概念最大的不同是青铜时代和铁器时代两个概念的使用。

　　在新中国成立后，经过五十年考古工作，特别是改革开放后的二十年在区系类型理论指导下的考古工作，各地区考古学文化的编年与序列问题已基本解决，在全国范围内统一断代考古的年代概念的时机已经成熟。因此，黑龙江省有学者提出为了将黑龙江考古学与中国考古学保持一致，成为中国考古学的一个有机部分，并与世界考古学接轨，黑龙江地区的考古学年代体系，应该纳入中国考古学学科分段体系中，真正成为中国考古学的一部分。黑龙江的青铜时代考古应改称商周考古，黑龙江的铁器时代考古应改称战国秦汉考古、魏晋南北朝考古①。本书在内容上与中国考古学的学科分段体系一致，在称谓上仍按目前表述习惯，沿袭青铜时代与早期铁器时代的名称。

　　本书采用的考古年代上限起自旧石器时代，下限止于清代。在考古断代上，采用旧石器时代、新石器时代、青铜时代、早期铁器时代、隋唐（渤海）、辽金、元明清代。在具体的体例编排上，根据实际情况，划分为旧石器时代、新石器时代、青铜时代、早期铁器时代、渤海时期、辽金代、元明清时期等七个大段。

---

① 许永杰:《黑龙江考古界说》,《北方文物》2001 年第 4 期;张伟:《松嫩平原战国两汉时期文化遗存研究》,《北方文物》2005 年第 4 期。

上　编

一个世纪的前行——由萌芽到辉煌

黑龙江省是中国最早开展考古活动的省份之一,西方近代考古学传入我国的时间约为 20 世纪 20 年代,其传入黑龙江地区的时间也大体同时。这是由当时我国黑龙江地区所处特殊的历史、政治、地缘等条件所决定的。

在全球进入殖民时代后,黑龙江流域由于其特殊的地理位置,便成为俄、日帝国主义觊觎的对象。早在 19 世纪中叶,为实现逐步蚕食中国东北的计划,一些沙俄学者开始私自或半公开地来到黑龙江地区进行各种调查研究活动。这些调研活动包括黑龙江地区的政治、经济、军事、历史、民族、文化、气象、水文、地理和自然资源等各方面,有些调查资料散见于稍后的报刊书籍中。在 1897 年中东铁路正式动工之后,沙俄等外籍学者对黑龙江地区各种资源的调研活动变得公开化。

新中国成立以来,为了保护、利用、继承这些珍贵的文化遗产,黑龙江省几代文物工作者和其他各行各业的人士,经过艰辛努力,取得了丰硕成果。截至到 2021 年 12 月,黑龙江省共有不可移动文物(古遗址、古墓葬、古建筑、近现代重要史迹及代表性建筑)10759 处。其中全国重点文物保护单位 57 处(一至八批,单体 558 处),省级文物保护单位 348 处(一至六批),市(县)级文物保护单位 1759 处;中国历史文化名城 2 处,中国历史文化名镇 2 处,中国历史文化名街 2 处,中国历史文化街区 1 处;省级历史文化名城 2 处;省级历史文化名镇 3 处;省级历史文化名村 3 处;列入国家文物局世界文化遗产预备名单 2 处(侵华日军第七三一部队旧址、金上京会宁府遗址);国家考古遗址公园 1 处(渤海上京国家考古遗址公园),列入国家考古遗址公园立项名单 1 处(金上京国家考古遗址公园)。

纵观 20 世纪黑龙江地区的考古工作,主要经历了三个阶段:起步—发展—繁荣。

第一章　伴随着殖民与文化侵略的开场

黑龙江考古的开始充满了艰辛与坎坷。早在 20 世纪初黑龙江地区就有人从事考古活动,但是由于当时历史环境及黑龙江所处的战略位置,使最初的黑龙江考古在诞生之初就注定了不是单纯的学术活动,而是掺杂了较多的殖民与侵略的意味。在黑龙江从事考古活动的人员较复杂,从事的活动也缺乏系统性,难以得出科学的认识。

总的来说,黑龙江考古的萌芽与起步是从 20 世纪初到 1949 年。它经历了民国初年一些中国知识分子自发的对黑龙江境内所做的对古迹的调查与研究,也经历了俄国、日本殖民者带有掠夺性质的考古调查与发掘,这些活动也促使近现代意义的考古学的传入。这个阶段,也是中国知识分子在黑龙江地区用科学方法进行考古工作的开始。

一、主要机构沿革

20 世纪初,黑龙江境内成立的与文物考古有关的机构有比较明显的时代烙印,活动的主体有俄国人与日本人,依其在黑龙江势力强弱的变换而发生主体角色的转换。

(一)以俄国人为主体的组织和机构沿革

1917 年俄国"十月革命"后,大批俄国流亡者云集哈尔滨。1922 年 9 月,哈尔滨俄侨联同部分中国学人成立"满洲文化研究会",下设了博物学股、地质学股及历史人种(民族)学股。翌年更名为"哈尔滨东省文物研究会",同年成立"东省文物研究会陈列所",并于 6 月 12 日对外展出,地点即现在的黑龙江省博物馆,6 月 23 日后作为黑龙江省博物馆建馆纪念日。东省文物研究会的成立被认为是黑龙江考古学诞生的标志。

1925 年,东省文物研究会设立考古学股(部),由俄考古学家托尔马乔夫担任部门责任人,主要从事历史学、考古学、民族学和古生物学等相关方面的研究工作。1927 年原俄罗斯东方学会哈尔滨分会和东省文物研究会合并。1929 年东省特别区当局收回由苏方控制的东省文物研究会,改为东省特别区文物研究会,并接管了陈列所,改称东省特别区文物研究会博物馆。

1929 年底分别成立了基督教青年会自然科学与地理学俱乐部、布尔热瓦尔斯基研究会。前者主要进行地区历史与考古的宣讲,后者继续进行规模有限的田野考古工作。

(二)以日本人为主体的组织和机构沿革

1932 年,黑龙江沦为日本侵略地,原"东省特别区文物研究会"易名为"北满特别区文物研究所"。此次易名标志着该机构主要研究成员的格局改变,由此拉开了黑龙江考古工作以日本学人为主要承担者的历史序幕。

1937 年,伪大陆科学院哈尔滨分院成立,继续开展部分田野工作。其行政管理机构先后由东省特别区教育厅、伪北满特别区教育处、伪滨江省教育厅、伪大陆科学院哈尔滨分院等管理。

二、主要活动

从 20 世纪初开始,直到新中国成立前约 40 年间,上述团体与机构的部分人员在黑龙江境内进行的考古活动主要是一些考古调查与小规模的发掘工作。

最初的活动主要是由俄、日学者进行的。

19 世纪末 20 世纪初沙皇俄国为攫取中国东北资源,称霸远东地区,在中国东北以哈尔滨为中心,修筑了一条铁路,即"中东铁路"。1903 年中东铁路全线通车后,俄国人大量涌入东北,在这些人中有很多军界和知识界的人士,其中有的人开始做一些考古调查与发掘的工作。1910 年俄国东方学家协会调查了依兰古城(以下部分俄、日活动的资料出自《黑龙江省志·文物志》),1916~1917 年,沙俄地质委员会曾非法派遣地质人员在黑龙江右岸(今嘉荫县境)进行了大规模盗掘古生物化石的活动。日本人在 20 世纪初就将触角伸入到东北,1910 年日本鼓吹"满蒙独立论"的"满蒙学派"创始人白鸟库吉非法调查了渤海上京和金上京遗址。1919 年鸟居龙藏调查了黑龙江口特林明永宁寺遗址和双城子古城,试掘了观音堂遗址(见鸟居龙藏《东北亚洲搜访记》)。

在上世纪 20 ~ 30 年代初,东省文物研究会的考古学股进行了一系列田野考古活动。1922 ~ 1927 年间主要在哈尔滨市周围地区,以及中东铁路沿线的滨洲、滨绥、哈尔滨至陶赖昭沿线一带进行考古调查。主要调查一些史前遗址、辽金古城遗址和墓葬,如金上京故城遗址、根河口古城、札赉诺尔及海拉尔等地的史前遗迹等。托尔马乔夫在 1923、1924、1926 年多次考察金上京遗址。卢卡什金于 1928 年发现并试掘齐齐哈尔昂昂溪遗址。但工作的规模均不大。

30 年代初,俄国人包诺索夫到镜泊湖沿岸及其附近的牡丹江周围作过调查,采集到一些石器和陶器,并作过报导。

1931 ~ 1932 年间东省特区文物研究所组织科学考察团,进行大规模综合考察活动,考古分队的包诺索夫等人也参加了该考察团。这次活动主要调查了牡丹江中游两岸、海浪河下游一带及穆棱河流域的一些地点。这次考察有很大的收获,发现了东京城古城、牛场古城、三头江屯古城、城墙垃子、南湖头古城、松乙沟古城、尔站盆地古城、沙尔浒古城、穆棱河流域一些城址等一些古城遗址,并对部分地点进行了试掘。其中规模较大的一次考察与发掘是 1931 年东省特别区文物研究所包诺索夫等和北平地质调查所尹赞勋,对哈尔滨西郊顾乡屯晚更新世古生物化石和人类活动遗迹的科学调查与发掘。这次发掘出土了大量晚更新世古生物化石等遗物,1931 年 8 月尹赞勋在《中国地质学会会志》上发表了这次发掘资料。

"九·一八"事变后,日本对中国的文化掠夺接踵而至。日本人频繁地在黑龙江地区进行考古调查、发掘。

1933 ~ 1934 年,东京帝国大学原田淑人、水野清一、三上次男、驹井和爱等假借东亚考古学会之名,发掘了宁安渤海上京龙泉府遗址,此次考古发掘规模很大,清理出城墙、宫殿和寺院等遗迹,并出版了《东京城》一书为专题报告。

1933～1934 年,日本早稻田大学德永重康、直良信夫等以"满蒙第一次科学考察团"的名义对顾乡屯进行了大规模的发掘。1937～1938 年,伪满铁路教育研究所远藤隆次等再次对顾乡屯进行了大规模发掘。两次发掘获得大量古生物化石,发现了一批有人工痕迹的石制品,其中包括一些石片、石核等,并发现若干骨器。出土的大部分遗物运回日本。发掘结束后经过整理研究,在日本出版了发掘报告书,同时发表了相关论文,内容侧重于原始资料的描述和记录。

1934～1936 年,伪北满特别区文物研究所包诺索夫等组织了呼伦贝尔和呼兰考古调查。在黑龙江地区主要调查了呼兰县古遗址,发掘了呼兰县的石人城金代古城,并在康金井附近发现两座金代古城。1936 年,在哈尔滨的石人沟发现了人和动物的石雕,在宾县发现原立于白城西郊的宝严大师塔铭志,调查了亚沟石刻图像。

1936 年,俄人马良夫金、包诺索夫等在哈尔滨荒山大冲沟调查时,采集到第四纪哺乳动物化石和多件有人工痕迹的石制品、骨制品等,并进行了初步研究。其考察研究情况用消息报导和科学论文的形式在国内外有关刊物上发表[①]。

1937～1944 年,伪大陆科学院哈尔滨分院在黑龙江地区进行了多次的考古调查与发掘。

1937 年,福岛一郎、包诺索夫等调查了从长岭到拉林河口一线,考察了"大金得胜陀颂碑",发现了前、后对面城子。同年调查拉林河中游,伪满铁路教育研究所远滕隆次等再次发掘顾乡屯遗址。1938 年包诺索夫等发掘了呼兰团山子金代古城址。1939 年包诺索夫等调查了"乌尔科"边墙(即"成吉思汗"南边墙,实际上是金代东北路界壕边堡北段),这是首次对该重要遗迹进行田野考古考察。1941 年又对"乌尔科"边墙北部末段进行调查,发现宜卧奇边堡,并对过去的调查情况进行了复查,发现了麒麟河边堡。

1940 年,在伪大陆科学院哈尔滨分院工作的奥田直荣曾先后到齐齐哈尔附近昂昂溪及宁安镜泊湖周围松乙沟、南湖头、学园、金明水等地进行

---

① 包诺索夫:《满洲旧石器文化的初次发现》,《哈尔滨附近史前人类的遗迹》,《黑龙江考古民族资料译文集》(第 1 辑),北方文物杂志社,1991 年。

考古调查或试掘,奥氏将齐齐哈尔及镜泊湖周围的遗存认定为史前遗迹。

1940～1943年间,包诺索夫等人三次调查了后郭尔罗斯(今肇源县),在望海屯和二站发现了被包氏称之为史前文化的遗址,陶器以有着色红陶为特征,因而将其命名为"红陶文化",考察了八里城、二站附近的土城子、乌拉尔基古城址和墓葬。1944年热列兹涅科夫调查过阿什河下游,并对阿什河右岸的古墓葬进行了试掘。

1937～1946年,布尔热瓦尔斯基研究会的会员继续进行考古活动。主要的主持者是包诺索夫。他们调查了城高子至阿城之间的铁路沿线地带,发现了若干遗址和史前遗物点,调查者将其命名为"阿什河金石并用文化"。在帽儿山附近发现若干遗址,当时被称为"帽儿山文化",向东可延伸至亚布力,其影响可达乌苏里江一带。1939年雅可夫列夫、阿林考查了阿城松峰山洞中的曹道士碑及其附近墓葬,在阿城永源发现了地面上置有石雕像的金代贵族墓葬。马卡洛夫和马良夫金等在滨洲铁路线的昂昂溪、海拉尔车站一带调查新石器时代遗址。会员们还调查了哈尔滨城子沟附近的金代遗址、肇东八里城、阿城莫里街以及白城遗址旁侧的小城址,多次考查了白城遗址及海沟河沿岸遗址。试掘了宾县老山头古城,提出"红陶文化"的命名。斯塔里科夫调查了拉林河中游一些金代城址,以及呼兰附近的古城。

日本人几次发掘出土的古生物化石和人工制品,除少部分留在当时的哈尔滨博物馆(今黑龙江省博物馆)外,大部分重要标本先被运往当时的伪奉天满铁教育研究所,后转运日本。他们的发掘资料和研究成果大都发表在日本出版的《满蒙学术调查报告》等刊物上。俄国学者采集到的标本由于战乱等原因,大多不知下落。

三、其他国家的学者在黑龙江的活动

除了俄国及日本学者在东北境内积极活动外,还有其他外国人曾在黑龙江地区参与过考古调查活动。法国古生物学者德日进当时在北京工作,他曾在30年代数次到过齐齐哈尔、海拉尔、札赉诺尔,并曾多次参加顾乡屯遗址的发掘。30年代初旅居哈尔滨的波兰人K·B·格鲁霍夫斯基等曾建立"波兰东方学小组",该组织也曾进行过考古调查等活动,但均影响不大,规模也小。

四、中国学者由自发考察到科学发掘

(一)中国学者在黑龙江境内的自发考察活动

在近代考古学传入中国之前,黑龙江地区一些知识分子的活动在一定程度上可以认为是朦胧的考古活动。清初黑龙江的宁古塔是清朝流人的一个重要聚集地,流人中不乏卓有成就的大学问家。正是他们的到来,为黑龙江的考古与历史开了先河。

当时文人的考古行为主要是对一些遗迹进行调查。方拱乾的《绝域纪略》、吴兆骞的《秋笳集》、张缙彦的《宁古塔山水记》、张贲的《白云集》、杨宾的《柳边纪略》、吴桭臣的《宁古塔纪略》等书中,都有关于宁安渤海上京龙泉府故城遗址的记载。此后又陆陆续续地对一些遗迹有零星的调查。清末民初曹廷杰、屠寄两人用文献与实地踏查的办法,周详考证黑龙江地区历史地理、城池沿革、古代民族与部落分布、重要历史遗迹等。

虽然清初以来黑龙江的流人学者与清末民初的曹、屠诸位学者所用的实地考察的方法与近现代田野考古学的调查有许多相似之处,有时在若干问题上也能得出相似或相同的结论,但从方法论来讲并不一致,因此这时学者的活动还不能归属于近现代意义的考古学中。

(二)中国学者参加的科学发掘与系统调查

中国学者参加的科学发掘与系统调查主要体现在两个方面:一是中国学者参与各国学术团体的活动,二是中国学者主持或自主从事的考古调查活动。

20世纪30年代初,中国民族学家凌纯声于1930年调查了松花江下游的赫哲族,并将所得民族民俗文物资料写入《松花江下游的赫哲族》一书中。同年9月,中国著名考古学家梁思永发掘了昂昂溪五福新石器时代墓葬;在1931~1932年间东省特区文物研究所组织的科学考察团中,我国地质学者尹赞勋参加了这次综合考察。1931 年尹赞勋还参加了顾乡屯遗址的古生物化石的发掘,并在当年的中国地质学会会刊上发表了这次发掘资料[①]。

　　虽然在这个阶段我国学者参与的活动不多,但这个阶段也是我国考古事业起步的重要时期,尤其是史语所梁思永先生对齐齐哈尔市昂昂溪遗址的调查和发掘,为中国学者第一次以具有近现代意义的严格田野考古学角度来研究黑龙江考古,这也是由中国人自己在黑龙江地区主持考古发掘的开端。将本次发掘出土的这一类遗存命名为"昂昂溪文化",为黑龙江省新石器考古学文化的发现与研究拉开了序幕,奠定了包括黑龙江在内的我国北方地区新石器时代考古学研究的基础。其后,梁先生将其调查与发掘收获结集成《昂昂溪史前遗址》(1932 年),成为梁先生传世的著名论著之一。

　　诞生之初的黑龙江考古具有强烈的殖民色彩,俄、日学者是从事考古工作的主体。这个阶段可以划分前后两段[②],从 20 世纪初到 1931 年为前段,这期间在黑龙江进行考古活动的主角是俄国学者,在中东铁路这一殖民沿线开展考古活动;从 1932 年至东北解放为后段,这个阶段日本学者在黑龙江开展大规模考古活动,这期间虽然仍有俄人参与,但日人占据主导地位,他们的活动是在其武力强占东北之后进行的。

　　总的来看,这个时期的考古工作主要是一些调查和小规模的发掘工作,发现了一些遗址、墓葬以及城址。研究的内容主要是对标本的形态描述、功能推测和年代判定等,活动的范围也主要是局限在铁路沿线一带。这个时期的考古工作既不够深入,又缺乏纵横的连续性,所得到的资料还远不足以使人们对这一地区古代文化面貌形成比较系统、全面的认识。尽管如此,这些工作在黑龙江考古学史上是具有开创性意义的,它们为黑龙江考古积累了经验和资料,成为黑龙江考古事业发展的基础。特别是梁思永对于昂昂溪遗址的发掘,作为中国第一位接受美洲田野考古训练的学者,他在昂昂溪的考古实践,使黑龙江考古事业在诞生之初即处于学科的领先地位。

---

① 尹赞勋:《哈尔滨附近第四纪哺乳动物化石群之发现》,《中国地质学会志》11 卷第 2 期。
② 本书关于 20 世纪黑龙江考古历程的资料主要来源于《黑龙江省志·文物志》、谭英杰等《黑龙江区域考古学》等。以下不再一一注出。

第二章　筚路蓝缕　艰难中的行进

　　1950~1976年在黑龙江考古历程中是一个比较艰难的阶段。新中国成立,百业俱兴,黑龙江地区的考古事业也迅速复苏并逐渐发展。各地组建了相关的管理机构,开始了考古调查与发掘工作。这个阶段发现了一些新的遗址,有的发现填补了我国东北边疆的考古学空白,补充了时间上的缺环。这段时间的工作,使我们对黑龙江地区各时期考古学文化遗存的分布、分区、年代、文化特征和某些考古学文化的社会性质和族属,有了初步概括的了解。但是由于新中国成立初期国民经济调整、自然灾害以及"文革"等,使得考古工作也受到影响,在一段时间内基本上停滞,影响了考古事业的发展,因此,这个阶段是黑龙江地区考古工作逐渐发展、在曲折中不断进步的时期。

　　这时期的工作,多是对遗址的地面调查和小型试掘,可以分为前后两段。

一、前段（1950~1970年）

　　1950年4月,我国著名考古学家李文信先生对依兰县倭肯哈达洞穴墓葬进行了抢救性发掘,由此开启了黑龙江考古的新篇章[①]。

（一）机构的组建及人员的培养

　　新中国成立伊始,黑龙江省就开始组建机构,培训人员,开展科学的考古调查发掘。自1952年起,黑龙江省相继派出了赵善桐等人参加全国考古训练班、中国科学院古脊椎动物与古人类研究所培训班、东北人民政府文化部考古训练班的学习,培养出了新中国从事黑龙江考古的初

---

① 李文信:《依兰倭肯哈达的洞穴》,《考古学报》1954年第7期。

代人才。1957 年开始,来自北京大学、东北人民大学、西北大学的考古、历史专业毕业生接连加入黑龙江省考古队伍中,为黑龙江省考古工作注入了新生力量。

(二)主要活动及取得的成果

这段时间黑龙江省的主要考古工作包括两大类,即考古调查与小规模的清理发掘。

1. 各种考古调查活动

这个阶段最重要的考古调查活动是第一次全省文物普查活动。在 1950 年代中期,我国开展第一次全国文物普查,黑龙江省自 1957～1960 年开展了全省文物普查。工作主要由黑龙江省博物馆组织开展,普查范围为嫩江、牡丹江流域、松花江中游和金东北路界壕边堡沿线。这种文物普查工作不仅是全国文物普查工作的阶段性工作,而且在之后的一段时间里,也在不断地进行。普查的实施及取得的成果主要在以下几项:

其一,对嫩江流域的调查。主要有三次,第一次是 1957 年 10 月,调查了嫩江下游左岸 120 公里长的地段[①],这也是新中国成立后黑龙江省首次沿江河流域进行考古调查。此次调查发现了多处新石器时代遗址和辽金时期的城址、墓葬,采集了一批陶器、石器等文物标本。第二次是在 1960 年,调查了齐齐哈尔至嫩江桥、齐齐哈尔至门鹿河以南嫩江沿岸地区[②]。第三次是 1964 年,再次调查嫩江下游左岸,发现了望海屯、大庙、白金宝等青铜时代遗址以及辽金时期的遗址和古城。此外,在 1963 年、1964 年,省博物馆还对昂昂溪遗址进行了详细调查,发现了新的遗址,采集了一大批标本。

其二,对牡丹江流域的调查。主要有两次,即 1958 年 4 月和 1959 年 10 月对牡丹江下游和中游调查[③]。两次调查发现了莺歌岭、大牡丹屯等新石器时代遗址、渤海时期的墓葬、城址、建筑址及金代城址等,并采集了一批石器和陶器标本。

---

① 黑龙江省博物馆:《嫩江下游左岸考古调查简报》,《考古》1960 年第 4 期。
② 黑龙江省博物馆:《嫩江沿岸细石器文化调查报告》,《考古》1961 年第 10 期。
③ 黑龙江省博物馆:《牡丹江中下游考古调查简报》,《考古》1960 年第 4 期。

其三,对松花江流域的调查。在 1960 年 9 ~ 10 月,调查了松花江下游南岸桦川、富锦县地段,之后在 1961 年、1962 年先后两次调查和复查了松花江支流阿什河中游地区,1962 年调查了松花江支流拉林河右岸五常、双城县地段,1964 年 6 ~ 7 月间,调查了松花江中游两岸①。上述调查在哈尔滨、双城、肇东、富锦等地发现了几十处属于新石器时代、青铜时代、辽金时期的遗址、墓葬、城址、矿冶址等。

其四,对金东北路界壕边堡的调查。前后进行了三次,分别为 1959 年 3 月、11 月和 1960 年 9 ~ 10 月,调查了讷河、甘南、龙江县界内的金东北路界壕和边堡②。调查结果明确了黑龙江省西部的金东北路界壕北段的起点以及界壕、边堡、古城的配置情况,并采集和征集了一批相关遗物,修正了过去认为是“成吉思汗边墙”的误解。

上述调查成果显著,发现了新石器时代、青铜时代、渤海、辽金等各不同时期的文化遗存约近 200 处,采集文物标本 2000 余件,对这些地区文化遗存的概况和面貌有了初步掌握和了解。

2. 小规模的清理发掘工作

50 年代的考古工作实践,主要是以小规模的清理和发掘为主,其中有几次较重要的发掘包括泰来平等村辽墓、哈尔滨东郊金墓、后窝堡屯辽墓、宾县老山头遗址、林口头道河子渤海墓、宁安牛场遗址等。值得一提的是黑龙江省博物馆在 1953 年对齐齐哈尔市泰来、逊克、龙江等县地开展的一系列考古调查和试掘工作,系我省以往考古历程中首次由本省学者独立承担并完成。

1956 年齐齐哈尔市富拉尔基区北满钢厂基建工地发现化石。黑龙江省博物馆进行了发掘,清理出土一具更新世晚期披毛犀骨架化石,骨架基本完整,包括最小的尾椎骨都保存完好,被国家文物局专家组核定为第一批馆藏一级文物标本。

60 年代考古发掘的规模开始加大,主要的工作内容是发掘了属于新石器时代和铁器时代初期的居住遗址,并开展了渤海和金代的考古工作。

---

① 黑龙江省博物馆:《黑龙江拉林河左岸考古调查》,《考古》1964 年第 12 期。
② 黑龙江省博物馆:《金东北路界壕边堡调查》,《考古》1961 年第 5 期。

1960 年黑龙江省博物馆会同吉林省博物馆、黑龙江大学历史系和哈尔滨师范学院等单位,发掘了大牡丹屯遗址,揭露面积 250 平方米。这是黑龙江省在中华人民共和国成立以后开展的第一次较大规模的发掘工作。

1961 年黑龙江省博物馆和阿城县博物馆调查了阿什河中下游,并根据调查获得的线索,发掘了阿城小岭冶铁遗址。

此后,又有黑龙江省博物馆 1963 年对宁安莺歌岭遗址的发掘和 1964 年对宁安东康遗址的发掘等。

1963~1964 年,黑龙江省博物馆参与“中朝联合考古队”,在渤海上京城开展了一定规模的考古调查和勘探工作,并发掘了宁安大朱屯墓葬和渤海上京遗址。这是新中国成立以来规模较大的一次考古工作,为以后的渤海考古奠定了基础。

1966~1967 年,黑龙江省博物馆发掘了海林山嘴子墓葬,获得了一批重要的唐代渤海墓葬材料,为研究唐代渤海的历史与文化提供了重要的实物资料。

60 年代后期,黑龙江考古工作曾一度中断。

二、后段（1971~1976 年）

1970 年代初,根据国家关于加强边疆考古的要求,由省文化局组织开展了沿黑龙江上游、乌苏里江左岸、黑龙江上中游右岸（含内蒙古呼伦贝尔市）及黑河地区的专项文物普查。这个活动对黑龙江省文物考古工作有很大的推动作用,不仅对全省边境地区文物遗存的文化面貌有了进一步认识,而且也促使黑龙江地区的考古调查发掘工作在更大规模和更广阔的范围内展开。这个阶段的成果主要体现在两个方面。

（一）成立了专门从事考古事业的机构

1972 年 11 月,当时的黑龙江省革命委员会为了加强全省文物考古工作,批准成立省文管会,其职责之一就包括组织全省文物调查和考古发掘工作。

1975 年 11 月,黑龙江省文物考古工作队成立,标志着黑龙江省的考古工作步入了正规化和科学化。1985 年改名为黑龙江省文物考古研究所。

(二)考古工作实践的进步

考古工作实践主要包括考古调查和发掘两个方面。

调查的区域一是在省境腹地,包括中部松嫩平原、东部三江平原、东南部绥芬河·牡丹江流域、东北部黑龙江沿岸、西部呼伦贝尔草原等地。一是在中国与苏联边境地带。

——主要的调查工作:1971 年 9～10 月间,黑龙江省博物馆先后调查了虎林、饶河、抚远县境的乌苏里江左岸和乌苏里江源头兴凯湖北岸、松阿察河左岸,发现了饶河小南山、密山新开流等重要遗址①。1972 年 6～7 月,省博物馆调查了绥芬河上游两岸及其支流瑚布图河左岸,发现了几十处遗址和墓葬,采集到一批陶器、石器等文物②。1973 年省博物馆对黑龙江上游右岸进行调查,发现了呼玛永庆,绥滨同仁、中兴、奥里米、蜿蜒河等新石器、铁器和辽金等不同时期的遗址、墓葬。1975 年中国科学院古脊椎动物与古人类研究所同省博物馆在调查黑龙江右岸时,发现塔河十八站旧石器时代遗址。1976 年 6～8 月,由省考古队、省博物馆、哈尔滨师范学院历史系、黑河地区及呼玛县抽调的 140 余人组成黑河地区文物普查队,对黑河地区 6 县及大兴安岭地区呼玛县进行了为时两个多月的文物普查。这次的普查收获较大,1978 年根据文物普查的资料和历史文献,出版了《历史的见证》③一书。

——主要的发掘工作:黑龙江省博物馆 1971 年对饶河小南山遗址作了考古发掘。1972 年对密山新开流遗址、东宁大城子遗址进行发掘,新开流遗址考古发掘工作在 2006 年被评为"黑龙江省建国以来重要考古发现"。1973 年对绥滨同仁遗址、宁安东康遗址进行发掘并清理绥滨

---

① 黑龙江省博物馆:《乌苏里江流域考古调查》,《文物》1972 年第 3 期。
② 黑龙江省博物馆:《绥芬河上游瑚布图河左岸考古调查》,《黑龙江大学学报》1979 年第 4 期。
③ 历史的见证编写组:《历史的见证　黑河地区文物普查文集》,黑龙江人民出版社,1978 年。

中兴墓群。1974 年对肇源白金宝遗址、绥滨奥里米墓葬、绥滨蜿蜒河遗址作了考古发掘。1975 年对克东金蒲峪路故城址进行了发掘并清理了绥滨 3 号墓地。1976 年省博物馆联合中国科学院考古研究所及古脊椎动物与古人类研究所发掘塔河十八站旧石器地点。

回顾这一阶段，前段虽然发现了一些文化遗存，并对个别遗存进行了试掘，但因发掘地点少，发掘规模也小，加上文献资料和传统认识的局限，人们无法判定这些遗存的文化性质，发掘者多把不同文化、不同时期的遗址混为一谈，仍没能对调查和发掘的考古遗存有科学的界定。尽管如此，这个阶段的工作仍然有其重要意义，它为此后的工作奠定了基础，积累了宝贵的经验。后段的考古工作因为当时的政治形势的要求，国家对考古工作予以很大支持力度，使考古工作的范围和规模都有所扩大，它是黑龙江地区考古的一个重要时期，也是黑龙江地区考古开创局面的时期。这一时期开展了大量的考古调查和清理发掘工作，发现了一些新的考古学文化，填补了我国东北边疆的考古学空白，中国社会科学院考古研究所实验室对黑龙江地区九处遗址十七个单位的标本作了碳 14 测定，明确了一些考古学文化的绝对年代，补充了时间上的缺环。通过这一时期的工作，对一些遗存和文化的认识水平有了很大的提高，对黑龙江地区各时期考古学文化遗存的分布、分区、年代、文化特征和某些考古学文化的社会性质和族属也有了初步的了解。这些新收获的资料为建立黑龙江地区考古学文化发展序列和编年，以及讨论诸文化类型之间的内外部关系打下了初步的基础，并提供了一批可资比较的资料，东北古代文化发展的大体系列也日渐明确。

第三章　盛世中的繁荣与持续发展

　　1977年至今,是黑龙江省考古工作的繁荣发展时期,黑龙江考古事业逐渐成熟并稳步发展。在中国共产党十一届三中全会路线指引下,随着改革开放,黑龙江地区的考古事业有了长足发展:基础工作更加完善,考古发掘更有计划性和科学性。一些新的考古学文化的发现填补了缺环,对于黑龙江考古框架的构建和完善取得了显著的成绩。研究层次提高,不只做基础研究,而且开始对人类起源、人类文明起源、族属等课题进行考古与历史相结合的多角度科学研究。这个时期的工作可以分为前后两段。

一、前段(1977～1990年)

　　这个阶段的工作主要有以下几个重要内容:

(一)完善机构制度建设,提高人员素质和研究层次

　　1979年黑龙江省各地、市都成立了文物管理站,在黑龙江省文物管理委员会的指导下,负责本地的文物工作,形成适应自身工作规律的全省文物保护工作体系。为了提高人员专业素质,省文管会委托省文物考古工作队,在佳木斯市举办全省各地、市文管站专业人员培训班,由省考古队专业人员按中国考古学年代分段讲授考古学和文物保护的基础知识。培训班的学员不仅承担了此后开展的第二次全国文物普查工作,而且成为20世纪末全省各地、市、县文物保护机构的骨干专业队伍。

　　在加强制度建设、完善各项规章制度的同时,对考古调查与发掘有了更合理更科学的规划。1980年4月,在哈尔滨召开了黑龙江省文物博物馆学会成立大会。大会通过了《黑龙江省文物博物馆学会章程》:黑龙江省文物博物馆学会(简称"文博学会")把"开展边疆考古和博物

馆学的研究,推动黑龙江地区省文博事业的发展"作为自己的宗旨。出版发行由黑龙江省文物考古工作队编著的《黑龙江古代文物》[①]等文物考古科普书籍,扩大文物考古工作在社会中的影响。

1984 年省文物管理委员会依据《中华人民共和国文物保护法》,结合黑龙江省的文物实际情况,会同有关部门制定了《黑龙江省文物管理条例》,1986 年省人大常委会颁布实施该条例。依照《黑龙江省文物管理条例》的有关规定,在文物较丰富的市县基本都建立了文物管理所(站),部分地方建立了博物馆。《黑龙江省文物管理条例》是全国第一个省级地方文物法规,这个法规的出台,使黑龙江省文物工作有法可依,推动了全省文物事业的发展。

1981 年《北方文物》杂志创刊(原称《黑龙江文物丛刊》),1982 年前为不定期内部刊物,1983 年改为季刊,1984 年下半年在国内公开发行,为当时东北地区第一家公开出版发行的文物博物馆专业期刊。《北方文物》杂志以反映研究东北和北方地区文物考古工作为重点,兼顾地方史和民族史研究,并重视博物馆学的理论研究与实践。《北方文物》杂志现已被评为中国社会科学核心期刊之一,也是东北地区目前唯一保存下来的公开发行的文博期刊。

为了提高文物考古工作人员的整体素质,黑龙江省文物管理委员会在 1982 年 8 月举办了"中国通史"、"古代汉语"、"考古学"辅导班,来自全省各地、市、县文物管理站、所的 60 多名同志参加了学习,邀请了当时吉林大学的林沄、哈尔滨师范大学的西广惠和王明阁来辅导班授课,对提高全省文物工作者的文化知识和专业基础理论都很有帮助。

(二)考古活动在全省区域内展开

黑龙江省文物考古工作坚持"保护为主,抢救第一,加强管理,合理利用"的文物工作方针,除继续开展全省文物普查以填补考古学遗存的时空空白,还将主要工作重心转移至史前时期和早期铁器时代遗址及墓葬的调查发掘。在这个阶段中,科研与大型基建考古紧密结合,不仅各类遗存发现数量明显增多,而且遗存分布范围也不断拓展,同时,通过对

---

① 黑龙江省文物考古工作队:《黑龙江古代文物》,黑龙江人民出版社,1979 年。

重要遗址的科学发掘,对遗址和遗物的研究也不断深入。

　　这个阶段的考古工作,是在全省区域内全面开展的。主要包括考古调查和考古发掘两项内容。

1. 大型的考古调查与普查活动

　　(1)80 年代初,国家开展第二次全国文物普查。黑龙江省文物管理委员会于 1981～1984 年组织开展了第二次全省文物普查。全省 14 个地、市,共计 78 个市、区、县的文物机构和省直文物系统 3 个单位的人员参加了普查工作,吉林大学历史系考古专业七七级学生参加了部分普查工作,共计 855 人组成 158 个普查队、组,在全省范围内开展了文物普查工作,总行程约 8.7 万公里。这次文物普查新发现了各类不可移动文物遗存、化石共 1784 处,复查 616 处,采集征集各类文物、标本 1.3 万余件。通过这次考察,基本掌握了全省不可移动文物遗存的底数,在此基础上出版了《黑龙江省志·文物志》,以及《黑龙江省文物地图集》[①] 等专著。

　　(2)1989～1991 年,为配合中苏在黑龙江中游建设三级水电站,由黑龙江省政府办公厅主办、省文物管理委员会承办,有关市、县协办,开展了黑龙江中游右岸专项文物普查。这次文物普查共有 90 余人参加,分为 9 个普查分队,普查了 11 个市、县,黑龙江沿岸及注入的 180 余条河流下游沿岸,陆路行程 8900 公里、水路行程 2000 余公里,新发现各类不可移动文物 141 处,复查 81 处。这次文物普查摸清了库区和坝区范围内的文物遗存情况。

　　(3)1990～1992 年,为配合建设牡丹江莲花水库工程,黑龙江省文物管理委员会组织、省文物考古研究所承办了位于林口县、海林市境内的水库坝址及淹没区的专项文物普查工作,新发现文物遗址 46 处,并按照水库建设要求,对其中重要遗址开展了考古发掘,发掘报告已出版[②]。

2. 考古发掘

　　发掘工作在松嫩平原、三江平原和牡丹江·绥芬河流域这三个区域进行。

---

① 《中国文物地图集·黑龙江分册》,文物出版社,2015 年。
② 黑龙江省文物考古研究所、吉林大学考古学系:《河口与振兴——牡丹江莲花水库发掘报告》,科学出版社,2009 年。

（1）松嫩平原：1980年省考古队对肇源白金宝遗址的发掘是继1974年的第二次发掘，为确立白金宝文化提供了极有价值的资料。1986年省考古所又与吉林大学历史系考古专业合作发掘肇源白金宝遗址，2006年其被省委宣传部、省文化厅评为"黑龙江省建国以来重要考古发现"。1980年省考古队发掘了昂昂溪滕家岗子新石器时代遗址。1981年省博物馆发掘了齐齐哈尔大道三家子墓地。1982～1983年，省考古队发掘了肇东东八里墓地。1982～1985年，省文管会、考古队、中科院等多家机构联合发掘哈尔滨阎家岗遗址。1983年在哈尔滨市新香坊发现金代贵族墓地，1983～1984年黑龙江省博物馆对该墓地进行了两次发掘，该墓地为黑龙江省发掘的最大的金代墓群，2006年被省委宣传部、省文化厅评为"黑龙江省建国以来重要考古发现"。1984年省考古队发掘泰来平洋砖厂墓地和肇源卧龙遗址，平洋墓地是黑龙江省发现的一处规模最大的青铜时代至早期铁器时代墓地，2006年被省委宣传部、省文化厅评为"黑龙江省建国以来重要考古发现"。1985年省考古所和省博物馆兵分两路，分别发掘富裕小登科墓地和泰来平洋战斗墓地以及讷河二克浅墓地。1986年省考古所抢救发掘了望奎戚家围子墓地，同年与吉林大学学生联合发掘肇东后七棵树遗址。1988年省考古所发掘清理阿城市巨源乡金代齐国王墓，墓中大部分出土文物被列为馆藏一级文物，发掘工作被国家文物局列入1949～1999年《中华人民共和国重大考古发现》，2006年被省委宣传部、省文化厅评为"黑龙江省建国以来重要考古发现"。

（2）三江平原：1978年省考古队发掘了绥滨四十连遗址。1981年双鸭山市文物管理站对安邦河流域进行考古调查，发现双鸭山滚兔岭等5处遗址。1983年省考古队发掘了萝北团结墓地。1984年省考古队对滚兔岭遗址进行了发掘。

（3）牡丹江·绥芬河流域：1981年省考古队与吉林大学历史系考古专业合作发掘宁安渤海砖厂遗址。

二、后段（1991~1999年）

20世纪70年代，黑龙江省地方考古工作者与吉林大学联合发掘了东宁团结遗址。发掘期间张忠培就"苏秉琦考古学文化区系类型理论"分别在团结遗址和黑龙江省博物馆进行了两场学术讲座，并在该理论的指导下对当时东北地区出土的考古材料做了具体分析。此后，黑龙江考古工作正式步入建立文化谱系的新时期。黑龙江考古工作者花费了20余年的时间，来构建黑龙江区域考古学文化的时空框架。到1997年，值苏秉琦先生逝世纪念之时，黑龙江考古工作者以《二十年来的黑龙江区系考古》为名，将这20年来的工作成绩作了汇报总结，发表在《北方文物》上。文中阐述了黑龙江考古区系类型研究取得的成果，标志着黑龙江区域谱系框架初步建立起来。

这个阶段的工作重点除了调查、发掘工作，也开始承担大型科研课题的工作。

这个阶段的考古调查与发掘工作主要有以下几项：

（1）松嫩平原：1999~2000年，为配合嫩江尼尔基水库建设工程，由黑龙江省文化厅组织、省文物考古研究所承办了位于讷河市、嫩江县境内嫩江左岸的水库坝址及淹没区范围内的文物普查工作，发现文物遗址43处，并按照水库建设要求，对其中重要遗址进行了考古发掘。1992年省考古所和吉林大学考古学系合作对肇源小拉哈遗址进行发掘，凭借小拉哈遗址的发掘成果搭建了松嫩平原地区考古学文化序列，2006年被省委宣传部、省文化厅评为"黑龙江省建国以来重要考古发现"。1997年省考古所发掘了阿城交界旧石器时代早期洞穴遗址，2006年省委宣传部、省文化厅将该遗址发掘成果评为"黑龙江省建国以来重要考古发现"。

（2）三江平原：80~90年代，陆续发现数百处汉魏时期的聚落址，在考古学界引起强烈震撼。1998年在国家文物局的支持下，黑龙江省文物考古研究所根据三江平原的调查和研究成果，制定《七星河流域汉魏遗址群聚落考古计划》（简称"七星河计划"）并于当年实施。在计划实施的三年中，主要的考古工作有友谊凤林城址七城区连续三年的大面积揭露、双鸭山畜牧队城址试掘、宝清炮台山祭坛试掘、七星河中游南岸考古调查和遗址测绘、七星河流域多学科队伍考察、遥感考古资料收集、环境考古样品收集等,取得了可喜的阶段性成果。

（3）牡丹江·绥芬河流域:主要是历年对渤海、海林等地的遗址、墓葬的发掘清理工作。1991年、1996年省文物考古研究所对三陵二号墓、四号墓分别开展了清理发掘工作。二号墓的发掘工作被评为1991年度全国十大考古新发现,整个三陵坟渤海王陵的考古工作在2006年被省委宣传部、省文化厅评为"黑龙江省建国以来重要考古发现"。1992～1995年,省文物考古研究所对宁安虹鳟鱼场渤海墓群进行连续4年的发掘清理工作,该项工作被评为1995年度全国十大考古新发现,2006年被省委宣传部、省文化厅评为"黑龙江省建国以来重要考古发现"。为配合莲花水电站基建工程,省文物考古研究所会同吉林大学考古学系于1992～1996年开展了为期5年的大规模发掘工作,在海林境内发掘了河口、振兴、望天岭等一系列遗址,揭露面积3060平方米,清理房址47座、坑穴84个、沟10条,出土文物1200件,共发现6种文化遗存。河口、振兴两处遗址的文化堆积为牡丹江流域迄今为止遗存面貌最复杂、延续时间最长的考古遗存,这两个遗址发现的文化遗存,可以初步确定牡丹江流域新石器时代至隋唐时期考古学文化的年代序列。河口和振兴遗址发掘工作被省委宣传部、省文化厅评为了"黑龙江省建国以来重要考古发现"。为配合同三公路工程建设,1997年省考古所发掘了依兰桥南遗址等。1977年省考古所和吉林大学历史系考古专业对东宁县团结遗址做了发掘,揭露面积1400平方米,清理居住址14座,出土文物数百件。

1998年黑龙江省考古研究所承担了两项国家重点科研课题,即"渤海上京城考古"和"七星河流域汉魏遗址聚落考古计划",表明黑龙江考古工作者具备了承担国家重点科研课题的能力,标志着黑龙江考古工作进入了一个新的发展阶段,即有计划的主动科研和大规模考古发掘结合的系统研究阶段。

回顾黑龙江考古的第三个阶段,考古调查与发掘工作为黑龙江考古带来前所未有的新局面,有些发现具有开创性的意义,如旧石器时代、新石器时代、青铜时代、早铁时期、渤海、辽金等各个不同时代都有重大发现,这些重要的发现和发掘,在一定程度上填补了黑龙江考古的空白,为以后的考古工作积累了丰富的资料,起到了承上启下的重要作用,也为书写黑龙江历史提供了宝贵的材料。

这个阶段扩大并加强了田野考古工作的广度和力度,考古发掘规模超过了以往任何阶段,泰来平洋、海林河口与振兴、肇东东八里及肇源白金宝和小拉哈等遗址、墓地,发掘面积都达到了上千平方米。同时由于区系类型理论的引入,使黑龙江地区的考古学文化的研究取得重大进展,特别是 1990 年以后,配合基本建设的保护性发掘和课题性的主动发掘使考古学研究迈进了一个全新的发展阶段。

这个阶段的黑龙江考古工作,由于发掘规模以及范围的进一步扩大,使得各时期的遗存面貌更趋明晰,使该地区的考古学文化研究更加深入。发现了若干新的考古学文化,如"团结文化"、"滚兔岭文化"、"东兴文化"等,填补了该区域内考古学文化研究的空白,确定了区域内各时期遗存之间的大概年代序列。

上述研究取得的阶段性成果,部分已成为学界共识,并在此基础上初步构建起黑龙江地区考古学文化的时空框架体系,是对研究区域性古代文化内容的一项补充。同时,还试图通过考古材料的新发现将考古学文化与历史文献中的古代族属相对应,进而划分出区系类型,尤其是对靺鞨和早期女真文化的有益探索,进一步扩大并加深了黑龙江考古在田野发掘和文化研究方面的广度和深度。

从上面所述黑龙江地区考古工作的三个发展阶段,我们可以看到,在第一阶段,由于近代考古学在中国刚刚起步,学术经历有限,黑龙江考古工作主要是俄国、日本等外国学者开展的。但是梁思永先生 1930 年对昂昂溪文化的发掘与命名,使得黑龙江考古与中国现代考古学的发展大体同步;第二阶段,前期的重点是组建本省考古队伍,以适应社会主义建设的大环境,通过大范围区域调查和小面积发掘清理,了解和掌握了境内文化遗存的概况,后期以扶持边疆考古建设为契机,逐步开展了大规模田野发掘,积累了大量实物资料,为建立考古学文化谱系提供了基础;第三阶段,在前一阶段的基础上,以区系类型理论为指导,通过对一些典型遗址的考古发掘与研究,逐渐构建黑龙江地区考古学文化时空框架。到 20 世纪末,黑龙江考古研究经过多年努力,基本建立了自新石器时代至渤海时期的考古学文化谱系。

下　编

星罗棋布的文明遗迹

第一章　探寻先人印迹——旧石器时代考古

从目前的发现看,黑龙江省旧石器时代文化出现的时间比较晚,目前发现的比较明确的旧石器时代最早的文化遗存相当于华北地区旧石器时代晚期早段,这个时间要比华北地区甚至东北地区的南部晚很多。

一、考古发现与重要活动

旧石器时代考古工作在黑龙江地区是起步较早的,早在 20 世纪初就有了一些调查与试掘。

黑龙江地区旧石器时代文化遗存的考察与发掘,开始于 1930 年北平地质调查所对哈尔滨西郊顾乡屯晚更新世古生物化石和人类活动遗迹的科学调查与发掘。这次调查发掘源起于当地百姓在地亩桥附近发现古生物化石的报告。1930 年因农民在地亩桥附近发现一个完整的犀牛头骨,我国著名地质学家尹赞勋先生和俄国学者包诺索夫等共同对该遗址做了发掘。这次发掘出土了大量晚更新世古生物化石等遗物,并首次在国内外发表了他们的科学研究报告。之后,在 1933～1938 年期间,日本学者德永重康、远藤隆次等先后对顾乡屯温泉河两岸进行数次掠夺式发掘,获得大量更新世晚期古生物化石和部分石器、骨器,并将出土的大部分遗物运回日本。他们的发掘报告比较系统完整,内容侧重于原始资料的描述和记录[①]。

1936 年俄人马良夫金等在哈尔滨荒山大冲沟调查时,采集到第四纪哺乳动物化石和多件有人工痕迹的石制品、骨制品等,并进行了初步研究。其考察研究情况用消息报导和科学论文的形式在国内外有关刊

---

① 尹赞勋:《哈尔滨附近第四纪哺乳动物化石群之发现》,《中国地质学会志》11 卷第 2 期;
　〔俄〕包诺索夫:《哈尔滨附近史前人类的遗迹》,《黑龙江考古民族资料译文集》(第 1 辑),
　北方文物杂志社,1991 年。

物上发表。

　　1949 年前，黑龙江省旧石器时代考古工作仅局限于顾乡屯和荒山两个地点，其中顾乡屯又是当时东北地区旧石器时代考古唯一进行过发掘的地方。

　　新中国成立后，五六十年代仍是对顾乡屯、荒山两处地点进行调查和试掘。1956 年在黑龙江省博物馆工作的俄侨学者高尔捷耶夫和热尔那阔夫在富拉尔基基建工地发现和清理了一具完整的披毛犀骨架化石[①]；同年，裴文中调查了哈尔滨荒山地层，并在荒山大冲沟采集到梅氏犀下颚骨化石[②]，1957 年裴文中与周明镇等再次调查了哈尔滨顾乡屯遗址。1960 年黑龙江省博物馆在对嫩江沿岸进行考古调查时，发现清河屯遗址（第一地点）并采集到若干件打制石器，但并没有确认该遗址为旧石器时代遗址[③]。同年，游寿等在荒山遗址发现一批骨制品[④]。1964 年吉林水文地质大队在哈尔滨荒山哈一机砖厂发现人工石片[⑤]。

　　70 年代，比较重要的发现是塔河十八站遗址。1973 年在肇源县三站乡松花江边抽水站建设工地发现化石，省博物馆派人前往，清理出一具较为完整的猛犸象骨架化石，定名为松花江猛犸象，这是我国第一具完整的猛犸象骨架化石，被国家文物局专家组核定为第一批馆藏一级文物标本。1975～1976 年，黑龙江省博物馆与中科院古脊椎动物与古人类研究所共同发现并发掘了呼玛十八站遗址（即塔河十八站遗址。1981年划归塔河县）[⑥]，这也是黑龙江省旧石器时代考古学研究真正意义上的开始，出土石制品 1000 余件，丰富了黑龙江地区旧石器时代考古的内涵，为研究黑龙江地区旧石器时代文化提供了重要资料。

　　80 年代，黑龙江省旧石器时代考古进入了蓬勃发展时期，不仅旧石器时代遗存发现数量明显增多，而且遗存分布范围也不断拓展。同时，

---

① 高尔捷耶夫、热尔纳阔夫：《在富拉尔基站附近发现的披毛犀化石》，《古脊椎动物学报》1957 年第 3 期。
② 裴文中：《裴文中史前考古学论文集》，文物出版社，1987 年。
③ 于汇历：《黑龙江清河屯遗址的旧石器》，《东北亚旧石器文化》，文物出版社，1996 年。
④ 游寿、于英莲：《黑龙江省和内蒙古呼盟的旧石器晚期骨制工具》，《北方论丛》，1980 年第 1 期。
⑤ 孙建中：《松辽平原旧石器考古问题》，《黑龙江文物丛刊》，1983 年第 3 期。
⑥ 魏正一、干志耿：《呼玛十八站新发现的旧石器》，《求是学刊》1981 年第 1 期。

几处较重要遗址的科学发掘相继展开,对遗址和遗物的研究不断深入。1980 年杨大山试掘饶河小南山遗址①,发现打制石器并综合报道了试掘情况。1981 年黑龙江省水文一队发现齐齐哈尔昂昂溪大兴屯遗址,并于 1982 年发掘②,出土化石 9 件,石制品 68 件,认定遗址属旧石器时代晚期。1982 年开始,中国科学院古脊椎动物与古人类研究所与黑龙江省文物考古研究所等对哈尔滨阎家岗遗址进行长达 4 年的连续发掘③,确定了遗址年代为距今 4~2.2 万年。1982~1986 年齐齐哈尔文管站和黑龙江省博物馆发现了龙江景星④和碾子山遗址⑤,并采集到数百件石制品。1986 年黑龙江省文物考古研究所发现并发掘了五常县学田村遗址⑥,并在 1993 年和 1996 年与加拿大阿尔伯塔博物馆考古学者联合进行了发掘⑦,确定了遗址年代为距今 4~2.5 万年。1989~1991 年,为配合中俄两国阶梯式水电站建设工程,黑龙江省考古所在对黑龙江干流水电站淹没区进行文物普查时,在黑龙江右岸的呼玛河大桥、呼玛湖通镇和加格达奇大紫杨山发现了若干旧石器地点⑧,其中在呼玛老卡采集到石制品 50 件,推定其时代比十八站早。

　　1993 年讷河市文物管理所在清河屯遗址采集到一批打制石器,同年,黑龙江省考古研究所与讷河市文物管理所共同调查试掘了清河屯遗址⑨,共获石制品 72 件,确定其属旧石器时代遗存。

　　截止到 20 世纪末,黑龙江地区经过发掘的旧石器遗址和地点约 13 处,其中可以确认为旧石器文化遗址的有 12 处。此外还有零星的线索,但还缺乏确证。这些发现,基本勾勒出黑龙江地区旧石器时代人类文化的大体轮廓。

① 杨大山:《饶河小南山新发现的旧石器地点》,《黑龙江文物丛刊》创刊号,1981 年。
② 黄慰文、张镇洪等:《黑龙江昂昂溪的旧石器》,《人类学学报》1984 年第 3 期;高星:《昂昂溪新发现的旧石器》,《人类学学报》1988 年第 1 期。
③ 魏正一等:《哈尔滨阎家岗旧石器时代晚期地点》,《北方文物》1986 年第 4 期。
④ 干志耿、魏正一:《黑龙江省旧石器时代考古发现与研究》,《北方文物》1989 年第 1 期。
⑤ 魏正一、李龙:《齐齐哈尔市碾子山区发现的石器》,《北方文物》1990 年第 3 期。
⑥ 于汇历:《黑龙江五常学田旧石器文化遗址的初步研究》,《人类学学报》1988 年第 4 期。
⑦ 于汇历:《黑龙江省旧石器时代考古二十年》,《北方文物》2000 年第 1 期。
⑧ 黑龙江省文物考古研究所:《黑龙江省呼玛老卡遗址调查简报》,《北方文物》1996 年第 2 期。
⑨ 于汇历:《黑龙江清河屯遗址的旧石器》,《东北亚旧石器文化》,文物出版社,1996 年。

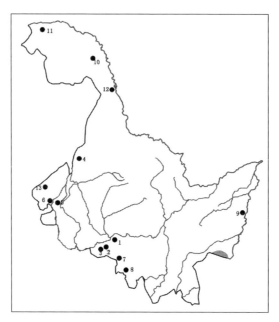

图 1-1　黑龙江地区旧石器时代主要遗址分布图

1. 哈尔滨荒山遗址　2. 哈尔滨顾乡屯遗址　3. 哈尔滨阎家岗遗址
4. 讷河清河屯遗址　5. 昂昂溪大兴屯遗址　6. 龙江景星遗址
7. 阿城交界遗址　8. 五常学田村遗址　9. 饶河小南山遗址　10. 呼玛十八站遗址
11. 漠河老沟河遗址　12. 呼玛老卡遗址　13. 齐齐哈尔碾子山遗址

二、主要考古学文化与遗存

黑龙江省旧石器时代遗址分布较稀疏,文化内涵不够丰富,大部分遗存年代在距今 4 ~ 1 万年。迄今还没有发现确切的人骨化石材料。

1. 荒山遗址

荒山遗址位于哈尔滨市东郊约 6 公里处,当地人俗称荒山嘴子,是一座由黄土状土等地层构成的断崖土山,因此也叫黄山,现在更名为天恒山。地貌位置在松嫩平原东缘与东部山地相衔接的地带。荒山顶最高处海拔 194 米,相对高度 60 ~ 80 米。由于冲沟侵蚀,地层中的遗物经常被暴露出来,有些遗物坍落于冲沟底部易于发现,因而成为黑龙江省较早被发现的旧石器时代遗址之一。

　　早在 1936 年俄侨马良夫金等人就陆续在荒山冲沟中采集到古动物化石和旧石器。1956 年裴文中调查了哈尔滨荒山地层,并在荒山大冲沟采集到梅氏犀下颚骨化石[①],把黄山的砂黏土层的地质时代确定为中更新世,为黄山遗址堆积的年代认识奠定了基础。

　　荒山遗址发现的石制品大约有 30 余件,但是石制品基本上已经脱离层位,难以判断其确切年代。石制品均为较小型的石片和石块,一般长度在 6 厘米以下,以锤击法或砸击法制作,工艺较原始,有的石片具有修理台面,二次加工不明显,石料多为石英岩等。骨制品也都是用砸击法和锤击法制成,有的存在二次加工。从文化性质上看,荒山遗址应属于小石器文化类型。遗址的年代,孙建中根据云杉树干化石测得的碳14 年龄为距今 30000±700 年[②]。1982 年叶启晓对 1 件有修理台面的石片根据出土部位古土壤层的年龄及其地层古地磁、热释光和碳 14 等测年数据综合对比,认为石片的年龄应在距今 4 万年左右。

2. 顾乡屯遗址

　　顾乡屯遗址位于哈尔滨市西郊松花江右岸一级阶地上,海拔125~140 米。早在 20 世纪 20 年代,顾乡屯附近制砖取土就经常出土古生物化石,因 1930 年地亩桥犀牛头骨的发现而引起官方注意,并进行了试掘,出土了一些化石,以后又有日本和俄国学者在这里做过几次调查与发掘。但是因为当时层位划分不清楚,使学者对顾乡屯遗址的文化堆积的年代存在很大争议。1949 年后,中国学者又在这里做了大量工作,对遗址的研究有了突破性的认识,纠正了先前日本学者在化石鉴定方面的错误,并且又发现大量古生物化石和一些人工制品。

　　顾乡屯地层出土的化石经鉴定至少有哺乳动物 45 种,鸟类 2 种,龟鳖类 1 种,鱼类 4 种,软体动物 29 种。这个动物群落被确认为东北晚更新世的标准化石群,称猛犸象—披毛犀动物群。

　　顾乡屯遗址发现的文化遗物有骨制品和石制品。骨制品上可见打击、砸击或切割痕迹,也有些骨骼有似啃咬的痕迹。石制品发现的数量很少,大约有 30 件,主要是石片制品,一般长度为 3~6 厘米,大多以锤

[①] 裴文中:《裴文中史前考古学论文集》,文物出版社,1987 年。
[②] 孙建中:《松辽平原旧石器考古问题》,《北方文物》1983 年第 2 期。

击法或砸击法制成,有的具有修理台面和二次加工疤痕。

遗址的年代,据西河沟顾乡屯树枝化石标本测得两个碳-14年龄数据都是大于距今4万年[1],属旧石器时代晚期。

3. 阎家岗遗址

阎家岗遗址位于哈尔滨市西南郊阎家岗农场内,松花江右岸一级阶地上,海拔高度140～146米。这里很早就有居民在翻土时发现过古生物化石,1982年哈尔滨市文物管理站根据群众提供的线索,对该地进行了调查,发现了该遗址。同年秋,由黑龙江省文物考古工作队、省博物馆、哈尔滨市文管站、中国科学院古脊椎动物与古人类研究所组成联合发掘队,从当年开始至1985年,进行了连续四年的科学发掘,总发掘面积1150平方米,共出土各类遗物3000余件。

阎家岗遗址地层共分四层,化石和遗物均出自下部两层。出土数量最多的是哺乳动物的体骨和碎片,有少量石制品和一块人类头骨残块(人头骨一度称为"哈尔滨人",但后来经国外以直线质谱加速器[AMS]方法检测后发现,所谓的"哈尔滨人"化石的年代并非属于旧石器时代[2])。发现了两个由大量哺乳动物骨骼围筑成的半圆圈形遗迹。

人工制品主要有石制品和骨制品。石制品数量很少,发现9件,其中石片7件,砍砸器和单刃刮削器各1件。砍砸器个体较大,加工粗糙,采用砸击法和锤击法。石片个体比较细小,制作比较精致,有清楚的打击和修理痕迹。整个石器工业有加工粗糙的大型石制品,也有细致的小石片,以小型石制品居多。

骨制品100余件,多为有明显人工打击痕迹的骨片或碎骨,骨器有尖刃类和有刃类两种。角器数量少,见有锯痕和砍痕。

遗址比较特殊的现象是发现了两个半圆形状的骨圈遗迹,分别由500余块骨骼和300余块骨骼垒砌而成,开口向南或向东,骨圈高0.5～0.8米,从围圈某些保存比较好的部位可以看出骨圈大致由4层骨骼叠砌而成,下层骨骼粗大,多为残破的披毛犀头骨、肢骨;上层骨骼略小,以野牛、野马和大角鹿的骨头居多。在骨圈遗址地面上分布着少量

---

① 孙建中、王雨灼:《东北大理冰期的地层》,《地层学杂志》1983年第1期。
② 于汇历:《黑龙江省旧石器时代考古二十年》,《北方文物》2000年第1期。

烧骨和炭屑。对骨圈的性质,发掘者认为是古人类临时性居住营地的围墙遗迹①。也有学者认为似乎与爱斯基摩人和非洲一些原始部落的猎人在动物经常出没的地方修长掩体用于狩猎比较相像。近年来有学者提出不同看法,认为这种现象可能不是人工行为,而是自然形成的,可能是循环的冻融作用和流水作用共同形成的堆积②。

遗址出土的哺乳动物化石种属有西伯利亚旱獭、达鸣尔鼠兔、布氏田鼠、五趾跳鼠、普氏羚羊、沙狐、艾鼬等,苔原性、草原性或草甸性动物占明显优势,它们都是生活在我国北方草原或草甸上的典型动物。文化层孢粉组合以草本植物花粉居多。反映出当时阎家岗一带可能以苔原或草原为主,兼有数块稀疏的林地,气候寒冷。

遗址的年代根据动物化石测得的数据为距今 22370 ± 600 年,经过树轮法校正后的年龄为距今 26957 ± 626 年③,属旧石器时代晚期。

这处遗址与三十年代初尹赞勋发掘的顾乡屯温泉河地点、日本学者发掘的顾乡屯遗址相距很近,且同属一个地貌单元,在出土古生物化石和人类遗迹方面有极大的相似性。这处遗址的发掘与研究,是近年来对于以"顾乡屯组"为代表的哈尔滨地区晚更新世研究的新进展。

4. 清河屯遗址

清河屯遗址位于松嫩平原西部讷河市清河乡清河屯北偏西约 2 公里,嫩江上游左岸约 5 公里的山岗上④,海拔高度为 280～290 米。1960 年黑龙江省博物馆考古调查时,在这个山岗上(第一地点)采集到若干"较原始的打制石器"。1993 年春讷河市文物管理所在此地又发现一批打制石器,并在南 500 米处发现了第二地点。同年 6 月黑龙江省文物考古研究所对第二地点做了进一步调查并试掘。

在清河屯遗址第一、第二地点共发现石制品 72 件,种类有砍砸器、刮削器、船底形石核、锥形石核、多面体石核、石片、石锤等。石材以灰色

---

① 黑龙江省文物管理委员会等:《阎家岗——旧石器时代晚期古营地遗址》,文物出版社,1990 年。
② 魏屹、陈胜前、高星:《试论阎家岗遗址动物骨骼圈状堆积的性质》,《人类学学报》2012 年第 3 期。黄可佳:《哈尔滨阎家岗遗址动物骨骼圈状堆积的初步研究》,《考古学报》2008 年第 1 期。
③ 于汇历、袁宝印、黄慰文:《哈尔滨阎家岗遗址的地质背景》,《人类学学报》2010 年第 4 期。
④ 于汇历:《黑龙江清河屯遗址的旧石器》,《东北亚旧石器文化》,文物出版社,1996 年。

页岩和棕褐色硅质岩为原料,系就地取材。工具属中型或稍大型工业。

清河屯遗址未找到可做年代测定的材料,也未见陶片和细石器。据研究者对石制品性质和地层比较分析,推测遗址的年代当属旧石器时代晚期。

5. 大兴屯遗址

大兴屯遗址位于齐齐哈尔市昂昂溪东南18公里的大兴屯南,嫩江左岸的一级台地上[①],阶地海拔157.2米,高出当地河床4~6米。1981年黑龙江省水文地质工程地质第一队初本君和高振操在大兴屯的晚更新世地层中发现并采集到一些动物化石和石制品。1982年6月又做了进一步调查和试掘,同年秋天,由初本君和高振操主持了发掘。出土哺乳动物化石数十件,可鉴定种类有9种,石制品68件,以打制为主。

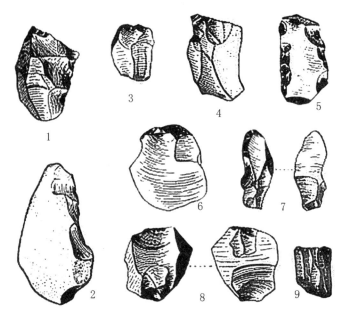

图 1-2　昂昂溪出土石制品

1、7. 单边刃刮削器　2. 砍砍器　3、8. 砸击石核和两端石片

4、6. 石核和石片　5. 双边刃刮削器　9. 细石核

---

① 黄慰文、张镇洪等:《黑龙江昂昂溪的旧石器》,《人类学学报》1984年第3卷第3期;高星:《昂昂溪新发现的旧石器》,《人类学学报》1988年第7卷第1期。

1986年中国科学院古脊椎动物与古人类研究所张森水、高星等人在对昂昂溪地区史前文化考察时,也对大兴屯地点进行了调查,在附近又发现了两个化石和石器点,并发现了哺乳动物化石,采集到石制品60余件。新发现的地点与1982年发掘的地层剖面能对上,发现的遗物与以前发现的化石和石器属同一层位。

大兴屯遗址先后共出土石制品128件,哺乳动物化石11种。石制品种类有砍砸器、刮削器、雕刻器、尖状器、石核、石叶、石片等。石制品原料以玉髓、玛瑙、燧石为主,有少量火成岩、石英砂岩等,石料的来源是附近的河流砾石层。

打片方法既有锤击法、砸击法,也出现了间接打击法和压制法。绝大多数器物由石片制成,自然台面与打击台面同时存在。从石器的制作技术水平看,大兴屯的石器在器型和打制技术方面已经相当成熟。刮削器和雕刻器型式多样,特征明显。石制品趋于小型化,有些石制品已近乎典型细石器。该遗址是以小石器为主体并有细石器的石器工业,与华北地区的细小石器传统关系密切,但又有其自身的文化特点。

根据遗址情况判断,这里是一处旧石器时代的原生堆积,共生的哺乳动物是东北晚更新世猛犸象—披毛犀动物群的成员,其中普氏野马、东北野牛和原始牛是绝灭种。孢粉组合以蒿、藜为主,说明当时的自然环境以草原为主,气候干冷。根据动物的灭绝种属和对出土动物化石做碳14测定,绝对年代为距今11800±150年,校正后为距今1.35万年左右,年代相当于旧石器时代末期[①]。

6. 学田遗址

学田遗址位于五常县龙凤山乡学田村西南0.5公里,光辉排水渠学田村闸门附近[②],地处松嫩平原东南部边缘,海拔高度为215~220米。1986年7月黑龙江省文物考古研究所调查时发现,之后共进行了三次发掘,其中有两次是与加拿大阿尔伯塔省博物馆共同组队进行的联合发掘。发掘总面积300余平方米。地层由上至下可分四层,遗物和遗迹多

---

① 黄慰文、张镇洪、缪振棣:《黑龙江昂昂溪的旧石器》,《人类学学报》1984年第3期;高星:《昂昂溪新发现的旧石器》,《人类学学报》1988年第1期。
② 于汇历:《黑龙江五常学田旧石器的初步研究》,《人类学学报》第7卷第3期,1988年。

出自第 3、4 层。

　　1986 年 9～10 月黑龙江省考古研究所对遗址进行了发掘,共发掘了两个地点,出土了 3 件石制品。

　　1993 年 9 月黑龙江省文物考古研究所和加拿大阿尔伯塔省博物馆组成了中加联合考古队,对学田遗址进行了为期三周的首次联合发掘,其中第 7 号探方收获最丰,出土动物化石 145 件,骨器 3 件和石制品 1 件。

　　1996 年 9 月中加联合考古队再一次对学田遗址进行发掘。主要对 1993 年未发掘完的第 7 号探方继续发掘,并在其西边新开了一个 16 平方米的探方。这次发掘共出土化石标本约 500 件,出土人工打击的石片数件[①]。

　　遗址中出土古生物化石计 2300 余件,可鉴定的种属有猛犸象、披毛犀、野牛、野马、鹿、鼢鼠等,是我国东北地区晚更新世猛犸象—披毛犀动物群常见的种属,地层中孢粉有云杉、冷杉、松、榆、桦、胡桃等,其植被以木本植物和莎草科等草本植物为主要成分,反映出当时学田遗址附近是较寒湿的森林—草原自然景观。

　　出土的人工制品有石、骨制品两类。骨制品仅 6 件,有明显人工痕迹。石制品发现数量很少,不足 10 件,均用直接打制法制成。石制品除了几件可算作石片,大多是石屑。

　　遗址的年代,经多次用动物骨骼做碳 14 测年,并在加拿大用直线质谱加速器方法测试复核,遗址的绝对年代大约为距今 4～2.4 万年,属于旧石器时代晚期。

7. 小南山遗址

　　小南山遗址位于饶河县饶河镇南约 1 公里的小南山脚下[②],地貌表现为完达山脉残丘与乌苏里江左岸河谷阶地的交界地带,海拔 60 米。遗址 1980 年调查时发现,地层比较清楚,由上至下可分为 6 层,第 5 层出土古生物化石和石器。

　　出土遗物有石器和骨器。石器有 1 件单刃刮削器和 1 件斧形石核。

---

① 于汇历:《黑龙江省旧石器时代考古二十年》,《北方文物》2000 年第 1 期。
② 杨大山:《饶河小南山新发现的旧石器地点》,《黑龙江文物丛刊》创刊号,1981 年。

骨器为1件用猛犸象肩胛骨制成的尖状器。遗址中出土许多不同年龄个体的猛犸象碎骨,没有完整的骨架,研究者认为可能是古人吃肉后抛弃的碎骨堆。从石器的性质看,可能与中原大石器文化传统有联系。

遗址的年代,经碳14测定距今1.3万年左右,属于旧石器时代晚期遗址。

8.　碾子山遗址

碾子山遗址位于齐齐哈尔市碾子山区东南端[①],由方圆约10平方公里范围内的25个地点构成的遗址群,其地貌为大兴安岭东麓低山区。1983年5月至1984年3月,齐齐哈尔市文物管理站发现该遗址并与省博物馆共同调查核实了25个地点,先后获石制品321件,动物化石30件。发现的动物化石至少有6种,均属猛犸象—披毛犀动物群成员。

石制品种类有石核、砍砸器、尖状器、切割器、刮削器、网坠、石片和有打片疤的石块。从石制品的体型、加工技法以及石料选择上,可以分为两大类。一类是以锤击法或直接打击法制作的石制品,共有77件,它们体形硕大,加工粗糙,石料质量较差,多为长石斑岩和变质凝灰岩等,主要器型有大砍砸器、大尖状器和石片等。另一类是既用直接打击法,也用间接打击法及压琢等多种较高级技法制作的石制品,共计244件,它们选料较佳,尺寸较小,器型完整,有的可称细石器,多由燧石、石髓、玛瑙和硅质岩等制成。

硕大的打制石器与精细的压琢石器同时出现,可能反映出这个区域的人类活动延续了较长一段时间。

9.　十八站遗址

十八站遗址位于大兴安岭地区塔河县十八站鄂伦春族乡附近,黑龙江支流呼玛河左岸的二级阶地上,地处大兴安岭北坡山地[②],海拔约300米,是目前中国境内分布最北的旧石器地点之一。十八站原属呼玛县,1981年成立塔河县政府,十八站划归塔河辖区。1975年中国科学院古脊椎动物与古人类研究所和黑龙江省博物馆在黑龙江流域进行野外调查时发现。共发现四个地点,其中第一地点遗物较丰富。1975年和

① 魏正一、李龙:《齐齐哈尔市碾子山区发现的石器》,《北方文物》1990年第3期。
② 魏正一、干志耿:《呼玛十八站新发现的旧石器》,《求是学刊》1982年第1期。

1976年,中国科学院古脊椎动物与古人类研究所会同黑龙江省博物馆对该遗址做了调查和发掘工作,出土石制品1070件。1979年夏,干志耿和杨虎在呼玛县文物普查时又发现一批石器。80年代以后,省内学者又对此进行了多次调查。

遗址自上而下分为4层,石制品均出于第2层和第3层。石质大多用硅质岩、燧石、流纹岩和砾石等制作,其原岩均产自当地。在制作方法上,底部出土的以直接打击法为主,中部出现间接打击法和横向交错加工技术,上部则出现了压制法和细琢加工等技法。文化层中的石制品也有自下而上由大变小的迹象,说明这是一处延续时间较长的遗址。

石器种类有刮削器、雕刻器、小砍砸器、锛状器、龟背状砍砸器、楔形石核等,其中以刮削器最多。石器的制作多在长石片和石核基础上再修理加工制成,石核具有修理台面和对向剥片的技术,石片中石叶技术特征明显。从制作工艺特点和器物类型看,这批石制品与华北下川、虎头梁地点的石制品有相似之处,与"周口店—峙峪系"的文化传统有密切联系。有学者提出,十八站遗址的石叶技术与水洞沟相似,且二者时代相近,地理位置均处东北亚腹地,并且十八站遗址在更新世晚期时代稍早的遗存中有莫斯特文化因素,时代较晚的遗存中有比较典型的石叶工业,因此,十八站旧石器晚期文化应是在本地较早文化的基础上,同时受到西方的旧石器文化传统影响而形成[1]。

该遗址的年代,在20世纪70年代有学者根据地层和器物对比,认为遗址年代应在旧石器时代末期。2005年采用光释光的方法对遗址进行年代测定,确定遗址年代为距今2.5~1万年。

10. 老卡遗址

老卡遗址位于大兴安岭地区呼玛县三卡乡老卡村西北约200米,黑龙江右岸的二级阶地上[2],高出当地河面5~10米。1989年黑龙江省文物考古研究所在对黑龙江水电站淹没区右岸进行文物普查时发现,并采集石制品53件。

---

[1] 王幼平:《中国远古人类文化的源流》,科学出版社,2005年。
[2] 黑龙江省文物考古研究所:《黑龙江省呼玛老卡遗址调查简报》,《北方文物》1996年第2期。

石制品种类有石核、石片、砍砸器、刮削器、尖状器等。石料以硅质岩、流纹岩为主,有少量蛋白石和玛瑙。加工方法既用直接打击法,也用间接打击法和压制修整等技法。刃部以单向修理为主,也有双向交互琢修,背部常有多向打击加工修理。石片和石核中,自然台面很少,多为打击台面。少量石片可归为长石片,石器多为石片石器。

该遗址从制作工艺、石制品类型和大小等分析,应归属"周口店—峙峪系"文化传统。遗址的年代根据研究者推断,其时代大致为旧石器时代晚期。老卡遗址的石制品的制作技法明显比大兴屯和十八站的石制品具有原始性,其年代也应比二者略早。

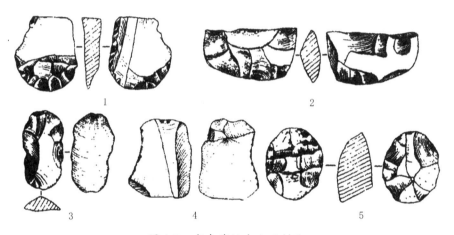

图 1-3　老卡遗址出土石制品

1、2. 砍砸器　3. 双边刃刮削器　4. 单边刃刮削器　5. 盘状石核

11. 交界洞穴遗址

交界洞穴遗址位于哈尔滨市阿城区交界镇一石灰岩采矿场内,为一石灰岩自然洞穴。1996 年秋发现并试掘,1997 年黑龙江省文物考古研究所做了发掘。遗址发掘面积约 100 平方米,挖掘的洞穴呈南北走向,部分洞顶被采石破坏,暴露洞身 20 余米,宽 5~7 米,洞内堆积物厚达 7 米以上。地层由上至下可分为六层,第三至第六层出土古生物化石和石制品。

遗址出土古生物化石达 2000 余件,可鉴定出 12 个种,主要有梅氏犀、鹿、狍子、獾、兔、熊、旱獭、貂、鼬及中型食肉类动物化石。从化石种群和石化程度看,其年代比"顾乡屯化石群"要早。

该遗址的年代,用古生物化石铀系法年代测定为距今 17.5 万年
(+2.2 ~ -1.8 万年)。该遗址目前有不同的意见,因此暂不适宜将其看作
黑龙江人类活动开始的时间。

三、远古时代黑龙江人类活动情境分析

黑龙江地区地处寒温带,气候寒冷干旱,自然环境相对恶劣。在恐
龙绝灭后的漫长地质时期,没有高级哺乳(灵长)类动物生存演化的环
境,直至第四纪中晚期,具备了一定生产力水平的旧石器时代人类才开
始逐渐进入这一区域。正因如此,黑龙江地区发现的旧石器时代遗存,
除阿城交界遗址距今 17 万年外,其余遗址绝大多数是距今 5 万年后的
遗存。

黑龙江地区旧石器考古的发现和研究已经经历了几十年,自上世纪
70 年代以来,发现了一些旧石器地点。从已发掘的几处旧石器地点中,
获得了比较丰富的文化遗物、遗迹和哺乳动物化石。大量具有鲜明特点
的遗物陆续出土,不断丰富和深化着我们对黑龙江地区旧石器时代晚期
文化的认识,也让我们越来越多地了解到原始人类在这块土地上活动的
信息,结束了黑龙江地区缺乏可资凭信的旧石器文化遗存的局面。在
20 世纪后期,黑龙江地区的旧石器考古已经步入有计划、有重点,面向
全省进行发掘和研究的阶段。

黑龙江地区已发现的旧石器文化遗存连同零星发现旧石器遗物地
点共 28 处,从这些地点的分布及出土遗物来看,我们可以初步了解旧石
器时代的人类在黑龙江地区活动和生存的情况。

(一)远古人类对生存空间的选择

从 20 世纪旧石器时代遗址发现的情况来看,黑龙江地区的旧石器
遗址主要分布在三个区域:以顾乡屯、黄山等为中心的哈尔滨周边地区;
以大兴屯为代表的嫩江流域;以十八站为代表的大兴安岭地区。这三个
不同区域的旧石器遗址在地貌上及石器类型上有一定的差别,年代上也

有早晚的不同。

以顾乡屯等为中心的哈尔滨周边地区,地貌位置一般较低,主要分布在河流岸边,属旷野类型。该类遗存年代均为距今5~2.5万年前,属黑龙江地区旧石器遗址较早时期。主要遗存有五常学田村遗址、哈尔滨荒山遗址、顾乡屯遗址、阎家岗遗址。发现的石制品数量非常少,从形态上观察,石器类型以小石器为主体。

嫩江流域发现的旧石器时代遗址大部分位于嫩江下游的中上段,这段地势平坦,水系发达,发现的清和屯、大兴屯都是位于江边地势较高的岗地上,属旷野类型。这类遗存年代在距今1.35万年左右,属旧石器时代晚期较晚阶段。嫩江流域旧石器时代遗址发现了较多的石制品,可以观察到的信息更多。主要体现在两个方面,一是石制品的原料更加多样,并能根据不同材质,采用不同的加工制作方法,制作不同的工具类型。发现的原料均来自附近的河流砾石层,多数是燧石、玉髓、玛瑙,有少量的火成岩和石英砂岩。二是石器类型以小石器为主,这可能因石料本身较小,种类以刮削器、雕刻器为最多,砾石工具较少。

大兴安岭地区和东部山地区域遗址仍然表现出近水分布的特点,如呼玛十八站遗址和老卡遗址,遗址相对位置较高,一般高出当地河面5~15米,年代在距今2.5万年左右,属旧石器时代晚期。在十八站遗址中发现了数量较多的石制品,石材取自当地河滩上的砾石,石料种类主要为两大类,石质大多用硅质岩、燧石、流纹岩和砾石等制作,其原岩均产自当地。石片中石叶技术特征明显,石器多为石片石器。

上述三个区域的遗址以哈尔滨周边地区年代最早,年代大约为距今5~2.5万年,遗址数量不多,发现的石制品也很少。但是在这个区域发现了丰富的古动物化石,属猛犸象—披毛犀动物群,证明当时的气候环境为末次冰期。石制品的形态反映出其小石片工业的面貌。大约从距今2.5~1.2万年,黑龙江经历了末次冰期的极寒之后,逐渐回暖,更多的古人类进入了黑龙江地区,嫩江流域和大兴安岭地区基本上属于这个阶段。在这个阶段,发现了较前更多的人类活动的迹象,旧石器遗址密度大大增加,发现的石制品数量也明显增多,制作工艺进步明显,能够选用优质的石材,制作可以适应更多用途的多种类石器,反映出古人类适应自然的强大能力。石制品的形态同样具有较强的小石片工业的特色,这可能与当地的石料个体较小有一定的关系。

(二)古人类活动轨迹的探索

尽管目前在黑龙江境内还没有发现确切的属于旧石器时代的人类化石资料,但是从考古发现来看,可以肯定在旧石器时代晚期黑龙江已经有了人类活动。

大约在距今5万年左右,第一批原始人类进入到黑龙江,但活动区域较小,目前仅在哈尔滨周边地区找到他们的印迹,如顾乡屯、黄山、阎家岗、学田等几处地点发现了他们活动的遗迹。他们选择了河流边近水源的地方居住,能够制作简单的石器和骨器,用这些简单的工具获取生存的资源。在五常学田遗址1993年的发掘中,出土了1件骨质投射尖状器、3件猛犸象门齿制成的片状骨器、2件人工打制石片和1件人工修整的兽骨等。值得注意的是从发现的遗迹看,当时的人类可能已经对自己的行为有了一定的规划。在学田遗址第二地点发现一条化石带,化石带长约10米,宽0.5～1.6米,化石均平堆在泥炭层面上,有的在缝隙处填塞一些小石块,年代为距今4～3.9万年。在哈尔滨阎家岗遗址发现了两个相距约40米的半圆形骨圈遗迹,分别由数百块披毛犀、野牛、野马和大角鹿等兽骨叠置而成,其年代为距今4.1～2.2万年。发掘者认为这是古人类构筑临时营地的基础。上述发现可能是当时古人类出于某种目的的行为,尽管对此有不同的认识,但它仍然是我们探索黑龙江古人类行为和活动的重要线索。

第一批到达黑龙江的人来自哪里?

活动在哈尔滨周边地区的人类留下的遗物非常少,对判断他们的身份带来很大的困难,我们只能从留下的蛛丝马迹中去寻找。哈尔滨附近的各处遗址中所出石制品虽然很少,但从它们的形态看,它们与小石器最为相近。"小石器工业最早起源于一百多万年前的华北地区,这种技术一直延续到旧石器时代晚期的早段,哈尔滨附近的发现可以看作华北早期人类向黑龙江地区扩散的结果。"[1]

据此我们推断,黑龙江目前发现最早的人类可能是来自华北。

---

[1] 刘晓东等:《黑龙江通史·先秦卷》,社会科学文献出版社,2019年,第23页。

在距今 2.5 万年开始,黑龙江境内的人类迅速增多,他们在更多的地方出现,活动范围扩大,嫩江流域、大兴安岭地区都发现了人类留下的遗迹。他们的生存能力提高,活动半径也大大增加,为了获取物资和生活的方便,他们仍然选择水源充足、视野开阔、邻近河流的地方作为生活区域,选取的地点多是河流附近高出周围平地的小山,或者是河谷中最平坦开阔的阶地。人类制作工具的能力有很大提高,他们选择优质的石料,并根据不同的石料制作不同的工具,石质工具的制作变得精细,能制作砍砸器、刮削器和雕刻器等种类多样的工具,反映了工具的“专业化”程度较高。大兴屯的石制品尺寸小,一些已经接近典型的细石器。该阶段的旧石器遗址几乎都是旷野类型,从发现的篝火遗迹和工具类型看,他们应该过着相对流动的狩猎采集生活。从细石器所采用的原料和加工方法以及工具类型等方面观察,黑龙江旧石器时代晚期的石器特征与华北地区有一定的相似性,因此,在旧石器时代晚期晚段,黑龙江与华北地区的细石叶技术属于同一个文化圈,有共同的发展方向。

因此可以认为,从旧石器时代晚期早段开始,生活在华北地区的较早一批晚期智人开始尝试向北进一步扩展,他们的这一迁徙行为带来了华北地区延续上百万年的石片石器传统。这种频繁的活动和交集一直延续到旧石器时代晚期晚段,并且随着人类的进化,生存能力越来越强,人类能够出走的距离越来越远,最后就出现了我们视野中所看到的双方在生产技术上的相似度逐渐加大。哈尔滨周边地区及嫩江流域、大兴安岭地区表现的石器特征就证明了这点。

20 世纪黑龙江地区旧石器时代考古工作比较薄弱,发现的遗存数量较少,材料不够丰富,限制了对黑龙江旧石器时代文化面貌的认识。尽管如此,一个世纪的经验累积对后续的旧石器时代考古事业的发展仍然具有重要的意义,正是因为前辈考古人的兢兢业业,才成就了 21 世纪旧石器考古的迅速开展。

2000 年以来,黑龙江旧石器考古进入了一个新的发展时期,发现的遗址数量明显增多,分布范围扩大,研究工作逐渐深化。2008 年黑龙江省文物考古研究所和吉林大学在牡丹江支流海浪河流域进行旧石器专项考古调查,发现和确认了旧石器遗址 8 处,主要有杨林西山、杨林南山、炮台山、秦家东山、龙头山和满城南山遗址。2012 年又新发现了双丰、小龙头山和大龙头山遗址,并在 2014 年进行了发掘,获得了一批重要的遗物和测年标本。这些遗址的发现和发掘,对认识海浪河流域旧石器时代文化具有开创意义,也为研究黑龙江境内旧石器时代文化遗址补充了重要的资料。而 2021 年的两则新闻则为黑龙江的古人类研究带来轰动。一则是中国科学院古脊椎动物与古人类研究所付巧妹通过古基因组研究数据,提出大约在 1.9 万年前东亚古北方人群已经在黑龙江出现,这个结果将之前的东亚南北方人群遗传分化时间(9500 年前)往前推了近万年,并且提出黑龙江流域人群的遗传连续性早在 1.4 万年前就已开始,比此前研究前推 6000 年,这项结论与黑龙江流域陶器和玉器最早出现在 1.5 万年前的考古记录相符①;一则是引起极大轰动的龙人头骨化石,据专家称其来自 14.5 万年前,他"是现在已知的与我们智人最近的亲属","有可能改写人类演化史的主要内容"②。

---

① 中国新闻网:《东亚人群如何适应"冰河时代"? 中国科学家解析遗传图谱和基因演化》,中国新闻网 2021 年 5 月 27 日。
② 张澍:《"龙人"化石,或将改写人类演化史!》,《黑龙江日报》2021 年 7 月 12 日。

第二章　文明的曙光——新石器时代遗存

新石器时代是人类文明发展历程中一个非常重要的时期,其地质年代进入全新世。黑龙江的新石器时代考古遗存遍及全省各个区域,内涵丰富,具有鲜明的特点。经过近一个世纪的考古工作,黑龙江地区的新石器时代考古学研究已经取得了丰硕的成果。

一、考古发现与重要活动

黑龙江地区的新石器时代考古工作开展的比较早,但大量的工作是1949年后开展的。

黑龙江地区新石器时代考古开展最早、且影响最大的是分布在齐齐哈尔的昂昂溪文化。20世纪30年代初,我国著名考古学家梁思永先生在齐齐哈尔昂昂溪五福(C)地点的沙丘上进行了科学的发掘和调查工作,这次工作奠定了包括黑龙江在内的我国北方地区新石器时代考古学研究的基础。60年代初,黑龙江省博物馆在对嫩江沿岸进行考古调查时,对昂昂溪地区作了调查和复查[①]。1963年5月和1964年4月,黑龙江省博物馆再次对昂昂溪地区进行专项复查,复查取得了很大的收获[②]。哈尔滨师范学院历史系也曾来昂昂溪地区作过考察[③]。进入70年代,齐齐哈尔市文物管理站也曾做过一些调查。1980年黑龙江省文物考古工作队在昂昂溪附近对滕家岗遗址进行了一次具有重要学术价值的发掘,发现了房址、墓葬、灰坑和环壕等遗迹,并出土了较多的陶器、石器、玉器、骨器等遗物,为这里的新石器时代文化研究增添了新的资料,丰富了

① 黑龙江省博物馆:《嫩江沿岸细石器文化遗址调查》,《考古》1961年第10期。
② 黑龙江省博物馆:《昂昂溪新石器时代遗址调查》,《考古》1974年第2期。
③ 游寿、王云:《哈尔滨师范学院历史系部分教师赴嫩江和牡丹江文化区作考古调查》,《黑龙江日报》1962年8月28日。

对昂昂溪史前文化内涵的理解(正式报告尚未发表)[1]。

1949 年后,黑龙江省新石器时代考古工作稳步扩展,有了许多新发现,充实了黑龙江新石器时代考古的内容。

五六十年代,主要是小规模的清理发掘工作和对一些新发现的认识。

1950 年李文信等人对依兰倭肯哈达洞穴遗址进行了清理,确认该遗址为新石器时代文化遗存[2]。1958 年黑龙江省博物馆对宁安牛场遗址进行试掘,发掘者推测该遗址是新石器时代晚期居住址[3]。同年黑龙江省博物馆和安达市博物馆两次调查了安达青肯泡遗址,认为是一处新石器时代遗址[4]。1960 年发掘宁安大牡丹屯遗址,发掘者根据下文化层出土遗物特征判断大致处于新石器时代晚期阶段[5]。1963 年发掘宁安县莺歌岭遗址,明确了莺歌岭下层遗存是属于新石器时代的一种新的文化类型[6]。1964 年黑龙江省博物馆发掘宁安东康遗址,发掘者指出,该遗址"属于牡丹江流域最常见的、分布最广的牛场类型文化,是它的晚期遗址",并且进一步指出其"同牛场、大牡丹、莺歌岭上层在许多方面是相近的"[7]。

70 年代以后,黑龙江的新石器考古工作进入了快速发展的阶段,有了重大发现,取得了醒目的成绩。

1971 年黑龙江省博物馆对小南山进行考古调查与发掘。此前曾经在这里发现了桂叶形石器,这在我国是首次发现[8]。1991 年边防部队在山顶基建施工时,发现一座双人合葬墓,出土了数量较大的一批玉器,是黑龙江地区新石器时期玉器的一次重要发现,在当时引起轰动[9]。

1972 年黑龙江省博物馆调查并发掘了密山新开流遗址,认为这是一

---

① 谭英杰等:《黑龙江区域考古学》,中国社会科学出版社,1991 年。
② 李文信:《依兰倭肯哈达的洞穴》,《考古学报》1959 年第 7 期。
③ 黑龙江省博物馆:《黑龙江宁安牛场新石器时代遗址清理》,《考古》1960 年第 4 期。
④ 赵善桐:《黑龙江安达县青肯泡遗址调查记》,《考古》1962 年第 12 期。
⑤ 黑龙江省博物馆:《黑龙江宁安大牡丹屯发掘报告》,《考古》1961 年第 10 期。
⑥ 黑龙江省文物考古工作队:《黑龙江宁安县莺歌岭遗址》,《考古》1981 年第 6 期。
⑦ 黑龙江省博物馆:《东康原始社会遗址发掘报告》,《考古》1975 年第 3 期。
⑧ 黑龙江省博物馆:《黑龙江饶河小南山遗址试掘简报》,《考古》1972 年第 2 期。
⑨ 佳木斯市文物管理站、饶河县文物管理所:《黑龙江饶河县小南山新石器时代墓葬》,《考古》1996 年第 2 期。

处不同于国内其他地区的新石器时代文化遗址。同年发掘了绥芬河流域东宁大城子遗址[①]。1974年发现桦川瓦里霍吞遗址,1979年黑龙江省博物馆对遗址进行了复查,认为这是一处松花江下游地区较早的一处新石器时代遗址。1978年发现了肇源小拉哈遗址,1979年黑龙江省文物考古研究所会同绥化地区文物管理站对遗址进行了发掘,确定了该遗址第一期遗存为新石器时代早期偏晚阶段遗存[②]。

1981年黑龙江省博物馆调查了依安县乌裕尔河大桥遗址,根据出土遗物情况判断,应是新石器时代遗存[③]。亚布力北沙场遗址是1985年当地人采沙发现的,同年黑龙江省文物考古研究所进行了发掘清理,发现了与红山文化相似的三联玉璧,认为此处是新石器时代一个新的文化类型[④]。1987年新发现的宁安石灰场下层文化,其年代属于新石器时代晚期[⑤]。1989年5月黑龙江省文物管理委员会会同杜尔伯特县博物馆对李家岗遗址进行了清理发掘,认为这是一处属于昂昂溪文化的墓葬遗址[⑥]。

1990年春黑龙江省文物考古研究所等单位对逊克县进行文物普查,复查了一批重要遗址,新发现了鹿场、四分场、红疆和高滩等新石器时代遗址,采集了一批石器,对逊克县新石器时代的文化内涵有了更进一步的认识。

1994~1995年,黑龙江省文物考古研究所和吉林大学考古学系对海林振兴遗址进行了三次发掘,将其中的第一期遗存认定为属于新石器时代遗存[⑦]。

① 黑龙江省博物馆:《黑龙江东宁大城子新石器时代居住址》,《考古》1979年第1期。
② 郝思德、李砚铁:《黑龙江肇源小拉哈、狼坨子青铜时代遗址调查简报》,《黑龙江文物丛刊》1984年第4期。
③ 于凤阁:《依安县乌裕尔河大桥新石器时代遗址调查》,《黑龙江文物丛刊》1982年第2期。
④ 黑龙江省文物考古研究所:《黑龙江尚志县亚布力新石器时代遗址清理简报》,《北方文物》1988年第1期。
⑤ 牡丹江市文物管理站:《黑龙江省宁安县石灰场遗址》,《北方文物》1990年第2期。
⑥ 杜尔伯特蒙古族自治县博物馆:《黑龙江省杜尔伯特李家岗新石器时代墓葬清理简报》,《北方文物》1991年第2期。
⑦ 黑龙江省文物考古研究所、吉林大学考古学系:《黑龙江省海林县振兴遗址发掘简报》,《北方文物》1997年第3期。

二、主要考古学文化与遗存

到 20 世纪末,黑龙江省的新石器时代考古框架基本成熟,按照考古学的区系类型理论,结合黑龙江省的地理面貌,黑龙江新石器时代考古学分区可以分为三个区:牡丹江·绥芬河流域、松嫩平原、三江平原。

(一)牡丹江·绥芬河流域

牡丹江·绥芬河流贯穿黑龙江省东南丘陵山地,其间有大小盆地。牡丹江发源于长白山脉白头山之北的牡丹岭,河流水量充沛,主要支流有海浪河、乌期浑河、三道河等,流经黑龙江境内的宁安、牡丹江、海林、依兰等地,流域面积约为 2.85 万平方公里。绥芬河发源于吉林省汪清县,经东宁流入俄罗斯,在海参崴向南流入日本海,省内流域面积 7542平方公里。

20 世纪 30 年代,俄国学者包诺索夫[①]和日本学者奥田直荣[②]曾到镜泊湖地区做过调查,采集到少许石器和陶器,并对湖泊附近地点进行了试掘。1958~1960 年,黑龙江省博物馆也曾连续三次调查过此地,辨识出了牡丹江·绥芬河流域存在莺歌岭下层遗存、亚布力文化、振兴一期甲类遗存及石灰场下层文化等几种考古学文化遗存。

1. 莺歌岭下层遗存

莺歌岭遗址位于镜泊湖南湖头对岸一座东西向山麓丘岗的湖滨漫岗上[③]。1963 年莺歌岭遗址因湖水冲刷,自然破坏严重,当年夏季黑龙江省博物馆对该遗址进行了清理发掘。发掘面积约 100 平方米。遗址的堆积自上而下可分为 5 层。根据遗址内堆积叠压顺序,研究者将其分为莺歌岭下层和莺歌岭上层两种文化类型。第 4、5 层划为早期堆积的下层文化,为新石器时期的堆积,命名为莺歌岭下层文化。从目前的发现

---

① 包诺索夫:《北满考古学史》,《黑龙江考古民族资料译文集》(第 1 辑),北方文物杂志社,1991 年。
② 奥田直荣:《镜泊湖畔史前学调查报告》,《黑龙江考古民族资料译文集》(第 1 辑),北方文物杂志社,1991 年。
③ 黑龙江省文物考古工作队:《黑龙江宁安县莺歌岭遗址》,《考古》1981 年第 6 期。

来看,该文化的分布主要在黑龙江省东南部、吉林省东北部及俄罗斯滨海南部地区。

下层遗存发现了编号 F3、F4 的两座房屋。F3 平面呈圆角长方形(或方形),半地穴式建筑,西壁被水冲掉,居室内残存 17 个柱洞。半竖穴是就地开挖原生黑土而成,现存高约 0.45 米。半地穴底部东侧墙壁处用泥土粘筑一排石块;居住面未经人工处理,但发现有踩踏的活动遗迹;中心有一处椭圆形灶址。房址内出土有陶片、打制石器和骨器。F4为平面圆角长方形(或方形)的半地穴式建筑,西壁被湖水冲毁。穴壁和居住面均为黑色生土。居住面上有一层质密平整的路土。室内残存柱洞 23 个。室内有灶,大部分被破坏。居住面上发现大量陶片和一件完整的鹿角锄,中部东侧有一大型石磨盘,磨盘下及与灶之间共发现 6 个排列整齐、保存完好的动物头骨。

遗址出土器物有陶、石、骨器。

陶器多为夹砂红褐陶,偶见粗质灰陶。器物多为口沿、腹壁和器底残片,表面纹样丰富,有“人”字和“之”字(或称“W”形)条带纹等,施纹方法多为刻划,也有戳印篦点状纹饰。陶器器形单一,仅发现罐、碗、盅三种,均为平底器。大部分陶罐口沿以下或连肩部器表施纹,形状主要是人字纹或斜平行刻划纹的直口筒腹罐和圆点纹束颈侈口罐两种。其余小件器形仅出土陶纺轮。

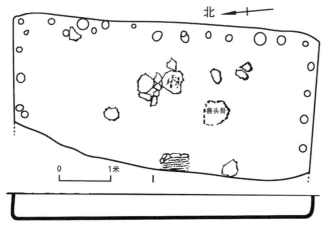

北

兽头骨

0　　　　1米

图 2-1　莺歌岭下层 F4 平剖面图

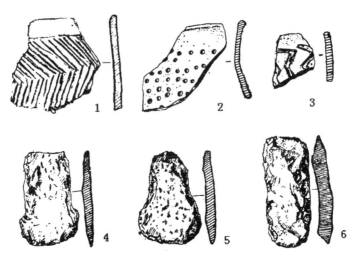

图 2-2　莺歌岭下层出土陶、石器
1～3. 陶器口沿　　4～6. 打制石器

　　石器以打制石器为主，磨制石器很少，有锄和斧两类，以亚腰形锄最具特征。骨角器有骨针和鹿角锄两种。

　　通过上述的考古学观察，我们可以对莺歌岭下层的生活有所认识。当时生活在该地的人们居住在圆角方形或长方形的半地穴式房子中，室内有灶，放置着日常生活用具和生产工具。他们会制作陶器，但是水平不太高，只能制作最基本的生活用品，如罐、碗，但是他们喜欢在陶器上做装饰。石器制作上打制石器的技术更高，使用更广泛，发现了较多的锄和斧，表明当时的人们过着农业定居的生活。大量渔猎工具和兽骨的出土，说明当时人们的生业方式中渔猎经济还占有相当比重。

　　通过与周邻其他考古学文化出土遗物的对比，推定该文化年代大约在公元前 3500～前 2500 年。

2. 亚布力文化

　　亚布力文化得名于亚布力遗址的发掘，遗址位于尚志县亚布力镇东北 1.5 公里，南距蚂蜒河 2 公里的岗地上①。1985 年当地人取沙时发现，黑龙江省文物考古研究所前往进行调查，确认是一处新石器时代文化遗

---

① 黑龙江省文物考古研究所：《黑龙江尚志县亚布力新石器时代遗址清理简报》，《北方文物》1988 年第 1 期。

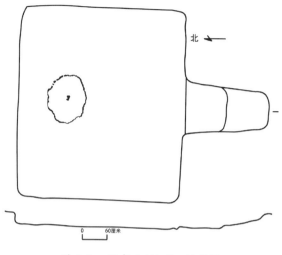

图 2-3　亚布力 F1 平、剖面图

存,同年进行了发掘,揭露残存遗址面积 200 平方米。

遗址内仅发现 1 座半地穴式房址,房址紧邻断崖,除东壁外,其余南壁、西壁、北壁均保存较好。平面呈圆角方形,门向南,有一阶梯式狭长门道。房址内堆积为夹烧灰、炭屑和大量风化花岗岩砂粒的黑灰色土,出土有陶器、石器。房屋建造不见人工加工痕迹,但地面坚实,可能是人类长期活动踩踏所致,灶址位于居住面中心偏北处。

亚布力遗址出土遗物包括陶器、石器和玉器。

陶器均为夹砂陶,以黄褐色为主。手制,器壁较薄,有的内壁经打磨处理。质地疏松,烧成火候较低。大部分陶器表面通体施纹,以绳纹和戳印纹为主,少见坑点纹、线纹和刻划纹等。常见由一种或两种纹饰组合而成的几何形图案,图案位置和种类也比较固定,如口沿处施压印绳纹或线纹,腹部饰由绳纹和篦点纹等复合而成的条带纹。陶器器类简单,基本组合为罐和碗。陶器多平底器,也有少量假圈足。罐的口沿部特征明显,多为口沿部稍外折,然后向上成直口,可复原器物较少,多见口沿残片。碗多敞口,只发现口沿。

石器有打制和磨制两种,磨制石器占多数,不见压制石器。打制石器种类有亚腰形石锄、刮削器,磨制石器有斧、铲、锛、镞、磨石、磨棒等,在房址中还发现很多薄石片,质料与石镞相同,当为加工石镞之用。

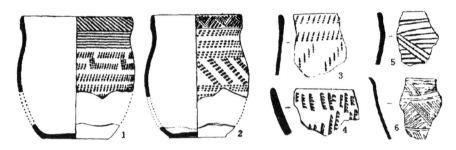

图 2-4　亚布力出土陶器

出土有玉器,数量不多,仅见锛、凿类工具和单孔椭圆形、三联璧式玉佩饰。三联璧式玉佩制作精美,极为少见,与辽宁发现的红山文化的同类器物相似。

亚布力遗存从其文化面貌上看,与已知的昂昂溪、新开流、莺歌岭下层等新石器时代遗存有明显区别,因此认定这是黑龙江地区新石器时代一种新的文化类型。

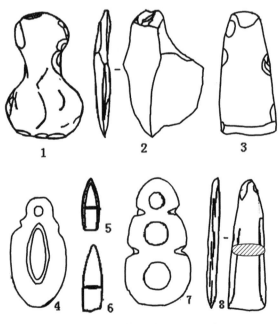

图 2-5　亚布力出土玉、石器

1~3、5、6. 石器　4、7、8. 玉器

亚布力遗址出土的石斧、石锄、石铲、石磨盘、磨棒等配套农业生产工具,说明当时已出现农业,并有了一定程度的发展。该文化类型目前只发现亚布力遗址一处,其分布范围还有待将来的发现。

亚布力遗存的年代,通过与周邻已知考古学文化对比研究,推定其年代约为公元前4000~前3500年间。

3. 振兴一期甲类遗存

遗址位于海林市三道河乡振兴村西约1公里处,牡丹江右岸的二阶台地上,现已被莲花水库淹没①。1994~1995年,黑龙江省文物考古研究所和吉林大学考古学系对遗址进行了三次发掘。第三次发掘面积150平方米,发现遗址有房址1座、灰沟2条、灰坑10个。出土的重要文物有陶器、石器等。振兴遗址文化层共分四期:第一期遗存为新石器时代,遗存可分为甲、乙两类;第二、三期为铁器时代;第四期为辽金时期。

振兴一期甲类遗存出土的遗物种类主要有石器和陶器。

所出完整陶器仅1件,其余均为陶器残片,多为夹砂红褐、黄褐、黑褐色陶,烧制温度较低,器表颜色不均匀者及与胎和内壁颜色不一致者居多。器壁较薄,均为手制。绝大部分陶器表面施有压印箆点纹、窝点纹、菱形纹和三角纹,也有刻划纹、戳刺纹和附加堆纹等。纹饰布局采取两段式,集中于器身上半部,靠近底部多为素面。部分陶器口沿处有钻孔,孔均为由外壁向内壁戳、钻而成。器类造型单一,仅见罐、盆和钵。

石器仅见一件石锛。整体呈不规则矩形,剖面呈梯形。

该遗存的年代通过与周邻已知考古学文化对比研究,推定约为公元前5500~前4500年,属于新石器时代早期偏晚阶段。

4. 石灰场下层文化

石灰场遗址位于宁安市城东乡石灰场村东北约2公里,牡丹江与马莲河汇流处的三角台地上②。台地与江面的相对高度差为12米。遗址东北隔江与三道亮子屯相望,西边约4公里处为牛场遗址,西南约5公里为东康遗址。遗址中心部分于1987年当地村民烧砖取土时基本破坏殆尽,残留约400米的半月形断崖。1988年牡丹江市文物管理站会同宁安县文物

---

① 黑龙江省文物考古研究所:《黑龙江省海林县振兴遗址发掘简报》,《北方文物》1997年第3期。
② 牡丹江市文物管理站:《黑龙江省宁安县石灰场遗址》,《北方文物》1990年第2期。

图 2-6　振兴一期出土陶器、石器

1~3. 盆、罐口沿　4. 石锛

管理所对其进行抢救性发掘,揭露面积 140 平方米,共清理出 4 座房址、12 个灰坑。发掘者依据地层关系将遗址划分为上、中、下三个不同时期的文化遗存。其中以 F3、F4、T4 ②、T5 ②为代表的下层遗存属新石器时代。

建筑遗迹仅发现房址 2 座,位于断崖,均已残毁。残留部分可见屋体单间,平面均为方形(或长方形)半地穴式建筑。F3 为方形半地穴式,采用就地向下挖掘竖穴空间的方式,其中南墙壁底端发现一处东西向北折的平直石墙,石墙系用黄土粘合而成的石块垒砌而成。居住面经火烤,无灶、柱洞和门道等。

石灰场下层文化的陶器多为残片,完整器较少。陶质均为夹粗砂,砂粒较大。颜色以灰褐、黄褐为主,红褐次之,烧制火候不高,器表颜色斑驳不匀。制法均为手制,器形不规整,器表稍加抹光。纹饰种类流行刻划纹、平行线划纹和以平行线划纹组成的不规整几何图案。个别的也有戳压圆窝纹。纹饰部位一般在口沿以下直至器腹下部。多数陶器的口沿外有一周齿状附加堆纹。器类简单,主要有罐、瓮、钵、盅等,筒形罐数量最多。钵多为敞口大平底。

石器制作方法有打制、琢制和磨制三种,三种制法可见于同一石器的制作过程。器型有斧、铲、凿、磨盘、磨棒等,以大型磨制圆刃石铲和长方形板状石铲最富特色。

有学者指出石灰场下层花边堆纹筒形罐与昂昂溪和小拉哈遗址同类器型相似,具有同一时代风格,年代应相差不远,在公元前 2500 ~ 前 2000 年之间,结束年代甚或更晚,处于该流域新石器时代最晚阶段[1]。

---

① 赵宾福:《东北石器时代考古》,吉林大学出版社,2003 年。

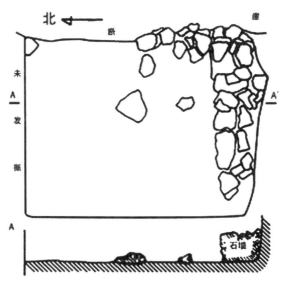

图 2-7 石灰场下层 F3 平、剖面图

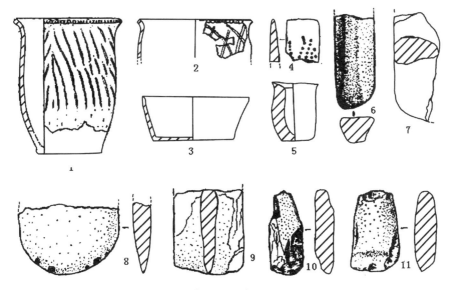

图 2-8 石灰场下层出土陶器、石器

1~5. 陶器 6~11. 石器

（二）松嫩平原

松嫩平原位于黑龙江省西部,新石器时代考古学文化主要有两支,分别是昂昂溪文化和小拉哈一期甲组遗存。

1. 昂昂溪文化

昂昂溪文化以昂昂溪遗址的发现而命名。遗址位于齐齐哈尔市西南 25 公里嫩江高河漫滩的沙丘上,属于松嫩平原西部边缘[①]。该文化代表性遗存是指梁思永和路卡徐金在昂昂溪五福Ⅲ号沙丘发现的 M1 和 M2,同类遗存还包括小拉哈一期乙组遗存等。

昂昂溪文化的遗物包括陶器、石器及骨器等。

陶器有夹砂陶和泥质陶两种,少数含有蚌壳粉,陶色不纯,多呈灰褐色。灰褐泥质陶多为素面,器表流行附加堆纹,刻划纹较少。纹饰有拍印的不规则三角纹、附加堆纹、划纹、指甲纹等。黄褐泥质陶纹饰除与上述相同者外,还见有剔刺纹。陶器数量少,器类单一,造型简单,以直口罐、圆腹圜底罐、带流盆和平底钵最具特色。

石器可分压制、打制和磨制三种制法,主要是生产工具。其中压制石器占绝大多数,种类多,形制繁,数量大,为该地区新石器时代最主要的生产工具。压制技术水平较高,能制造精致的细小石器,并使各类石器趋于定型化。石器种类有镞、投枪头、尖状器、刮削器、切割器、网坠、锛、凿、敲砸器、磨盘等,其中尤以石镞数量多,形制也多样。

骨器磨制精良,代表性器类为单排倒刺穿孔鱼镖、曲柄骨枪头和侧边带凹槽的骨刀柄。

该文化在嫩江中下游分布密集,北到齐齐哈尔,南到松辽分水岭,西到大兴安岭,东到哈尔滨。沿江地带分布最密集。

属于昂昂溪文化的遗址大多位于适宜渔猎的河湖附近的沙丘和垄岗上。生产工具主要是用于渔猎的压制石器和骨器。发掘资料中所见骨器较多,是昂昂溪文化遗物的一大特点。

遗址中常见鱼骨、兽骨,说明当时人们主要以渔猎为生。

墓葬发现的数量较少,在昂昂溪五福(C 地点)发掘二座,墓葬形制

---

① 梁思永:《昂昂溪史前遗址》,《梁思永考古论文集》,科学出版社,1959 年。

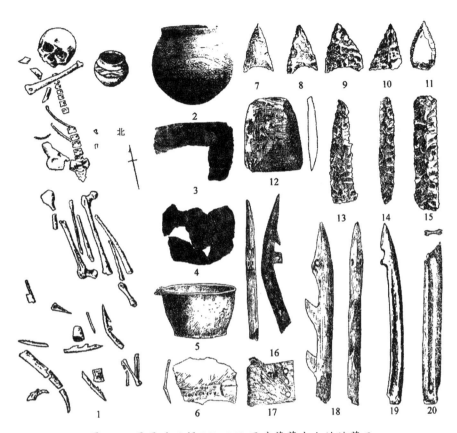

图 2-9　昂昂溪五福 M1、M2 两座墓葬出土的随葬品

1. M1平面图　2~6. 陶器　7~15. 石器　16~20. 骨器

（2、3、12~15 出自 M1,余为 M2）

（图片引用赵宾福《嫩江流域三种新石器文化的辨析》图二）

均为长方形土坑竖穴式,无葬具。葬式为单人仰身直肢一次葬。随葬品以陶器、石器、骨器为基本组合,出土数量较少。根据墓主性别及伴出随葬品种类分析,男子随葬的渔猎工具有骨枪头、骨鱼镖、骨刀梗等,女子墓随葬有压制的凹底石镞和圆底石镞、切割器等。从随葬品分析,当时男子从事狩猎和捕鱼,女子不仅从事家务劳动,也时而出猎。

昂昂溪文化的年代根据小拉哈一期乙组所出陶片和动物骨骼所作测年,初步认定约在公元前 2500~前 2000 年间,属于新石器时代晚期。

2. 小拉哈一期甲组遗存

小拉哈遗址位于肇源县义顺蒙古族自治乡东义顺村的小拉哈屯北部,是一处面积较大的沙土岗地[①]。1978年春首次发现了小拉哈遗址。1979年黑龙江省文物考古工作队和绥化地区文管站对遗址进行了调查和钻探。1991年黑龙江省文物考古研究所又进行了复查。1992年黑龙江省文物考古研究所和吉林大学考古学系联合对该遗址进行了较大规模的发掘。发掘面积为1100平方米,发现三个不同时期的遗存,其中第一期遗存属于新石器时代。

小拉哈一期甲组遗物全部混出于遗址晚期地层和遗迹当中,未发现原生堆积。出土遗物数量很少,均为陶器残片,未见完整器。陶片以夹砂灰褐陶为主,少数为夹砂红褐陶。陶胎含砂性较大,烧制火候较高。器壁较薄,表面普遍施纹,无素面器。纹饰均自口部开始施印,以凹弦纹和席纹或凹弦纹和戳印纹构成的复合纹饰最具特色。器物造型均直口、平底、筒形,唇不加厚,可辨器型仅罐一种。

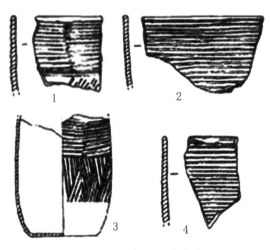

图 2-10　小拉哈一期甲组遗存出土陶器

---

① 黑龙江省文物考古研究所、吉林大学考古学系:《黑龙江省肇源县小拉哈遗址发掘简报》,《北方文物》1997年第1期。

该文化遗存的年代通过与周邻地区已知考古学文化对比研究,推定约在公元前 4500 ~ 前 4000 年,属于新石器时代早期晚段至中期阶段。

除了上述两种文化特征显著的新石器时代考古学文化之外,在松嫩平原还有较多的新石器时代遗址。

3. 李家岗墓葬

李家岗墓葬位于杜尔伯特蒙古族自治县烟筒屯镇新合村老地房子屯东北 1.5 公里李家岗南坡 [①]。墓葬已经遭到破坏,估计原有 2 座墓葬。1989 年 5 月被取土农民发现,1999 年 4 月,黑龙江省文物管理委员会会同杜尔伯特县博物馆进行了清理。因墓坑已经被破坏,因此关于墓坑的情况是参照当事人讲述。

M2 为单人葬,墓坑附近没有发现随葬品,M1 为 4 人葬,出土 24 件随葬品。其中石器 7 件,包括穿孔石骨朵、黑页岩石锛、石镞等,骨器出土 8 件,有野猪牙环饰、骨笄、骨匕、石刃骨梗刀,并出土了 6 件玉璧。

石刃骨梗刀保存较完好,是用锋锐石刃分嵌在骨梗上,工艺精细。

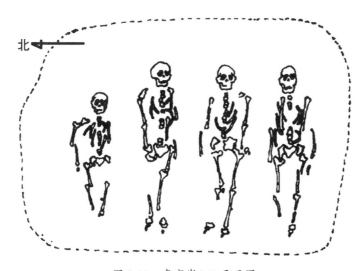

图 2-11　李家岗 M1 平面图

---

① 杜尔伯特蒙古族自治县博物馆:《黑龙江省杜尔伯特李家岗新石器时代墓葬清理简报》,《北方文物》1991 年第 2 期。

该墓葬中没有发现随葬陶器,只有石器、骨器和玉器,相似的特征在白城
靶山墓地的随葬品中也有发现,因此推断二者之间时代相近,白城靶山
墓地年代测定为距今 4870±80 年,经树轮校正为 5460±110 年。据此
判断李家岗墓地也应是同一时期的新石器墓葬。

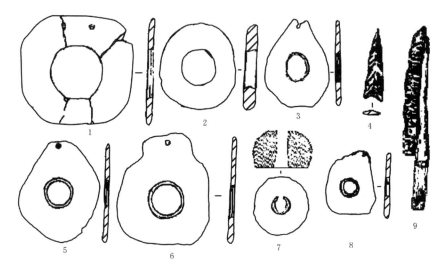

图 2-12　李家岗墓葬出土玉、石器

1~3、5、6、8. 玉璧　4. 石镞　7. 石骨朵　9. 石刃骨梗刀

4. 滕家岗墓葬

　　滕家岗墓葬位于齐齐哈尔市昂昂溪城区东南 1 公里、海拔 148.6 米
的固定沙丘上。由于植被破坏和水土流失,先后暴露出几座墓葬。齐齐
哈尔市文物管理站和昂昂溪文物管理所在 1983 年、1994 年和 1997 年 3
次清理了 3 座墓葬①。

　　3 座墓葬均位于黑色沙土层上部,填土中有明显的大量红土。
83ATM1 墓廓不明显,为长条形浅坑,墓主男性,仰身直肢,无葬具,
为二次葬。头部右侧填土中不同层位各出半个玉环,合为完整一件。

---

① 马利民、项守先、傅维光:《黑龙江省齐齐哈尔市滕家岗遗址三座新石器时代墓葬的清理》,
　《北方文物》2005 年第 1 期。

图 2-13　滕家岗 83ATM1　　　　　图 2-14　滕家岗 94ATM1

94ATM1 为长方土坑墓,墓廓不明显。墓主为女性,侧身屈肢,无葬具。随葬品多散落于胸部,出石镞 2 件、玉璧 2 件、牙饰 2 件、骨锥 1 件。97ATM1 为竖穴土坑墓,墓廓不清,无头骨,只有上下肢骨,无随葬品。3 座墓葬表现出三种不同的葬式,但均为二次葬、红土葬,随葬品少,没有陶器。

　　发掘者认为,这里墓葬的显著特点是红土葬,红土的主要成分为褐铁矿,这种褐铁矿分布在昂昂溪地质构造的第四层沙质层,红土应是取自当地。而二次葬也是当地新石器时代的主要葬俗。从发现的玉器看,均在下葬时被毁坏,因此认为当地存在毁器的习俗。在 94ATM1 中出

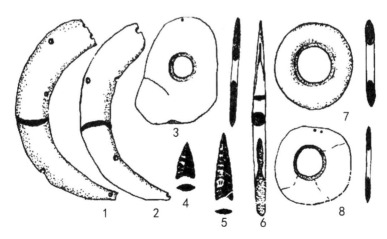

图 2-15　滕家岗墓葬出土器物

1、2. 牙饰　3、7、8. 玉器　4、5. 石器　6. 骨器

土的头骨有带状压沟,应是人为刻意勒头所致。

根据中国社会科学院考古研究所对人骨标本进行的年代测定,滕家岗墓葬 83ATM1 为距今 6981±69 年,94ATM1 为距今 4741±87 年。

5. 乌裕尔河大桥遗址

乌裕尔河大桥遗址位于依安县依安镇西南 3.5 公里乌裕尔河中游左岸的一级台地上,因地处乌裕尔大桥附近,故名①。1980 年 11 月农民采砂时发现,遗址南北长 50 米,东西宽 10 米,面积为 500 平方米。1981 年黑龙江省博物馆对遗址做了调查,获得了一批遗物,有石器、玉器、陶片和兽牙等。

石器共 20 余件,制作方法有打制、压制、磨制三种。石器有石片、石镞、雕刻器、石犁、石锛等。石镞 2 件,白玛瑙制成,通体压琢,制作精致。

玉器出土 10 件,包括斧、锛等生产工具以及环、璧等装饰品。

出土陶片均为夹砂灰褐陶和红褐陶,手制,平底,素面,其中一片表面磨光,另一片上有两道凸弦纹。

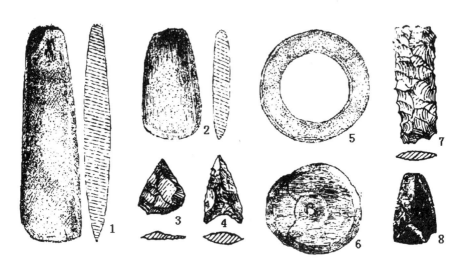

图 2-16　乌裕尔河大桥出土玉石器

1、2、5、6. 玉器　3、4、7、8. 石器

---

① 于凤阁:《依安县乌裕尔大桥新石器时代遗址调查》,《黑龙江文物丛刊》1982 年第 2 期。

从出土压制石镞、石叶、雕刻器和磨制石锛的形制来看,与昂昂溪遗址同类器物相同,发掘者认为,这是一处晚于昂昂溪遗存的新石器时代遗存。

6. 沙家窑遗址

沙家窑遗址位于大庆市大同区双榆树乡沙家窑村东北的沙丘上,西临嫩江约 35 公里[①]。1984 年黑龙江省文物考古研究所进行地貌考察时发现,遗址面积近 4000 平方米,发现较多石器、陶器等遗物和东北野牛化石。

采集石器、石片等共 73 件。常见石材有燧石、碧玉、玛瑙和砺石等,器形丰富,包括石叶、石镞、刮削器、尖状器、锥形器、带脊石片和锛等。石器器体较大。制作以压制石器居多,有 38 件,其中石镞、石叶、锥形器等制作精良,另有较多的半成品石器,多为大小不一的不规则形石片,少量有使用痕迹。打制品仅 3 件,均为刮削器。其余为磨制品。

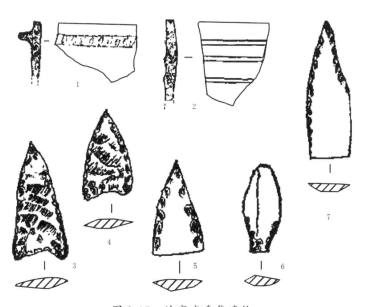

图 2-17 沙家窑采集遗物

1、2. 陶器 3~7. 石镞

---

① 郝思德、岳日平:《大庆市沙家窑新石器时代遗址调查》,《北方文物》1987 年第 1 期。

采集陶片 35 片,无完整陶器,均为夹砂或蚌壳的黄褐或浅褐色陶,采用手制泥条盘筑法制作而成,烧制温度较高。器形不甚丰富,以罐类为主。部分器表装饰附加堆纹、锯齿纹、小圆点纹、指甲纹等。

调查者认为,该遗址的文化内涵比较接近昂昂溪文化类型。

7. 青肯泡遗址

青肯泡遗址位于安达市青肯泡乡青肯泡东北沿的土岗上[①]。1958 年当地农民在挖土时发现大批陶片、石器、鱼骨、动物碎骨等。黑龙江省博物馆和安达市博物馆两次调查该遗址,搜集了部分遗物。主要有刮削器、石斧、石凿、穿孔圆形石器、骨镞、骨针等。采集到三十几块陶片,据观察,制陶技术较粗糙,器形较单纯。据发掘者认为这是一处新石器时代遗址。

(三)三江平原

三江平原即黑龙江、乌苏里江、松花江合流冲积而成的平原,位于黑龙江省东部。20 世纪 70 年代,在这个区域发掘了新开流和小南山两处重要遗址。正是这两个典型遗址的发掘,奠定了后来学术界对该地区新石器时代考古研究的基础。

根据已有的调查和发掘成果,三江平原及兴凯湖地区的新石器时代遗存可明确区分为三种不同的新石器文化,即新开流文化、小南山遗存和倭肯哈达遗存。

1. 新开流文化

兴凯湖位于密山市与俄罗斯滨海边疆的交界地带,湖的南部在俄罗斯境内,湖的北部在我国境内。兴凯湖以北有一处长余四十多公里的"湖岗",湖岗水位较兴凯湖高,湖水通过湖岗缺口随即流入兴凯湖,"新开流"则是靠近湖岗西端的缺口。遗址所处位置在西距新开流 1.5 公里的湖岗上,面积约 2.4 万平方米[②]。1972 年 9 月,黑龙江省博物馆考古工作队发掘遗址西北部,揭露面积 280 平方米,清理出 32 座墓葬和 10 座

---

① 赵善桐:《黑龙江安达县青肯泡遗址调查记》,《考古》1961 年第 10 期。
② 黑龙江省文物考古工作队:《密山新开流遗址》,《考古学报》1979 年第 4 期。

鱼窖。

鱼窖是储藏鱼的窖穴,它是新开流文化的重要考古发现。鱼窖这种遗迹在东北乃至全国范围内已知的新石器文化遗存中尚属罕见,因此该发现意义十分重要。共发现 10 个鱼窖,有圆形和椭圆形两种。窖穴内有排列整齐层层相叠的鱼骨和成片相连的鱼鳞,有的可以清晰地看出完整的鱼形。在一个保存较好的窖穴中,窖内上部为一层较厚的黄砂土,下半部是层层相压且保存完好的鱼骨,数量达数十条之多,推测是当时人们用来贮藏鲜鱼的窖穴。

墓葬共发现 32 座,所有的墓葬均为土坑竖穴墓,为竖穴浅坑,均无葬具。有一次葬和二次葬。一次葬为单人葬,分仰身直肢和屈肢两种。二次葬以单人葬为主,也有 2 ~ 4 人的合葬墓。一次葬的墓葬多数有随葬品而且数量多,随葬品除少量陶器外,绝大部分为生产工具,如斧、锛、凿、鱼镖、鱼叉、鱼卡、投枪头等。M6 墓主为老年男性,随葬品有 102 件,绝大多数是生产工具,并有石、角器半成品,表明墓主生前直接参与了生产和工具制作。随葬品中发现的野生动物角、牙和鳖腹骨等,当是象征生前墓主财

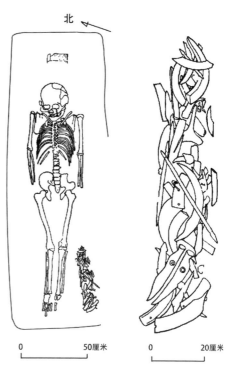

图 2-18　新开流 M6 及随葬品平面图

富和进行渔猎活动的见证,说明墓主生前在氏族中有较高的社会地位。二次葬的有男有女,随葬品很少,或者全无。

新开流文化陶器以夹砂陶为主,以灰褐陶居多,其次是黄褐陶。泥质红陶只占极少的数量。纹饰发达,素面陶极少,单一纹饰也很少,纹饰多是由几种纹饰组合,多是自器口至下腹分层装点几种纹饰,甚至布满整个器壁,少数陶罐在口沿还饰刻纹、圆窝纹。纹饰种类有鱼鳞纹、菱形

纹、篦点纹、短条菱形纹、小长方格篦纹、网纹等,其中前两种纹饰所占比例最多,是这些纹饰中最具写实风格、富有特征的两种纹饰。陶器制法为手制,采用泥条盘筑法成型,里外壁经抹平加工。陶器种类单一,仅见罐、钵两类,形制也少变化。罐口部有直口、敛口和侈口等形制,腹部有筒形和鼓腹两种,特点是大口、深腹、平底。

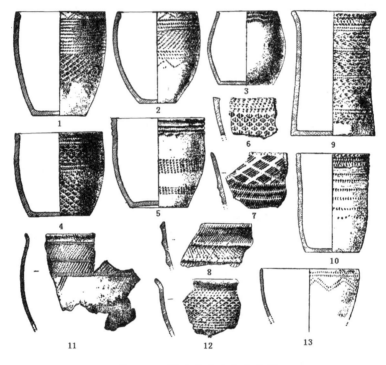

图 2-19　新开流遗址出土陶器

石器以压制石器为主,大型打制石器和磨制石器数量较少。压制石器种类有镞、尖状器、刮削器、石叶、石片、石核等。压制石镞数量最多,形式多样。磨制石器有斧、凿、磨盘、镞等。磨制石器制作比较粗糙。

新开流文化发现大量的骨、牙、角器,构成了该文化的另一特色。绝大多数属于实用器,用于生产和渔猎。生活用具有匕、刀柄、锥、针、笄等,渔猎工具有镖、叉、钩、投枪头、镞、凿和刀等,其中鱼镖、鱼叉和投枪头等均为具有特色的文化遗物。雕刻器有骨雕鹰首和角雕鱼。

新开流文化可分为上下两层,出土的石质生产工具器型基本相同。生活用具陶器形制单一,且不富时代特征。例如,上层遗存中陶器表面

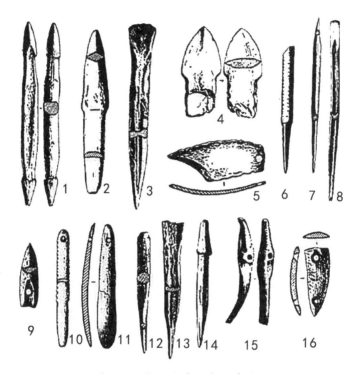

图 2-20 新开流遗址出土骨牙器

常见的鱼鳞纹、菱形纹装饰,也见于下层,表明该遗址堆积自上而下具有相当一致的文化面貌,当属年代相当的同一文化范畴。遗址文化层较厚,居址范围内发现有鱼窖,显示出当时人们过着以捕鱼为主的渔猎生活。遗址中发现了氏族公共墓地,墓葬间存在时间上的早晚关系,说明当时人们在此处长期定居。

新开流文化的年代,根据上层 M5 人骨经放射性碳素测定,并结合对俄罗斯滨海地区出土的同类遗存比较研究,推定大约在公元前5500～前4500年间。

新开流遗址的鱼窖、葬俗与出土的各类遗物和陶器纹饰等共同构成了一个富有群体特征的器物组合。从石器常见捕鱼工具,下层堆积中发现鱼窖,上层出土数量众多的动物骨骼(包括鱼、兽等),生活用具器表的施纹等诸多因素,反映出新开流文化先民以渔猎为主要生业方式。

与新开流文化具有相同面貌的考古学文化分布较广,主要分布范围北到黑龙江下游,南到兴凯湖,东达日本海,西至老爷岭一带。

2. 小南山遗存

小南山位于饶河县城南,是一个隆起的南北向高阜,自南向北倾斜,当地人一般称南端为大南山,北端为小南山。此山东临乌苏里江,西、南、北三面为平原,遗址就在两山间临江东坡的现今果树园内[①]。1971年黑龙江省博物馆对小南山遗址进行试掘,表明这是一处清楚的属于单一文化堆积的遗址。文化层堆积单纯,第一层为农耕土,第二层就是新石器文化层。

在第二层下发现一处略呈圆形的居住面遗迹,半径长约3.5米,居住面较为坚实,依地形、地势向西倾斜呈缓坡状,可能是房屋出口处。中心偏东处有一个平面呈瓢形的火坑,坑底似锅底状,坑内堆积为夹炭屑的黑色灰烬。坑底和四壁被火烧成红色。居住面表面散见分布着陶器和石器等遗物。

小南山遗存的陶器可据以复原的只有陶罐1件,其余均为残片。陶质均为夹砂红陶,以石英粒为掺合料,颗粒较大,陶器烧制火候较低,制作粗糙,质地疏松。均属手制,部分器物显见手制痕迹,采用泥圈叠筑法制作,陶器的接合部极易剥落。以素面为主,鲜见饰方格纹、刻划纹、篦纹、弦纹、水波纹。陶器种类少,仅见罐和钵。罐形制较多,有卷沿罐、侈口罐、筒形罐、锯齿口罐等形式,钵的器型为敞口斜直腹,表面无纹饰。

石器共发现84件,石材比较多样,主要有玉髓、水晶、燧石、板岩、砂页岩、辉长岩等。制法有磨制和打制两种,绝大多数是打制石器。磨制的石器有斧、镞,打制石器主要有矛、镞、刮削器、尖状器等。

1991年7月,在饶河小南山顶发现了一座双人合葬墓,发现时已经被破坏,出土文物也已散失,后来大部分文物被追回。该墓墓圹已无法辨认,据介绍为二人合葬墓,无棺椁,头向西,仰身直肢,尸骨上下有一层厚约5厘米的红土。墓中出土随葬品126件,其中有玉器67件,石器56件,牙坠饰3件。出土玉器的数量几乎相当于新中国成立以来黑龙江省各地出土的史前玉器的总和[②]。出土的玉器具有鲜明的地方特色。种类有玦、环、珠、斧、矛、匕、簪和斜刃器。玉色以淡绿、浅黄、灰白或三色相间占多数,个别为

① 黑龙江省博物馆:《黑龙江饶河小南山遗址试掘简报》,《考古》1972年第2期。
② 佳木斯市文物管理站、饶河县文物管理所:《黑龙江省饶河县小南山新石器时代墓葬》,《考古》1996年第2期。

鸡骨白色。石器除 1 件砺石、2 件半成品石料外,均为磨制。器形有斧、凿、镞、锥形器、砺石和半成品石料。器形较大的多为沉积岩制成,较小的多为页岩。该墓葬是黑龙江省 20 世纪比较重大的考古发现之一。

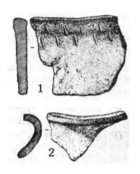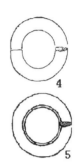

图 2-21　小南山遗址出土器物

1～3. 陶器　　4、5. 玉器

　　小南山遗址石器以矛、镞类生产工具为主,尚未见农具出土,表明小南山先民的经济生活当以渔猎为主。

　　根据对小南山遗址出土的玉器与东北地区其他文化的玉器进行对比研究,初步推定小南山遗址年代约在公元前 4500～前 4000 年。

　　除了上述两种代表性的新石器时代考古学文化,还发现有其他的新石器时代遗址。

3. 倭肯哈达洞穴遗址

　　倭肯哈达洞穴遗址位于依兰县城东郊,倭肯河东岸倭肯哈达山的陡坡上[①]。1950 年东北文物保管委员会派李文信等对洞穴遗址进行了清理,这是 1949 年后黑龙江省的首次考古发掘,该遗址也是黑龙江省仅有的一处洞穴墓。

　　洞穴呈横方筒形,由人工利用一面天然岩壁裂隙建造而成。全长12 米,洞口宽约 1.5、高约 2 米。洞穴最初为居住址,后被废弃改为墓穴。洞中发现人骨架 4 具,均为单人葬,葬式蹲坐屈肢。

　　出土的遗物一部分是挖掘墓葬获得的随葬品,还有一部分是清理搅

---

① 李文信:《依兰倭肯哈达的洞穴》,《考古学报》1954 年第 7 册。

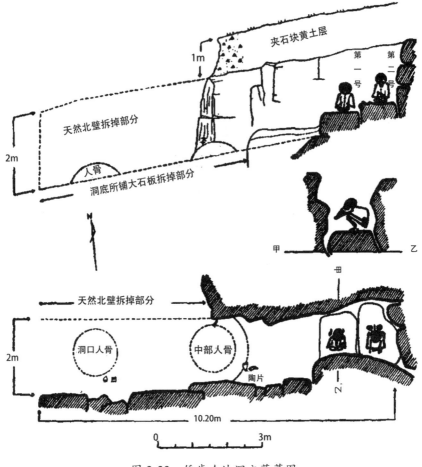

图 2-22　倭肯哈达洞穴墓葬图

动土层的出土品和收集回来的出土品,种类有陶器、石器、玉器和骨器。
基本陶器组合为双唇盘口罐和钵,纹饰有圆窝纹、篦点纹、附加堆纹、刻
齿纹等,石器有窝窝头形石器和磨制石斧,玉器有玉璧、玉璜、玉管等。

在清理扰动土层和洞底原堆积时,还出土有鱼骨、鸟骨、兽骨等,反
映当时人们的生活方式是以渔猎为主。思晋认为,倭肯哈达洞穴遗存应
该是与莺歌岭下层、亚布力北沙场等属于同一性质的考古学文化,可能
是处于莺歌岭下层这类遗存在地理分布上的北缘①。

① 思晋:《倭肯哈达洞穴遗存试析》,《北方文物》1994 年第 3 期。

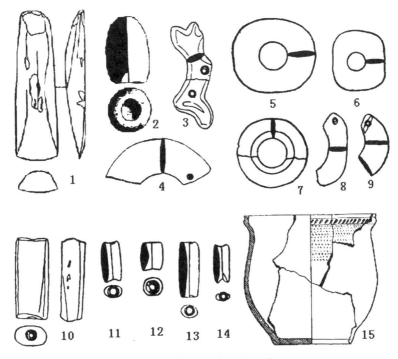

图 2-23　倭肯哈达遗址出土遗物

1～4. 石器　5～14. 玉器　15. 陶器

倭肯哈达洞穴遗址的年代约在公元前 3500～前3000 年。

4. 瓦里霍吞遗址

瓦里霍吞遗址西南距桦川县城约40公里[①],位于一处东西走向的岗丘之上,北面紧依松花江,高出江面约 50 米,西临松花江小支汊头道河。1974 年发现,五年后由黑龙江省博物馆对遗址进行复查。遗址分布面积近 8 万平方米,是一处被古人废弃的居住址。

在地面采集的器物主要有细石器、夹砂陶片等。石器的压制技术较发达,磨制石器和打制石器少见。

遗址地表散布很多陶片,未见完整器。陶质均为夹砂陶,其中黄褐陶占多数,灰褐陶次之。陶器质地较坚硬,火候很高,手制,器形单一,罐类占多数,口部形态有直口、侈口等。器表纹饰多采用刻划、戳刺、拍印、

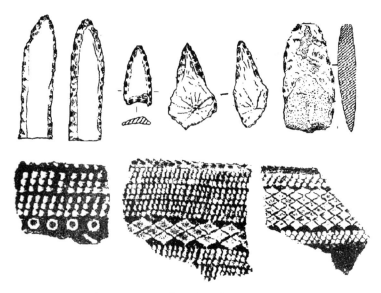

图 2-24　瓦里霍吞遗址采集石器、陶片

按捺等方法画出横菱形、篦点、方格、指甲、鱼鳞纹等,陶器口沿常施三角纹、锯齿纹、圆窝纹等。素面陶也占有一定比重。

　　瓦里霍吞遗址与新开流遗址在文化内涵上存在着一致性,二者当属同一文化类型。该遗址对研究松花江下游及三江平原的新石器时代文化具有重要意义,是松花江下游地区较早的一处新石器时代遗址。

5. 刀背山遗址

　　刀背山遗址位于鸡西市东郊刀背山西侧山脚,穆棱河谷右岸的二级台地上[①],属长白山系老爷岭东脉,其山正南北走向,北坡临穆棱河。1980年在采石时发现文化遗物,鸡西市文管站前往调查。1981~1982年黑龙江省文物考古工作队与当地市文物管理站对该遗址进行了勘探工作,并在遗址周围发现了一批陶器、石器和玉器。

　　陶器中夹砂黄褐陶最多,其余为黑陶和泥质红陶。烧成火候不均匀。手制,有的采用泥饼捏制,有的采用泥条盘筑。纹饰纷繁复杂,有戳刺、拍印和附加堆纹,戳刺纹最为多见。器形单一,仅见罐、钵两种。

　　石器有磨制石斧、石锛。玉器发现5件,有璧、瑗。

① 武威克、刘焕新、常志强:《黑龙江省刀背山新石器时代遗存》,《北方文物》1987年第3期。

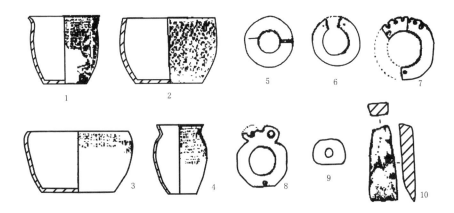

图 2-25 刀背山遗址出土遗物

1~4. 陶器 5~9. 玉器 10. 石器

关于刀背山遗址的文化性质,发掘者认为该遗址中的有些陶器形制、纹饰均具有新开流上层文化的风格,石器中的有些器形也和新开流上层的同类器相同,因此在年代上与新开流上层文化的年代应该相距不会太远。

三、新石器时代黑龙江人类的生活情境

20 世纪黑龙江新石器时代考古取得了重大的成就,根据已知可确认的新石器时代文化或重要遗址出土的实物资料,可以基本上为我们再现新石器时代的古人类在黑龙江这片土地上的生产和生活的场景。

(一)手工制造能力

黑龙江境内的各支新石器时代考古学文化均有其典型器物群,具有鲜明的文化特征。他们这些独特的创造能力,表现出当时的人类为了更好地适应自然环境,提高生存能力以及满足生活需求所做出的艰苦努力。这种努力与创造力体现在生产、生活等诸多方面。

1. 生产工具的制造

生产工具能够保留下来的主要是石器和骨器,从上面保留的痕迹可以了解当时石器和骨器的主要制作方法。

（1）石器的制作

黑龙江新石器时代的原始人类掌握了比较熟练的石器制作方法,他们能够根据不同的功用,选取不同的材质,使用打制、磨制和压制等不同方法来制作石器。磨制石器为当时的主要生产工具,打制石器仍然占有一定的比例。不同的制作工艺生产出的不同石器类型,在不同的考古学文化中所占比例不同,主要有三种情况:

第一种:打制石器占多数,如莺歌岭下层遗存。莺歌岭下层遗存打制石器主要有锄和斧两类,以亚腰形锄最具特征,这种较大型的石器是农业垦荒中的重要工具。

第二种:磨制石器占多数,如亚布力北沙场类型。磨制石器有斧、铲、锛、镞、磨石、磨棒等。其次是打制石器,种类有亚腰形石锄、刮削器。

第三种:压制石器占多数,如新开流文化、昂昂溪文化、小南山遗存。新开流文化的石器以压制石器为主,大型打制石器和磨制石器数量较少。压制石器中以压制石镞数量最多,形式多样。磨制石器制作粗糙,种类也少。昂昂溪文化的石器同样也是压制石器占绝大多数,其次才是打制和磨制。压制石器种类多,形制繁,数量大,为该地区新石器时代最主要的生产工具。压制技术水平较高,能制造精致的细小石器,并使各类石器趋于定型化。石器种类有镞、投枪头、尖状器、刮削器、切割器、网坠、锛、凿、敲砸器、磨盘等,其中尤以石镞数量多,形制也多样。

总的来说,西部的细石器不但数量种类多,而且制作精美,这种特点可能与旧石器的传统有密切的关系。

（2）骨器的制作

大宗的骨器均出自松嫩平原的昂昂溪遗址和三江平原的新开流及小南山等遗址。

松嫩平原地区骨器制作多运用磨制技术,表面光滑,工艺精良,造型考究。昂昂溪遗址骨器中具有标志意义的骨器为单排倒刺穿孔鱼镖、曲柄骨枪头和侧边带凹槽的骨刀柄,这种带有倒刺的穿孔鱼镖倒刺十分锋利,叉鱼时操作方便快捷,是一种极具地域特色的捕鱼工具。尽管这类工具因为有无穿孔而存在早晚的差异,但始终是嫩江流域新石器时代最具有代表性的骨质生产工具。

三江平原地区的新开流文化骨器大部分为生产工具和渔猎具。渔猎具发达,多选取较为坚硬的动物骨骼为加工原料,与同为渔猎经济的昂昂溪文化稍加不同的是,新开流遗址既有鱼镖、鱼叉、投枪头等捕鱼用具,还发现了鱼钩等钓鱼工具;生产工具以骨柄石刃刀极具特色,还有镞、凿等,生活用具有匕、刀柄、锥、针、笄等;此外,新开流遗址还发现了表现当时人们驯养、捕鱼的骨雕作品,有骨雕鹰首和角雕鱼,系用兽骨磨制而成。

2. 陶器的制作

黑龙江新石器时代陶器普遍存在,并成为人们日常生活的主要用具,专业制陶工已经出现,以各种筒形罐为代表的陶器是主要的生活用具。

陶器的制作在不同的考古学文化中表现出自身的特色。在陶质、器型、器类、纹饰等方面形成各自的风格。

陶器的质地以夹砂陶为主,也有夹云母、夹蚌粉。制法均手制。纹饰比较多样,纹饰的内容在不同的文化和类型中有所区别。如莺歌岭下层文化陶器纹饰多而富于变化,有人字纹、斜平行线纹、梳齿纹、"W"形印纹和各种带形纹饰,其中人字纹又有粗、细线条和由篦点纹组成三种类型。亚布力北沙场出土陶器绝大多数有纹饰,遍施全身,纹饰以压印绳纹、戳压篦点纹为主,也有少量坑点纹、压印线纹和划纹。纹饰的组成方式有独立表现、由两种纹饰组成复合纹饰或组成几何图形图案的纹带三种。振兴一期甲类遗存陶器几乎所有陶器都装饰有纹饰,主要为压印纹(包括篦点纹、窝点纹、菱形纹、三角纹)、刻划纹、戳刺纹和附加堆纹等。石灰场下层文化的陶器有较多刻划纹、平行线划纹和以平行线划纹组成的不规整几何图案。

昂昂溪文化的陶器灰褐泥质陶多为素面,纹饰有拍印的不规则三角纹,附加堆纹、划纹、指甲纹等。黄褐泥质陶纹饰除与上述相同者外,还见有剔刺纹。小拉哈一期甲组出土陶器纹饰均自口部开始施印,以凹弦纹和席纹或凹弦纹和戳印纹构成的复合纹饰为其代表性纹饰。新开流文化陶器素面陶极少,单一纹饰也很少,纹饰多是由几种纹饰组合。纹饰发达,多是自器口至下腹分层装点几种纹饰,甚至布满整个器壁,少数陶罐在口沿还饰刻纹、圆窝纹。纹饰种类有鱼鳞纹、菱形纹、篦点纹、短条菱形纹、小长方格箆纹、网纹等,其中前两种纹饰数量占多数,是这些纹饰中最具写实风格、富有特征的两种纹饰。小南山遗存的陶器以素面为主,纹饰有方格纹、刻划纹、箆纹、弦纹、水波纹等。器类简单,以各种形状的罐占大多数,另外常见的还有碗、钵、盅等,多平底器,有少量假圈足器。

牡丹江·绥芬河流域的陶器均为夹砂陶,有褐色或红褐色,器类简单,均为平底器,常见器类有罐、碗、盆、钵等,就陶器表面的装饰而言,东部要比西部显得繁缛,往往是几种纹饰并列构成复合图案。

3. 玉器的制作

黑龙江新石器时代遗址一直有零星玉器发现,其中绝大部分为采集、征集品,常见于松嫩平原,经科学发掘或有明确共生遗存的玉器很少,直到1991年小南山玉器冢的发现,集中出土了一批玉器,在当时引发广泛关注,对研究黑龙江玉器提供了重要的材料。

黑龙江发现的玉器种类主要有工具和装饰品两类。工具类玉器制作不甚精良,主要有斧、锛、凿、铲、纺轮,这类玉器数量不多,绝大多数存在局部明显残失或刃部留有使用痕迹。装饰类玉器数量占大部分,其中多数是几何型,环、璧一般有用于穿钻、连缀使用的小孔,器形多样,除常见的大穿孔圆形外,还有方形、梯形、菱形、水滴形、梭形等玉璧和带齿、带钮玉环,而且多数玉璧的成形孔边缘有明显的折线,玉环截面往往呈不规则形,联璧有双联璧和三联璧两种,与环、璧不同的是联璧表面几乎都没有小钻孔,整体形制均呈上大下小状,单个璧的成形孔孔径不一,管珠类玉器的外形基本保持了较直或中部略凸呈鼓弧、算珠状的特点。

玉器制作方法有学者认为是采用砂绳切割的技术。邓聪和李有骞在观察小南山玉器断面时发现上面有砂绳切割的弧形痕迹,提出当时人是采用这种砂绳切割技术来进行玉石切割。1991年小南山曾出土过一件石材,也显示出当时剖析石材是采用砂绳切割的方法。该石材由可拼成一体的3块石料组成,有学者通过对这块石材的痕迹进行分析,提出其主要以水为介质,以弧线绳索和直线绳索带动细沙反复切割来进行剖析[1]。扁薄状环、璧类玉器采用片切成形,其上的成形孔则采取先以实心

---

[1] 孙长庆:《新石器时代石材绳切技术研究》,《北方文物》2005年第3期。

钻开孔定位,再以旋转研磨、琢击、剔挖等多种方式扩大孔径。

(二)居住环境的选择与居址的建造

20 世纪发现的新石器时代聚落多选址在河流、湖泊沿岸。发现居住址数量不多,仅在莺歌岭下层遗存、亚布力北沙场和石灰场下层遗存中发现数座房址。形制均为半地穴式,房址四角略圆,平面呈长方形或方形。室内结构多数是就地开挖生土作为房屋的地穴部分。存在日常住房和祭祀活动场所两种功能性建筑用房,房屋建筑普遍具有对称观念。

莺歌岭下层遗存的房屋半竖穴都是就地开挖原生黑土而成,房址内的堆积都发现有木炭痕迹及烧土块,土内往往掺有草茎,显示当时的房屋应是木质构架,同时发现单壁垒砌石墙的遗迹。亚布力遗址聚落中房址采用围构立柱建造房屋,并发现二级台阶形制的门道,是该时期遗址聚落的日常住房形式。在石灰场下层遗址房址则发现在穴底四壁局部或全部砌筑石墙,体现了建筑技术上的进步。这种建造方式既可加固房屋墙壁,增加墙体直接承受屋盖荷载的强度,还有防潮功能,更适于人居。有的在室内发现柱洞,数量不一,穴壁和居住面一般缺乏细加工现象,多是稍加修整,有的地面经火烧烤。也有不做特殊加工,但地面由于长期踩踏,形成致密平整的地面。一般在室内都有灶址,灶多不经修整。石灰场遗址下层房址比较特殊,在南墙壁底部发现筑有用黄土粘合成块的石墙,居住面经火烤修整,未发现柱洞、灶和门道等遗迹。

(三)丧葬习俗

20 世纪发现的新石器时代的墓葬主要有以下几处:

一是位于依兰县城东郊倭肯河东岸倭肯哈达山上的倭肯哈达洞穴遗址[①]。1950 年对洞穴遗址进行了清理,是黑龙江省仅有的一处洞穴墓。洞穴北壁裂隙是天然形成,以此为基础,人工修建出一个方筒形横穴,全长 12 米。洞口约宽 1.5 米、高 2 米。洞穴由居住址废弃后改为墓穴。洞中发现人骨架 4 具,均为单人葬,葬式蹲坐屈肢。随葬品有陶器、石器、玉器和骨器,同时还出土有鱼骨、鸟骨、兽骨等。

---

① 李文信:《依兰倭肯哈达的洞穴》,《考古学报》1954 年第 7 册。

　　二是属于昂昂溪文化的墓葬,发现的数量较少,在昂昂溪五福(C地点)发掘二座,另外杜尔伯特蒙古族自治县的李家岗墓葬和昂昂溪滕家岗墓葬也属于昂昂溪文化。昂昂溪发掘的墓葬形制均为长方形土坑竖穴式,无葬具。流行单人仰身直肢一次葬。随葬品较少,多以石器、骨器、陶器构成基本组合,并有玉器。从墓葬中的随葬品分析,男子随葬的渔猎工具有骨枪头、骨鱼镖、骨刀梗等,女子墓随葬有压制的凹底石镞和圆底石镞、切割器等,说明当时男子从事狩猎和捕鱼,女子不仅从事家务劳动,也时而出猎。李家岗墓葬已经遭到破坏,估计原有2座墓葬[1]。出土了石器、骨器、玉器等。

　　三是饶河小南山顶发现的双人合葬墓,因为出土了大量的玉器,所以也有人称之为玉石冢。出土随葬品126件,其中有玉器67件,石器56件,牙坠饰3件。出土的玉器数量几乎相当于新中国成立以来黑龙江省各地出土的史前玉器的总和[2]。出土的玉器具有鲜明的地方特色。

　　四是新开流公共墓地,共发现32座。墓葬形制为土坑竖穴墓,均无葬具。葬式有一次葬和二次葬。一次葬为单人葬,分仰身直肢和屈肢两种。二次葬以单人葬为主,也有2~4人的合葬墓。墓葬中随葬器物主要是生产工具,如斧、锛、凿、鱼镖、鱼叉、鱼卡、投枪头等。埋葬在同一墓地内的死者,一次葬的有随葬品而且数量多,墓主为男性,随葬品主要是陶器、石器、骨器、角器,其中有的属于半成品。二次葬的有男有女,随葬品很少,或者全无。新开流公共墓地以及多人合葬墓的埋葬形式,表明当时社会中已存在以血缘为纽带的氏族组织。

　　黑龙江省新石器时代的墓葬埋葬方式呈现出一定的多样性。如葬式上有仰身直肢,有蹲坐式,墓穴形制以土坑竖穴为主,但也有洞穴墓。通过观察我们可以看到各地在埋葬方式、随葬品等方面表现出一定的规律性。如滕家岗墓地流行二次红土葬,随葬品多寡不一,但均无陶器随葬。新开流墓地的一次葬、二次葬区别明显,一次葬均为男性,有随葬品且数量较多,二次葬男女均有,随葬品数量少或无,等等。这种葬制的不

---

① 杜尔伯特蒙古族自治县博物馆:《黑龙江省杜尔伯特李家岗新石器时代墓葬清理简报》,《北方文物》1991年第2期。
② 佳木斯市文物管理站、饶河县文物管理所:《黑龙江省饶河县小南山新石器时代墓葬》,《考古》1996年第2期。

同及墓中随葬物品的多少与种类的差别,显示当时可能已经存在一定程度的等级和贫富分化。

在滕家岗及小南山等地墓葬中发现的红土及滕家岗墓葬中出现的毁坏的玉器,以及在各地墓葬中出现的以玉及其他质地的饰品随葬,说明当时的人有了自己的原始信仰及审美追求。

(四)采用的生业方式

从具体的文化特征来看,黑龙江新石器时代原始农业已经萌芽,与狩猎、渔猎、采集等多种经济形式并存。居民的经济形态,主要有渔猎和农业。

1. 发达的渔猎经济

从遗址出土的生产工具种类、遗迹和食物遗存推测,新开流、昂昂溪两种文化的生业方式以渔猎为主。比如遗址中用于渔猎的压制石质生产工具(镞、尖状器、刮削器、切割器等)占比近九成。同样的情形也见于骨质生产工具,如骨质矛、镖、叉、钩和骨梗石刃刀等。新开流文化鱼窖和文化层中发现的层叠鱼骨,陶器表面的鱼鳞纹样、水波纹样以及骨雕的鹰首和鱼等动物形象;昂昂溪五福 M1、M2 发现的禽鸟、水生鱼、蛙和哺乳动物猪、鹿、兔和狗的碎骨等,都富含浓郁的渔猎生活气息,表明渔猎生产在当时的经济生活中的重要地位。

新开流、昂昂溪这两种文化广泛分布于盛产鱼类及兽类的湖泊和森林草原地区,从其所处的自然生态环境来看,这些地区水产丰富,是狩猎和渔猎的天然场所;而其以包含大量的压制石器为特征,是新石器时代典型的主营渔猎经济的遗存,表明这两处文化遗存有着相同的生活环境和经济类型。

2. 原始农业的存在

原始人类在经历了漫长的从自然界中寻找食物时期之后,逐渐学会了如何生产食物。他们在最初阶段,只会使用简单的石器砍树,放火烧除杂草,开辟出田地,用撒播的方式来播种,即史籍上所说刀耕火种农业。从亚布力遗存和莺歌岭下层遗存所出的石器类型来看,以农业生产工具居多,如莺歌岭下层遗址多见打制石器,少见磨制石器,未见压制石器,有锄、斧等类型,另发现1件用鹿角磨制而成的锄;亚布力遗址所出石质生产工具则以磨制为主,少见打制,不见压制,出土石器类型也都是与农业生产息息相关的斧、铲、凿、锄、磨盘、磨棒等实用器。这些确凿的农业生产工具表现了森林农业文化特征,表明它们的经济类型是农业经济,居民主要从事农业生产。

黑龙江区域内很多遗址中有玉器出土。如西部地区的依安乌裕尔大桥、泰来东翁根山、杜尔伯特李家岗和毛都西那等地,都出土有玉器,其中的双联璧与红山文化双联璧形制相同。在鸡西刀背山、依兰倭肯哈达、尚志亚布力、庆安莲花泡、延寿火烧嘴子等遗址也都有玉器出土,亚布力出土的三联璧,与阜新胡头沟红山文化墓地出土的三联璧形制相同。饶河小南山是黑龙江新石器时代出土玉器最多的地点。这种普遍的现象一方面说明黑龙江是中国史前玉器文明发端较早的一个地区,同时也反映出本区域内玉器文化因素与其他地区产生的联系和影响。

黑龙江省新石器时代文化遗存由于所处的区域不同,因此在文化内涵上也不尽一致。即使在同一区域内的各文化,由于所处自然背景不同,在文化面貌上也各有特点。以同为临湖而住的新开流和莺歌岭下层文化先民为例,两者所处的生态环境虽然相同,但生业模式却不尽相同。这些典型遗存所呈现的不同面貌,反映了史前文化的发展显然受到自然环境的深刻制约。

黑龙江省新石器时代考古在经历了20世纪的轰轰烈烈之后,积累了丰富的经验,取得了丰硕的成果。这些工作促成了21世纪新石器时代考古的新进展,如一些新的考古学文化的命名,新的重大发现。它们是对20世纪考古工作的肯定,也是为今后的工作提出了新的工作目标和方向。莺歌岭下层文化、亚布力文化等新的命名,意味着对这两支考古学文化有了比较清晰的认识,得到了越来越多的人的认同。小南山文化的提出也在发现与研究的逐渐深化中得到充实,受到人们的广泛关注。21世纪在对以前的文化继续研究之外,还有了轰动的重大发现,一是洪河遗址的发现,发掘者认为该遗址属昂昂溪文化,其文化面貌的丰富程度则远远超出昂昂溪文化,发现的环壕和环壕内的聚落址规模庞大,这些新的发现将会大大丰富昂昂溪文化的内涵。二是小南山遗址的重要发现,发现了距今 15000 左右的房屋和距今 9000 年的墓地,它不仅对房屋起源和发展研究有重要的意义,也对玉器的起源及传播提供了新的视角。这些新发现,将对黑龙江新石器时代考古产生重大影响,在全国的新石器时代考古中也会发挥重要的作用。

黑龙江新石器时代主要考古学文化

	文化名称	遗址与单位	主要特征	所属区域
早段（前5500~前4000年）	小南山遗存	饶河县城南	陶器较少,器形与纹饰简单,完整器很少,烧制火候较低,以素面为主,多见罐、钵,石器多是打制。出土的玉器数量多	三江平原
	新开流文化	密山县兴凯湖畔	陶器种类单一,仅见罐、钵两类,形制少变化。纹饰发达。石器以压制为主,骨、角、牙器数量多,种类丰富。发现鱼窖和墓葬	三江平原
	振兴一期甲类遗存	海林市三道河子乡振兴遗址	陶器种类较单一,仅见罐、盆、钵三种,流行直口器。工具仅石器一种	牡丹江流域
	小拉哈一期甲组遗存	肇源县东义顺村小拉哈屯	直口罐,施凹弦纹和席纹	松嫩平原
中段（前4000~前3000年）	亚布力文化	尚志县亚布力北沙场遗址	器类简单,主要是罐和碗,纹饰以压印绳纹和戳压篦点纹为主,同一器物上施不同纹饰。玉器有双联式和三联式	牡丹江流域
	倭肯哈达洞穴遗存	依兰县城东郊倭肯哈达山陡坡	洞穴墓,随葬品有陶器、石器、玉器、骨器	三江平原
	莺歌岭下层文化	宁安县镜泊湖南湖头	都是平底器。器类只有罐、碗、盅三种,未获完整器	牡丹江流域
晚段（前3000年~2000年）	昂昂溪文化	昂昂溪M1、M2,二克浅M6,胜利H1、H2,黄家围子H1、H2、H3、第3层,小拉哈一期乙组	压制石器发达。直口罐、圜底罐、带流盆,附加堆纹	松嫩平原
	石灰场下层文化	宁安县城东乡石灰场村、响水、西安屯东、海林振兴	夹粗砂罐、瓮、钵,大型石铲。刻划平行线纹和由这种纹饰组成的不规整几何形图案	牡丹江流域

第三章 微微青铜——青铜时代遗存

黑龙江省对于青铜时代考古遗存的认知经历了一个比较长的时期，其中一个很重要的原因是因为青铜制品的缺乏，使如何判断一个文化遗存是否是青铜时代成为很困难的事情。因此，即使已经发现了一些可能属于青铜时代的文化遗存，但由于缺乏确凿的根据，而无法确认是否属于青铜时代。直到20世纪70年代白金宝遗址发掘以后，才真正辨识出黑龙江青铜时代的面貌。

一、考古发现与重要活动

20世纪黑龙江省商周时期考古工作主要集中在省内西南部的松嫩平原上。相比之下，东部地区的工作和考古发现相对较少，研究比较薄弱。

五六十年代，黑龙江省考古工作者对松嫩平原多次进行调查，发现了一些遗址，如肇源白金宝（《东北考古与历史》第1辑）、望海屯（《考古》1961年第10期）、肇东七棵树（《东北考古与历史》第1辑）遗址和富裕小登科（《考古》1961年第10期）、杜尔伯特官地墓葬（《考古》1960年第4期）等。但由于这个时期的考古调查多是采集地面遗物或小型试掘，加上缺乏可资对比的资料，因此，在最初的研究中经常把商周时期的文化混在新石器时代中没有明确区分出来。

70年代以后，开始进行较为全面系统的调查，并选择有代表性的遗址和墓葬进行了较大规模的发掘，其中比较重要的发掘工作有肇源白金宝、卧龙、古城、小拉哈、富裕小登科、讷河二克浅等。随着这类遗存发现的逐渐增多，逐渐认识到其文化面貌明显不同于新石器时代的文化面貌，年代也比后者要晚，所以，研究者把这种文化从原来的断代和文化时期中分离出来，确定其为商周时期的文化遗存。通过调查发掘与分析对比,区分和确认了若干不同的文化类型,初步建立了该地区青铜时代考古文化遗存的序列与编年。

黑龙江地区真正的商周时期文化的研究,是以 70 年代白金宝遗址的发掘揭开序幕的。

白金宝遗址是黑龙江境内青铜时代文化的重要发现。1964 年黑龙江省博物馆在考古调查时发现了该遗址,并曾在 1974 年和 1980 年进行了两次发掘。1986 年黑龙江省文物考古研究所和吉林大学考古学系再次进行了发掘,并命名为"白金宝文化"。遗址的文化内涵可分三期,其中第一期遗存为先白金宝文化,第二期遗存属于白金宝文化,先白金宝文化与白金宝文化是松嫩平原地区既有内在联系又有先后关系的两个考古学文化,是商周时代松嫩平原地区的代表性文化。

另一个重要发现是小拉哈遗址。1978 年春首次发现了小拉哈遗址。1992 年黑龙江省文物考古研究所与吉林大学考古学系联合对该遗址进行了较大规模的发掘后,确认第二期遗存属青铜时代文化遗存,它与白金宝文化有所区别,代表了一种新的考古学文化——小拉哈文化。

进入 80 年代,黑龙江地区田野考古工作有了广泛而深入的开展,黑龙江省文物考古研究所和黑龙江省博物馆在松嫩平原地区进行了多次大规模的调查和发掘,积累起一批较系统的资料。

1989 年在双城市万隆乡吴家村发现曲刃青铜短剑①。据研究,其年代相当于中原地区的春秋晚期。

1994 年哈尔滨市文物管理站调查清理了五常西山墓葬,据研究者认为,这是属于商周时期的遗存。

除了可以确认的松嫩平原存在的青铜时代文化遗存外,对于松嫩平原以外的属于青铜时期的文化遗存也有了初步的认识。在三江平原和牡丹江地区,如依兰桥南一期遗存、海林振兴一期乙类遗存、宁安县石灰场下层遗存、莺歌岭上层遗存等,因它们具有的文化面貌既不同于当地新石器时代的普遍特征,也与晚段的文化遗存区别明显,因此将这一时段的文化遗存认定为属于青铜时代。

---

① 陈家本、范淑贤:《黑龙江省双城市出土曲刃青铜短剑》,《北方文物》1991 年第 1 期。

二、主要考古学文化与遗存

黑龙江省夏商周时期考古学文化主要集中在松嫩平原,因为对白金宝文化等商周时期考古学文化研究的逐步深入,对黑龙江商周遗存的认识也渐渐明朗,陆续在三江平原及牡丹江流域辨识出商周时期遗存。

(一)松嫩平原区

松嫩平原商周时期的考古学文化有 3 支,其中有以典型遗址命名的考古学文化,如小拉哈文化和白金宝文化,也有其他考古学文化的典型遗址,如属于西团山文化的五常市砂河子镇石棺墓等。

1. 小拉哈文化

小拉哈文化得名于肇源小拉哈遗址的发现与发掘[①]。该遗址位于肇源县义顺蒙古族乡东义顺村小拉哈屯北部的沙土岗地上。1978 年兴修水利时发现,1979 年黑龙江省文物考古研究所会同绥化地区文物管理站对遗址进行了调查。1991 年 9 月,黑龙江省文物考古研究所又进行了复查。翌年,黑龙江省文物考古研究所和吉林大学考古学系联合对该遗址进行了较大规模的发掘,发掘面积为 1100 多平方米,获得了较丰富的资料,对该文化的面貌有了进一步的认识。遗存分三期,第二期遗存属青铜时代。

小拉哈遗址发现的遗迹有房址、灰坑、灰沟、蚌壳遗迹和墓葬。

房址发现 2 座。F2001 圆角方形,半地穴式,穴深 1 米。穴壁凸凹不平,地面破坏严重,仅局部保留有烧烤硬面。门向朝西,门道呈斜坡状。在靠近穴壁周围处发现 3 个柱洞。灶坑位于居住面的中央,内存少量灰烬。F2002 北部和东部被 F2001、H2029、H2030 打破。从残存部分看应为圆角方形半地穴式。居住面经过烧烤,平滑坚硬,未见灶坑。南壁发现两个柱洞,门道不明。

灰坑发现 113 个。形状可分为长方形、方形、圆形、椭圆形和不规则

---

① 黑龙江省文物考古研究所、吉林大学考古学系:《黑龙江省肇源县小拉哈遗址发掘简报》,《北方文物》1997 年第 1 期。

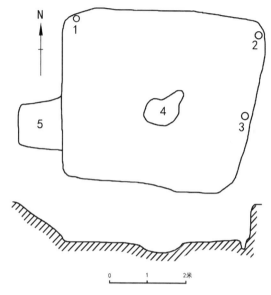

图 3-1　小拉哈 F2001 平、剖面图

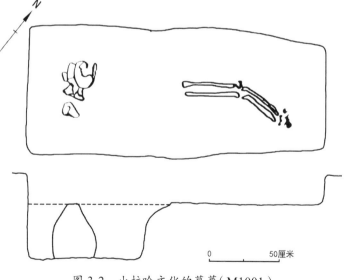

图 3-2　小拉哈文化的墓葬（M1001）

形五种。灰沟3条,长均在5米左右。

蚌壳遗迹发现两处,其形成为先在地表挖一浅坑,然后用蚌壳层层铺垫,最多可达12层,厚15~20厘米。坑内堆积中见有少量陶片和兽骨。

墓葬发现3座,其中长方形两座,方形一座。均为土坑竖穴式,无葬具。M1001墓扩长方形,墓主为中年男性,单人一次葬,侧身屈肢,骨架腐朽严重,仅存头骨和下肢骨。上身下压一填平的坑穴,深40厘米,内置覆扣完整陶罐1件。头骨枕在罐底上,附近摆放罐、壶的残片。其余两墓也均为单人一次葬,无随葬品。

小拉哈文化出土遗物有陶器、石器、骨器、蚌器、玉器、青铜器等。

石器发现14件,均为磨制,种类有斧、锛、铲、凿、砺石、磨棒和穿孔器。

骨器发现94件,均为磨制,部分器表有刮削痕迹。主要有铲、凿、镞、镖、锥、笄、矛、匕、饰品等。蚌器发现14件,种类主要有刀、饰品等。

青铜器发现3件,分别为刀、笄、双联泡饰。

陶器质地以泥质陶居多,夹砂陶数量极少。陶器表面多为素面,只

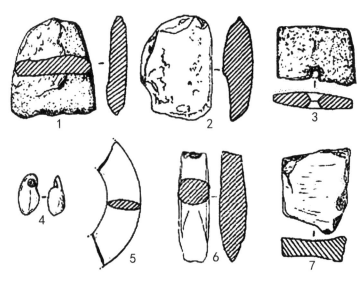

图3-3　小拉哈遗址出土玉石器

1~3、6、7. 石器　4、5. 玉器

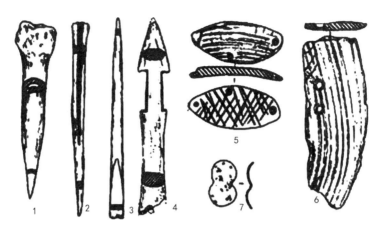

图 3-4 小拉哈遗址出土骨、蚌、铜器

1~4. 骨器 5、6. 蚌器 7. 铜器

有少数施花边附加堆纹或刻划几何纹。附加堆纹均压出锯齿状花边。大多数以条带状环绕器表,少则一周,多则三周。刻划纹数量少见,主要见于器底和小型陶器的腹部。器物表面起把手或系挂作用的附件较多,主要为泥突、泥饼、盲耳和环耳。

陶器制作以手制为主,多以泥圈套接成形,表面多数经过打磨。器壁较薄。器物造型多直口器,口沿不加厚,个别唇部压出花边。底部特征鲜明,假圈足器占绝大多数,平底器次之,另有少部分为圈足器。假圈足器中有些底面施刻划几何纹,个别还有压出花边的。较有特色的是假圈足碗的底面普遍流行在一侧刮出凹窝,然后自外侧向内侧斜穿两孔。

陶器类别比较单一,主要有罐、壶、碗,有少量的杯、盂、钵和带流器。罐可分为假圈足罐和平底罐两种,其假圈足罐器底较厚,底径较小,呈台状,为器物成形后在底部贴附泥饼捏合而成,器表普遍施泥突、泥饼或环耳。

小拉哈文化主要分布区域在嫩江下游,除了小拉哈遗址二期外,白金宝遗址第一期遗存也属于该文化,肇源卧龙、狼坨子、南山头等遗址也不同程度地包含有该文化的遗存。

小拉哈文化年代为距今 3830±34 年,大致处于中原地区的夏商之际,是松嫩平原地区目前发现的年代最早的青铜时代文化遗存。遗存内

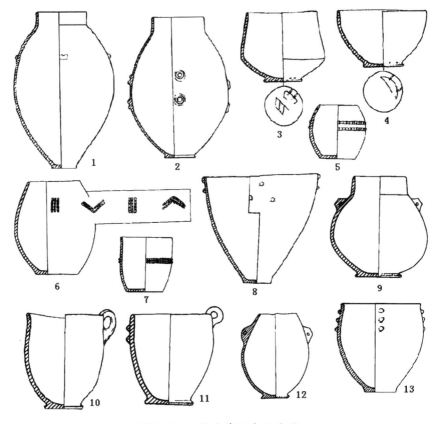

图 3-5 小拉哈遗址出土陶器

部可分为早晚两个阶段,这两个阶段的陶器联系紧密,中间没有缺环,年代应该相距不远。

2. 白金宝文化

白金宝文化得名于肇源白金宝遗址的发掘,是指以白金宝遗址第三期遗存为代表的考古学文化。遗址位于肇源县民意乡大庙村白金宝屯村北嫩江左岸的二级台地上[①]。1964年黑龙江省博物馆对嫩江下游左岸等地区进行考古调查时,首次发现了该遗址。1974年春、夏又前往该地复查和铲探,同年秋开展了首次发掘,这是黑龙江省松嫩平原对青铜文

---

① 黑龙江省文物考古工作队:《黑龙江省肇源白金宝遗址第一次发掘》,《考古》1980年第4期。

化遗址第一次正式发掘。此次发掘揭露面积 150 平方米，出土遗物丰富，完整和可复原陶器约 140 余件，并清理了房址 2 座、灰坑 10 个和 1 个窑址。1980 年曾进行过第二次发掘①，揭露面积 350 平方米，发现房址 1 座，灰坑 37 个，出土陶器、骨器 300 余件。1986 年黑龙江省考古研究所与吉林大学考古专业合作，对白金宝遗址进行了第三次发掘②，此次发掘揭露面积 1000 余平方米，清理出各式灰坑 350 余个、房址 54 座，另发现了少量灰沟、隧道等遗迹。出土完整和可复原陶器 400 余件，以及大量石、蚌、骨、铜等器物，由于材料丰富，便于把握其全面特征，因而对这个文化的内涵、特征、分期及相对年代与绝对年代等方面有了更深的认识。

白金宝遗址发现的遗迹有房址、灰坑、灰沟、隧道等。

房址发现数量较多，第三次发掘时发现的 F3008，平面呈圆角长方形，有凸字形斜坡门道朝向东南。此房址长 5.5 米、宽 3.3 米，居住面比较平整，局部有黑灰色火烤痕迹。居室内有柱洞，分布于灶址周围和房址四角，经确认的有 10 个，其中 2 个主柱洞纵向排列于灶址后。灶址为椭圆形，位于居室的中部靠前，灶底遍布红烧土。房屋西南角处发现一隧洞式窖穴，上口平面呈椭圆形，窖穴深 1.3 米，隧洞向西延伸近 4 米，洞口为直壁拱顶。

灰坑平面多呈圆形，也有少数椭圆形坑以及长方形坑和方形坑。部分灰坑坑壁发现了壁龛和窑洞式壁穴。

隧道共发现 3 条。结构为竖井式横巷道，用途不详。

白金宝文化三次发掘所获陶器资料最为丰富。陶质分砂质、夹砂和泥质三类，大多数为砂质陶，次为泥质陶、夹砂陶。泥质陶类器物制作较细致，器壁较薄，砂质和夹砂陶多见于个体较大的器物，制作较粗糙。陶器烧制火候较高，质地坚硬。陶色主要呈黄褐色，由于烧制技术原因，大部分陶器表面间有黑灰色斑块，陶色不纯。另有部分夹砂灰褐陶、泥质黄褐陶以及红陶和红衣陶。

陶器制法均系手制，采用泥条盘筑法。陶器的唇、耳、底、足等是

---

① 谭英杰、孙秀仁等：《黑龙江区域考古学》，中国社会科学院出版社，1991 年。
② 黑龙江省文物考古研究所等：《黑龙江肇源白金宝遗址 1986 年发掘简报》，《北方文物》1997 年第 4 期。

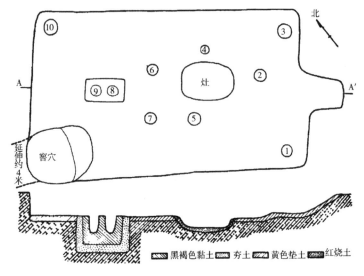

图 3-6　白金宝 F3008 平、剖面图

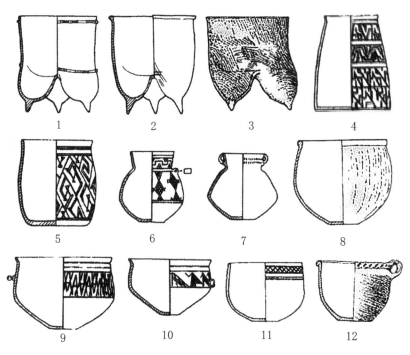

图 3-7　白金宝遗址出土陶器

分别制成后,再安装到器身上。小型陶器如杯、壶及陶塑等则用手捏制而成。

陶器分素面和带纹饰的两类,有纹饰的陶器占较大比重,以绳纹和篦纹为主,其他纹饰有指甲纹、戳印纹、附加堆纹及各种贴塑纹饰。绳纹的排列紧密,纹理比较深,多为交错拍印,并且与附加堆纹配合使用,多施于筒腹鬲、鼓腹罐和个别单耳杯等器表,器物口沿多贴有附加堆纹。篦纹是白金宝文化代表性纹饰,由专门工具压印而成,纹样繁复,构图复杂,覆盖面大,富于变化,主要饰于筒形罐、折腹钵和部分壶上。纹饰可分两类,一类是几何纹,图案繁缛,结构严谨;另一类是动物纹,形象逼真,尤以篦纹组成的蛙、羊、鹿等动物纹样富于艺术表现力。此外有以纵及横条带形式局部施以红彩,少数的也有通体施红衣。

陶器中三足器特征明显,此外还有平底器和台底器。器物的基本组合有筒腹袋足鬲、筒腹罐、侈口鼓腹罐、折腹小平底盆、单耳杯、斜腹碗等。

生产工具较有特色,少石质,常见骨、角、蚌质。其中以蚌器数量最多,仅刀一种器形就多达 40 余件,还有蚌镰。

青铜器多为小型,种类有小刀、镞、泡、扣、耳环等。在部分遗址和墓葬中曾发现陶范和石范,说明当地可以直接铸造。

能确认的农业生产工具不多,各种磨制精巧的骨镖、骨矛、骨镞、蚌镞、石镞、陶网坠等渔猎生产工具还占有较大比重。灰坑中常见层叠堆积的鱼骨和蚌壳,在房址及房址附近的堆积中还残存较多的兽骨,表明渔猎和狩猎仍是当时人们赖以生存的主要方式。这些生业方式在陶器上压印的各种纹饰上也有所反映,如网纹、水波纹、动物纹等。

白金宝文化农业迹象不很明显,渔猎经济则表现得比较突出。白金宝文化是白金宝一期遗存的发展和继续,从已有的研究成果来看,该文化的年代为西周至春秋时期,从文化本身分期来看,其可分为早、中、晚三期,早期约相当于西周早期,中期则相当于西周中期,晚期年代的跨度较大,大致相当于西周晚期至春秋晚期[1]。

白金宝遗址的面积达 18 万平方米,文化层堆积丰厚,是当时嫩江流

---

① 赵宾福:《中国东北地区夏至战国时期的考古学文化研究》,科学出版社,2009 年。

域的经济、文化中心。年代距今约 3400～2900 年左右。

白金宝文化分布以嫩江中下游和哈尔滨以西的松花江流域段为中心区域,北抵富裕、讷河,向东到巴彦,向南达吉林省洮儿河中下游,向西曾一度渗透到西拉木伦河以北与夏家店上层文化相接触。该文化既有遗址,又有墓葬。除白金宝遗址三期外,在肇源古城、望海屯、小拉哈、卧龙,肇东后七棵树、杜尔伯特官地,哈土岗子和林甸牛尾巴岗等也不同程度地分布着白金宝文化的遗存。

3. 二克浅墓地

墓地位于讷河县二克浅乡,嫩江上游左岸的二级阶地上[①]。20 世纪60 年代初黑龙江省博物馆开展嫩江流域考古调查时发现。80 年代,黑龙江省博物馆和齐齐哈尔文管站对二克浅墓葬进行了试掘,共清理墓葬26 座。出土遗物种类有石器、骨器、青铜器、铁器等 70 余件。从墓葬出土遗物分析,该墓地的墓葬分属早晚两个时期,早期遗存是以 M8、M12为代表,晚期遗存以 M24、M26 为代表。前者属于青铜时代,后者已经进入铁器时代。

M8 为长方形竖穴土坑墓,无葬具,二次合葬,骨骼散乱放置在墓底,仅存头骨、髋骨和股骨,从人骨判断大约葬有 7 人。随葬陶器置于墓穴南端,有壶、筒形罐各 1 件。M12 与 M8 墓向一致,葬式相同,出土器物特征一致,应属同一时期。

陶器多为夹细砂黄褐陶,烧成火候不高,质地疏松,表面粗糙,纹饰以压印稀疏绳点和戳刺三角纹组成的横线纹、折线纹为主。主要器类有单耳壶、双耳折肩壶、筒形罐、深腹碗等。铜器只有小刀、泡、镞等小件。

二克浅早期遗存的性质,目前学界认为属于白金宝文化。墓葬的年代根据其出土遗物以及与周边地区考古学文化相比较,时代大体断在春秋至战国早期。

---

① 安路、贾伟明:《黑龙江讷河二克浅墓地及其问题探讨》,《北方文物》1986 年第 2 期。2001年省考古所又对二克浅进行了抢救性发掘,是对嫩江流域进行的规模最大的一次发掘工作,发掘总面积 5100 多平方米。共清理墓葬 68 座,出土遗物 200 余件。陶器近 80 件,铜器、铁器、骨器、石器等 100 余件,极大地丰富了对该遗存的认识。

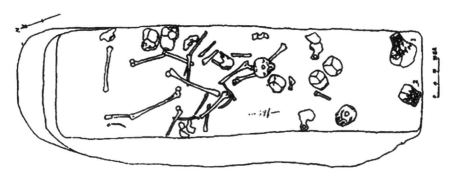

图 3-8　二克浅 M8 平面图

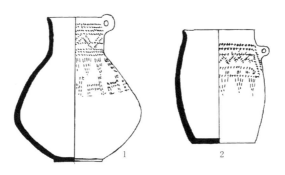

图 3-9　二克浅 M8 出土陶器

4. 小登科墓葬

小登科墓地发现于齐齐哈尔富裕县,位于大登科村西南的一处沙丘上,其东南约 4 公里即为嫩江。1960 年黑龙江省博物馆在嫩江流域进行考古调查时发现,并对其中 3 座墓和 1 座“多人葬坑”进行了清理。1981 年 5 月富裕县有关人员又调查清理了被当地农民破坏的 4 座墓葬[1]。1985 年 7 月黑龙江省文物考古研究所对墓地做了清理发掘,该次共发掘了 9 座墓。

这 9 座墓均不同程度地受到破坏和扰乱,墓葬形制为长方形土坑竖穴,四角抹圆,不甚规整,多为二次葬,均未发现葬具。以保存较好的 M102 为例,长 2.40、宽 1.20、深 0.75 米,在墓底西部堆放散乱人骨,为两

[1]　张泰湘、曲柄仁:《黑龙江富裕县小登科出土的青铜时代遗物》,《考古》1984 年第 4 期。

个成年个体,该墓是二次迁葬的合葬墓,其中部分骨头发现火烧痕迹。此种现象还见于 M103、M107 等。据此推测当时有火葬习俗。墓底东部随葬一件完整陶罐。

墓地随葬品有陶器、石器和铜器。

陶器均为手制,夹细砂,呈黄褐色,烧成火候不匀。器表多施有红衣,少量经磨光处理;纹饰以简单的几何形为主,少见篦点纹、指甲纹和戳印倒三角纹。以直颈壶、小口罐和敞口钵为基本陶器组合。

铜器有管饰、耳饰、扣和镞等,1981 年曾发现铜镞石范,推断这些器物应是当地铸造。石器有刮削器、石片和石叶等,数量不多,均为细石器。

关于小登科墓葬的性质和年代的推断,因为目前所获资料不够丰富,要做出准确的结论条件还不够成熟。有学者认为它属于白金宝文化[1]。

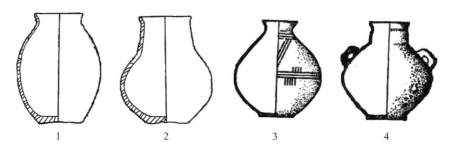

图 3-10   小登科墓地出土陶器

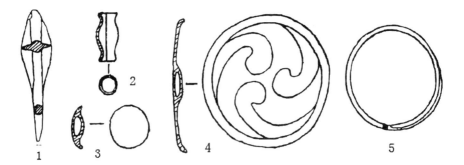

图 3-11   小登科墓地出土铜器

---

[1] 张伟:《嫩江流域夏至东汉时期的五支考古学文化》,《北方文物》2010 年第 2 期。

5. 杜尔伯特官地墓葬

杜尔伯特官地墓葬位于杜尔伯特蒙古族自治县,官地西南红头山东北角冲沟东侧的黑沙土层中[①]。1960 年 9 月黑龙江省博物馆清理了其中的两座墓。

M1 仅发现人头骨一具,随葬品共 5 件,一件小陶钵,一件铜丝圈,两件铜泡和一件骨锥。铜泡制作较粗糙,正面呈圆凸形,背面有条状鼻,大的表面饰三角形纹饰,小的素面。

M2 位于 M1 东南方 5 米处,是一座双人合葬墓,仅存四肢骨与头骨,葬式是仰身直肢,随葬品放在头顶部,有陶壶 2 件、小三足陶器、小陶碗各一件和铜丝圈两个,并有两件带多孔骨制品。陶壶为短颈、直口、圆底,整个器身呈球形。口部和肩部各饰红色彩带一圈。陶碗为敞口、平底,表面通身饰红色。三足器制法与碗基本相同,呈半圆形,圜底,下有三个短足,表里均涂满红色。

从墓葬中出土的几件铜器推断,该墓葬的年代应属青铜时代。

6. 西山墓葬

西山墓葬位于五常市沙河子镇西南 1.5 公里的西山上[②]。1994 年发

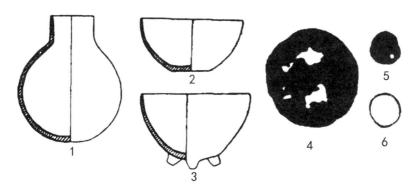

图 3-12　杜尔伯特官地墓葬随葬品

1~3. 陶器　4~6. 铜器

---

① 黑龙江省博物馆:《嫩江下游左岸考古调查简报》,《考古》1960 年第 4 期;赵善桐:《黑龙江官地遗址发现的墓葬》,《考古》1966 年第 1 期。

② 哈尔滨市文物管理站、五常市文物管理所:《黑龙江省五常市沙河子镇西山石棺墓的考古调查》,《北方文物》1999 年第 1 期。

现时已经被破坏,哈尔滨市文物管理站对墓葬进行了保护并收缴了出土的文物。1997年哈尔滨市文物管理站调查清理了这座已被破坏的石棺墓。

据调查,该墓葬为单人墓葬,有石棺3座,1主棺,2副棺。3座石棺自东向西一字排开。其形制为由人工修整的石板砌成,墓圹底为夯实的黄砂。主棺横向居东侧,石棺四壁用4块花岗岩石板砌筑,棺内仅存头骨,墓主头向西,仰身直肢,头骨下有插入地下的3件石斧,腰及脚下放置陶器。据调查,墓主人身旁原有2件木制的弓,身右侧还放置似木杖的器物。副棺用黄沙填充,有陶器、石器等随葬品。石棺出土随葬品丰富,但保存下来的仅25件,其中陶器16件,石器8件,铜器1件。

陶器的质地多为黑褐陶夹砂,少量黄褐色夹砂,多素面,手制,泥条套接,多数器物表面打磨光滑,器类有壶、罐、杯、纺轮及陶范等。壶多为高领鼓腹,流行腹部装饰横扳耳。石器有石斧、石凿和石镞。铜器仅发现铜泡1件。

根据墓葬形制及出土器物推断,西山石棺墓属青铜时代,西山石棺墓的形制和出土陶器的种类、特点与西团山早期墓葬相同,因此该墓应属西团山文化系列的墓葬,年代相当于春秋至战国时期。

(二)三江平原区

20世纪黑龙江确认的三江平原区商周考古学遗存有一支,即桥南一期遗存。该类遗存仅在依兰桥南遗址发现,以F5为代表的第一期遗存命名[①]。

遗址位于依兰县城南约1.5公里的牡丹江右岸的二级阶地上,遗址的西北即牡丹江新公路大桥,由新桥再向北200米即旧江桥,由于遗址主要分布在桥东头的南侧一带,故称“桥南遗址”。1979年在对松花江、牡丹江流域进行文物普查时发现该遗址。1997年,黑龙江省文物考古研究所为配合哈同公路建设,对遗址进行了发掘,发掘面积近600平方米。遗址堆积可分为三期,第一期遗存很少发现铁器,其中最早的单位F5出

---

① 李砚铁、刘晓东、王建军:《黑龙江省依兰县桥南遗址发掘及相关问题》,《北方文物》2000年第1期。

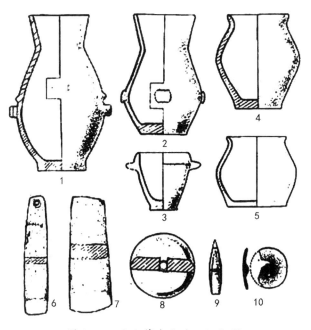

图 3-13　西山墓出土陶、石、铜器

1~5、8. 陶器　6、7、9. 石器　10. 铜器

土器物丰富,其中也不见铁器,因此将一期遗存归入早期铁器时代之前的时期。

　　一期的遗存发现房址 3 座,以 F5 最有代表性,它不仅是遗存中规模最大、保存最完好的房址,也是出土文物最丰富的遗存。房址为半地穴式,略呈长方形,面积 60 余平方米。门向东,有坡状门道。穴壁残高 0.2 米左右。居住面经过焙烧,平滑坚硬。灶位于房址中部略偏西处,呈长方形,用石板围砌而成。室内发现柱洞 9 个,均位于房内中部一带,在灶的南、北、东三侧有 3 个呈三角形分布的柱洞,均向灶的方向倾斜,当为固定在灶上方三角支架的遗留,以吊挂炊煮器具之用。在整个西壁和南壁转角处,有一排排列整齐的浅圆坑,坑壁大都经过特意焙烧,形成薄薄的一层烧结面。由于在坑中发现有完整陶器,因此推测该坑为放置生活器皿之用。房址的东北角有一长方形的次生土台,土质坚硬,似经过夯打,其上有两个圆坑,坑中置有大、中型陶器各 1 件,证明该土台是专为放置陶器而修筑。从遗迹观察,该房址毁于大火。

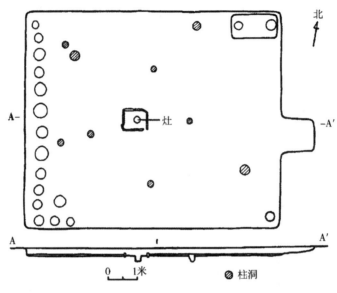

图 3-14　桥南遗址 F5 平、剖面图

F5 出土了一组完整的器物,为我们复原了当时人的家居生活。这些器物包括:陶盆、骨铲各 1 件,陶瓮、陶钵、骨镞、十字形骨器各 2 件,骨锥 3 件,陶罐、石磨盘和磨棒各 4 件,骨针 5 件,共计 30 余件。

一期遗存的陶器以夹砂陶为主,少量泥质陶,陶色呈黄褐、灰褐、黑褐色,另有红衣陶。陶器包括小口鼓腹瓮、大口鼓腹瓮、双耳壶、盆、钵等,器表多素面,纹饰主要为弦纹,个别为绳纹,有的器物口沿外侧有齿状附加堆纹。

骨器较发达,不仅数量多,器形也富于变化,种类主要有锥、针、镞、锄形器、鱼镖及装饰等。

桥南一期遗存的年代,依据其自身特征与相邻遗存的类比,推定其距今 2500 年左右,相当于春秋晚期至战国早期。

(三)牡丹江流域区

牡丹江流域相当于中原商周时期的考古学遗存目前只有莺歌岭上层遗存。

莺歌岭遗址位于宁安县镜泊湖南端东岸上,1963 年由黑龙江省文物

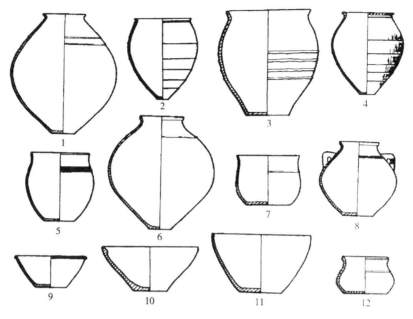

图 3-15　桥南一期出土陶器

考古工作队进行了发掘①,遗址分为5层,根据地层堆积情况和各层出土遗物的异同,将文化层分为早、晚两期堆积,第2、3层属晚期堆积,为青铜时代的堆积。发现的遗迹有房址、灰坑。

房址发现2座,以F1为例,为方形半地穴式建筑,居住面用灰土铺垫而成,室内发现柱洞18个,靠近东壁分为两排,出现沿穴壁内侧筑石墙的技术,为该遗存主要文化特征。房址内出土的完整陶器不多,以夹砂黑灰陶为主,还有骨器和石器等。在房址东1.6米处发现一处灶址,可能是夏季的室外临时灶。

灰坑1座,大部分被湖水冲毁。略呈袋形,圜底。里面的堆积可分两层,出土较多的遗物,有陶片、骨针、锥、簪和陶猪、狗等。

出土遗物有陶、石、骨、牙、蚌器。

陶器以夹砂黑灰陶和磨光黑灰陶为主,均为手制,火候较高。器表装饰多以素面为主,纹饰较少见,仅见划纹、指甲纹、刻划方格纹、锯齿状

① 黑龙江省文物考古工作队:《黑龙江宁安县莺歌岭遗址》,《考古》1981年第6期。

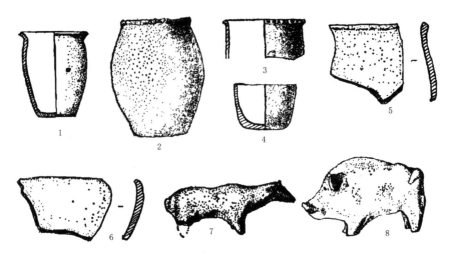

图 3-16 莺歌岭上层出土陶器

附加堆纹。陶器以罐为多,主要有齿状花边口的筒形罐、折沿深腹罐等,其次有碗、杯、盅等。该遗址出土了 17 件动物陶塑,多为褐陶,羼有少量砂粒。手捏塑,烧制火候较高,种类有猪、狗、熊等,其中以陶猪最多,陶猪造型逼真,姿态各异,具有很高的艺术性。

石器以磨制为主,大多制作精致,器类有斧、锛、矛、镞等。压制石器较少,材质主要是黑曜石,器类有镞、矛、刮削器等。

骨器数量较多,器形多样,有针、锥、簪、匕、凿、镞等,也是该文化遗存的特色之一。

莺歌岭上层遗存主要分布在牡丹江流域,如宁安的牛场、大牡丹屯等地。根据对 F1 出土的木炭和炭化桦树皮所做碳 14 测定,为距今 3025 ± 90 年(树轮校正为公元前 1240 ± 155 年)和 2985 ± 120 年(树轮校正为公元前 1190 ± 145 年),相当于中原地区商周之际。

三、黑龙江青铜时代考古收获

黑龙江省青铜时代考古学文化的研究,经历了一个较长的认知过程,70 年代松嫩平原地区依托白金宝和汉书两处遗址,取得了重大突破。肇源白金宝的发掘,明确指出其为“松嫩平原具有代表性的青铜时代遗存",并命名为"白金宝文化"。大安汉书遗址的发掘收获则是从地层和文化的内涵上区分出与白金宝文化内涵相似的"汉书一期"及晚于白金宝文化的"汉书二期"两种不同时期的文化遗存,创见性地指出两种文化作为同一文化系统前后连接的不同发展阶段的认识,并由此初步建立起松嫩平原青铜—早期铁器时代考古学文化的发展序列。目前已经基本搞清了黑龙江地区商周时期文化的分布特征和基本面貌,并取得了如下的研究成果:

一是确认了黑龙江境内青铜文化的内涵,将原来误认为是新石器时代的青铜时代遗存从中辨别出来,这是认识上的一个突破;

二是进一步区分和确认出若干年代和性质不同的文化类型,并对其中若干文化进行了分期,初步建立了黑龙江省松嫩平原地区青铜时代考古学文化遗存的序列和编年。在三江平原、牡丹江流域等地发现和确认了青铜时代遗存。

在生活用具中,白金宝文化出土了大量中原地区流行的陶鬲。陶鬲这类三足器是黄河流域从龙山时代开始出现一直流行至商周时期的炊器。白金宝文化有些陶器上装饰的纹饰与商周青铜器纹饰也有相似之处。这些因素反映出早在商周时期,黑龙江地区就已与中原地区在文化、社会生活等方面取得了密切的联系。

黑龙江省青铜时代的考古学文化有鲜明的地域特色,主要表现在以下诸方面:第一,与中原地区相比,黑龙江省的青铜时代与中原地区有所不同,其特点是不仅起步晚,而且无论青铜器在种类、质量、冶铸工艺及普及程度等各个方面与中原都有相当大的差距,没有大型青铜器,不见青铜礼器、容器和大型工具,只有少量镞、削、笄、扣、泡、牌饰等器物,属于小型青铜器类型。在这个时期,石器、骨器工具依然大量应用,在生产活动中占有重要地位。陶器是主要的生活用具,制陶工艺及装饰艺术达到新的高峰。第二,从现有材料看,黑龙江地区商周时期考古学文化地域发展很不平衡,迄今所发现的比较典型的青铜时代遗存只在西部地区的松嫩平原大量发现,其他地区虽然有一些同时代遗存,但遗址数量少,且基本不见青铜制品,这也说明黑龙江境内的青铜时代文化与中原地区是有所区别的。

黑龙江东部一些相当于中原青铜时代的考古学文化并不具有制造青铜制品的能力,这些地区在青铜时代的早期阶段仍然是以石器为工具和武器。因此所谓的黑龙江地区青铜时代的概念,在某些区域只是将其作为一个年代范畴,并不表明这一地区青铜时代的全部文化都已经具有中原地区青铜时代的典型特征。

青铜时代的黑龙江地区陶器纹饰中常见的蛙、羊、鹿等动物图案,反映出当时狩猎和畜牧业在经济活动中占有重要地位。

进入21世纪以来,黑龙江青铜时代考古也逐渐步入成熟,一个重要的标志就是全面客观的大量发掘的一手资料结集出版以及在此基础上形成的研究性著述。识别出新的考古学文化遗存,如在嫩江流域肇源县古城遗址识别出大约在商代晚期的"古城类型",在三江平原宝清县劝农村发现的年代约夏商之际的劝农遗存,都丰富了黑龙江青铜时代的遗存内容,也为黑龙江寻找更多的青铜时代遗存提供了重要线索。库勒浅墓地的发掘也是21世纪一个重要的发现,该墓地分早晚两期,早晚期分属白金宝文化和红马山文化[1],为嫩江流域考古学文化年代序列的建立和谱系研究提供了极为重要的资料。

青铜时代主要考古学文化

	区	主要文化	典型遗址	主要特征
青铜时代	松嫩平原	小拉哈文化	小拉哈遗址二期、白金宝遗址一期、卧龙、狼坨子、南山头遗等址	大口深腹罐、直口深腹瓮(或壶)、碗、盂、单耳杯、素面束颈鬲,带流器、乳钉、泥突、盲耳、桥耳
		白金宝文化	白金宝遗址三期、古城、小拉哈、望海屯、卧龙、后七棵树、哈土岗子、二克浅墓地早期、小登科墓葬、杜尔伯特官地,林甸牛尾巴岗等	筒腹袋足鬲、筒腹罐、侈口鼓腹罐、折腹小平底盆、单耳杯、斜腹碗,三足器
		西团山文化	五常市西山石棺墓	高领鼓腹壶、腹部装饰横扳耳
	三江平原	桥南一期遗存	依兰桥南遗址	小口鼓腹瓮、大口鼓腹瓮、双耳壶、盆、钵
	牡·绥流域	莺歌岭上层遗存	莺歌岭遗址、大牡丹屯、牛场等	齿状花边口的筒形罐、折沿深腹罐、碗、杯、盅

---

[1] 张伟:《嫩江流域夏至东汉时期的五支考古学文化》,《北方文物》2010年第2期。

第四章　众城林立——早期铁器时代遗存

黑龙江省铁器时代一般分为早期铁器时代和发达铁器时代。早期铁器时代是指从战国直至魏晋南北朝时期，其特点是铁器虽有一定程度的普及，并已开始应用到农业领域，但总的来说并未取代石器、骨器等地位。发达的铁器时代是指渤海以后这一历史阶段，其特点是铁器的普及应用已达到相当高的水平，在生产、生活工具乃至兵器中已逐渐占据了绝对的主导地位。近年来，李陈奇等提出在青铜时代与早期铁器时代之间还有一个过渡期，松嫩平原地区的汉书二期文化和平洋墓地等都属于这个时期的文化遗存，并将这个"过渡期"称作"雏形早期铁器时代"[①]。

一、考古发现与重要活动

黑龙江省早期铁器时代的考古发现与研究，大致可分为三个阶段：

(一)50～60年代

这个阶段的工作多数是在地面调查采集以及对暴露出来的遗址进行抢救性的清理和发掘。在松嫩平原发现了一批含战国到南北朝时期文化遗存的地点，如肇源白金宝[②]、望海屯遗址[③]、肇东七棵树遗址[④]、富裕小登科[⑤]和杜尔伯特县官地墓地。东南部地区(以牡丹江流域为中

① 李陈奇、殷德明、杨志军：《松嫩平原青铜与雏形早期铁器时代文化类型的研究》，《北方文物》1994年第1期。
②④ 丹化沙、谭英杰：《松花江中游和嫩江下游的原始文化遗址》，《东北考古与历史》1982年第1辑。
③ 丹化沙：《黑龙江省肇源望海屯新石器时代遗址》，《考古》1961年第10期。
⑤ 黑龙江省博物馆：《嫩江沿岸细石器文化遗址调查》，《考古》1961年第10期。

心）较重要的遗址,有宁安东康①、牛场②、大牡丹屯③等。

从研究水平上看,由于资料的限制,对于遗存的内涵仅仅是初步认识,几无综合研究可言。同时由于当时认识上的局限,对这些遗存的年代、性质并没有一个科学的定位,不少学者将其误认为新石器时代晚期或金石并用时代的遗存。

（二）70～80 年代

黑龙江省文物部门在这个阶段扩大和加强了田野考古工作的规模与力度,同时因区系类型理论的引入,使黑龙江考古理论方法的研究水平有了提高,带动早期铁器时代考古研究进入新的阶段。

黑龙江省和吉林省的考古工作者在对松嫩平原全面、系统调查的基础上,对肇源白金宝和卧龙、泰来平洋、肇东东八里、讷河二克浅、富裕小登科、齐齐哈尔三家子等一批战国两汉时期的遗址和墓地进行了有目的的发掘和必要的抢救性清理工作,有了重要收获。三江平原和牡丹江·绥芬河流域的汉魏时期考古也取得了长足进展。通过这些重要遗址的发掘,区分和确认了若干性质不同的战国两汉时期考古学文化遗存,在此基础上,综合研究也相应展开,特别是在 80 年代以来,对一些文化的族属、类型划分及分布范围等曾一度有过热烈的讨论。

1. 对于文化和类型的提出与确认

同仁文化的命名:1973 年由中国社会科学院和黑龙江省文物考古工作队合作,共同发掘了同仁遗址④,认为该遗址一期遗存属于铁器时代初期,提出"同仁文化"的命名。1978 年发掘绥滨四十连遗址⑤,其性质属于同仁文化的早期遗存。

① 朱国忱、张太湘:《东康原始社会遗址发掘报告》,《考古》1975 年第 3 期;黑龙江省博物馆考古部等:《宁安县东康遗址第二次发掘记》,《黑龙江文物丛刊》1983 年第 3 期。
② 黑龙江省博物馆:《黑龙江宁安牛场新石器时代遗址清理》,《考古》1960 年第 4 期。
③ 黑龙江省博物馆:《黑龙江宁安大牡丹屯发掘报告》,《考古》1961 年第 10 期。
④ 杨虎、谭英杰、林秀贞:《黑龙江绥滨同仁遗址发掘报告》,《考古学报》2006 年第 1 期。
⑤ 谭英杰、孙秀仁、赵虹光、干志耿:《黑龙江区域考古学》,中国社会科学院出版社,1991 年。

东康类型的命名：因宁安东康遗址的发现而得名①。东康遗址在1964年经过黑龙江省博物馆等单位首次发掘后，1973年又进行第二次发掘。发掘面积200余平方米，清理居住址4个，窖穴6个，墓葬1座。出土陶器、石器、骨器、角器、铁器等。

蜿蜒河类型的命名：1974年发掘绥滨蜿蜒河遗址，遗址分为上下两层，下层是这种文化的代表，命名为"蜿蜒河类型"②。蜿蜒河类型的遗存目前经过正式发掘的只有蜿蜒河遗址。该类型的遗存主要分布在黑龙江中下游两岸地区，在俄罗斯境内的同类遗存通常被称为"波尔采文化"。

团结文化的确认：1977年发掘东宁县团结遗址，并命名为"团结文化"③。团结文化在俄罗斯被称为"克罗乌诺夫卡文化"。因此，该文化一般被称为"团结—克罗乌诺夫卡文化"。东宁团结遗址的地层可分为四层，其中团结下层属于铁器时代的遗存，被命名为"团结文化"，并分为相承继的两期。

平洋文化的提出：该文化命名的提出是根据位于黑龙江省泰来县平洋墓葬的发掘。1984～1985年黑龙江省文物考古研究所对遗址进行了发掘。根据其文化内涵将该类遗存命名为"平洋文化"④。

滚兔岭文化的命名：滚兔岭文化因首次发掘双鸭山市滚兔岭遗址而得名⑤。1981年双鸭山市文管站在考古调查中发现该遗址，1984年6月，黑龙江省文物考古研究所对该遗址进行了复查，并于当年秋天进行发掘，揭露面积1500平方米，清理房屋基址15座。

---

① 黑龙江省博物馆：《东康原始社会遗址发掘报告》，《考古》1975年第3期；黑龙江省博物馆考古部、哈尔滨师范学院历史系：《宁安县东康遗址第二次发掘记》，《黑龙江文物丛刊》1983年第3期。

② 杨虎：《黑龙江省绥滨县蜿蜒河遗址发掘报告》，《北方文物》2006年第4期。

③ 黑龙江省文物考古工作队、吉林大学历史系考古专业：《东宁团结遗址发掘报告》，《吉林省考古学会第一次年会资料》，1978年。

④ 关于平洋墓葬与汉书二期文化的关系目前尚存较大分歧，潘玲和林沄先生在《平洋墓葬的年代与文化性质》（《边疆考古》第1辑，科学出版社2002年）中提出"平洋墓葬就是汉书二期文化的墓葬。现在已基本不用平洋文化的概念"。

⑤ 黑龙江省文物考古研究所：《黑龙江省双鸭山市滚兔岭遗址发掘报告》，《北方文物》1997年第2期。

2. 一些重要遗址的发掘

1981年黑龙江省博物馆和齐齐哈尔市文管站清理了齐齐哈尔大道三家子墓地[①]，共清理了其中的4座墓；1982～1984年黑龙江省文物考古工作队发掘了东八里墓地[②]，该墓地是1980年烧砖取土时发现，清理了其中的59座墓；1983年黑龙江省文物考古研究所发掘了萝北团结墓葬[③]；1985年黑龙江省博物馆在二克浅墓地进行了小面积的考古发掘[④]，清理墓葬26座；1985年黑龙江省文物考古研究所发掘了宾县庆华遗址[⑤]，发现房屋遗迹2座，灰坑、窖穴2个；1986年抢救性清理望奎戚家围子古墓群[⑥]，面积1000平方米，清理墓葬60座。

这个阶段的研究，随着考古发掘规模的扩大和材料的积累，对于考古学文化的面貌有了更清楚的了解，有些遗存已能明确定位于早期铁器时代，并有不少新的考古学文化发现和命名。但由于材料的零散，还缺乏对早期铁器时代的文化更深入的研究，而且对有的遗存的命名也有不当之处。

（三）90年代以后

这个阶段黑龙江早期铁器时代考古有了更进一步的发展。考古工作主要从两个方面开展，一是有计划和目的性的主动课题性发掘，一是为配合基本建设而进行的大规模考古发掘。两项工作的有机结合，使这个阶段的黑龙江考古学研究进入了全新的阶段。这个阶段发现了一些新的遗址，命名了一些新的考古学文化。

---

① 黑龙江省博物馆、齐齐哈尔市文管站：《齐齐哈尔大道三家子墓葬清理》，《考古》1988年第12期。
② 黑龙江省文物考古工作队：《肇东县青铜时代墓葬》，《中国考古学年鉴》1984年。该遗址没有正式的发掘简报。
③ 李英魁：《黑龙江省萝北县团结墓葬清理简报》，《北方文物》1989年第4期。
④ 安路、贾伟明：《黑龙江讷河二克浅墓地及其问题探讨》，《北方文物》1986年第2期。2001年省考古所又对二克浅进行了抢救性发掘，是迄今对嫩江流域进行的规模最大的一次发掘工作，发掘总面积5100多平方米。共清理墓葬68座，出土遗物200余件，陶器近80件，铜器、铁器、骨器、石器等100余件，极大地丰富了对该遗存的认识。张伟提出二克浅晚期墓葬属红马山文化（《嫩江流域夏至东汉时期的五支考古学文化》北方文物2010年第2期）。
⑤ 黑龙江省文物考古研究所：《黑龙江宾县庆华遗址发掘简报》，《考古》1988年第7期。
⑥ 黑龙江省文物考古研究所：《考古·黑龙江》，文物出版社，2011年。

这个阶段除了在三江平原地区桦南小八浪和友谊凤林遗址的一般学术性发掘外,工作重点再度转移到东南部地区,其直接原因是牡丹江莲花水电站建设工程的启动。莲花库区的几十处遗址多为早期铁器时代的遗存,通过几年集中的、大规模的、连续性的调查与发掘,使得牡丹江地区早期铁器时代的文化面貌日趋明朗,促进了早期铁器时代考古的发展。

1. 新文化的发现与命名

东兴文化的发现与命名[①]:这是黑龙江省文物考古研究所和吉林大学考古学系对莲花水库淹没区工程建设的考古中发现的新文化。因海林市东兴遗址的材料最为丰富而将其命名为东兴文化。

河口遗存的发现:该文化遗存也是在为莲花水库淹没区工程建设考古中发现的[②]。

桥南文化:1997年黑龙江省文物考古研究所发掘了依兰县桥南遗址,依据其独特的文化面貌,认为是一种新的考古学文化,称其为"桥南文化",并分为有明显承袭关系的两期文化遗存。

凤林文化:1994年黑龙江文物管理委员会对友谊县凤林古城进行了考古发掘,发现了一批重要遗迹并出土了一批重要文物,提出了凤林文化的概念。黑龙江省文物考古研究所自1998年起,连续对友谊凤林城址七城区进行考古发掘,区分出早晚两个时期的遗存,确认是一种新发现的考古学文化遗存[③],将晚期遗存命名为"凤林文化",并对双鸭山保安2号城址[④]、宝清炮台山城址[⑤]进行了试掘,使凤林文化的内涵更为丰富。

[①] 黑龙江省文物考古研究所、吉林大学考古学系:《黑龙江海林市东兴遗址发掘简报》,《考古》1996年第10期。黑龙江省文物考古研究所:《黑龙江省海林东兴遗址1992年试掘简报》,《北方文物》1996年第2期。黑龙江省文物考古研究所、吉林大学考古学系:《黑龙江省海林市三道河乡东兴遗址1994年考古发掘简报》,《北方文物》1996年第1期。

[②] 黑龙江省文物考古研究所、吉林大学考古学系:《河口与振兴》,科学出版社,2001年。

[③] 黑龙江省文物考古研究所:《黑龙江友谊县凤林城址1998年发掘简报》,《考古》2000年第11期;黑龙江省文物考古研究所:《黑龙江友谊县凤林城址二号房址发掘报告》,《考古》2000年第11期。

[④] 黑龙江省文物考古研究所:《黑龙江双鸭山市保安村汉魏城址试掘》,《考古》2003年第2期。

[⑤] 黑龙江省文物考古研究所:《黑龙江宝清县炮台山城址试掘简报》,《文物》2009年第6期。

2. 重要遗址的发现与发掘

1992 年黑龙江省文物考古研究所对肇东小拉哈遗址进行了发掘，确认了遗址的第三期遗存可纳入本地区早期铁器时代汉书二期文化范畴。

1999～2001 年，黑龙江省文物考古研究所对七星河流域汉魏时期的遗址群做了详细的复查和调查[①]，共确认遗址 426 处，从而摸清了遗址群的分布情况与分布规律，也使黑龙江省早期铁器时代考古学文化的研究步入了一个更高的层次。

1992～1996 年，为配合莲花水库淹没区的工程建设，黑龙江省文物考古研究所同吉林大学考古学系对牡丹江中下游的多处遗址进行连续发掘，发现了东兴文化、河口遗存等考古学文化。1994 年、1995 年黑龙江省文物考古研究所与吉林大学考古学系对河口遗址进行了两次发掘，发掘面积 1900 平方米，清理不同时期房址 30 余座，灰坑窖穴 160 余个，沟 7 条，出土各类遗物 500 余件。

此阶段随着考古发掘规模和范围的进一步扩大，对早期铁器时代考古遗存的认识更加清楚，尤其是七星河流域汉魏遗址群的发掘工作获得了重大进展，使该阶段考古学文化的研究步入了一个新的台阶。

与此密切相关的是，在同黑龙江省毗邻的俄罗斯境内的黑龙江中、下游左岸及其滨海边区南部，也发现了大量同时期的铁器时代的遗址和墓葬。中国境内的"蜿蜒河类型"在黑龙江的中游左岸也发现了同类遗存，俄罗斯境内的称之为"波尔采文化"[②]，南滨海地区发现的"克罗乌诺夫卡文化"，在我国则命名为"团结文化"。

二、主要考古学文化与遗存

黑龙江省的早期铁器时代文化遗存，主要分布在三个区域：松嫩平

---

① 黑龙江省文物考古研究所编著：《七星河—三江平原古代遗址调查与勘测报告》，科学出版社，2004 年。
② ［苏］克鲁沙诺夫主编，成于众译：《苏联远东史——从远古到 17 世纪》，哈尔滨出版社，1993 年 10 月。

原、牡丹江·绥芬河流域、三江平原。

（一）松嫩平原

松嫩平原在相当于中原地区战国到南北朝时期比较活跃的有三支考古学文化或遗存,分别是汉书文化和庆华遗存、戚家围子类型。

1. 汉书文化

即原来的汉书二期文化,以大安汉书遗址的发掘而命名。有学者提出"汉书一期文化"的称谓已完全被白金宝文化替代了,一期的概念不用了,二期的概念再使用已显得多余[①],故现在多称为汉书文化。汉书文化在黑龙江境内的遗存既有遗址也有墓葬。属汉书文化的遗址在黑龙江肇源白金宝(第四期遗存)、卧龙(第三期遗存)、小拉哈(第三期遗存)、望海屯、肇东后七棵树、哈土岗子等地均有发现。墓葬主要分布在泰来平洋、齐齐哈尔三家子、东土岗等地。

（1）小拉哈遗址第三期遗存

小拉哈遗址位于肇源县义顺蒙古族自治乡东义顺村小拉哈屯,其第三期遗存属早期铁器时代文化[②]。发现的遗迹有墓葬、房址、灰坑和灰沟。

墓葬清理 4 座。形状均为长方形单人土坑竖穴墓,除 M3001 人骨架仅剩残存头骨和部分下肢骨外,其他三座墓骨架保存较好。M0001 和 M3001 有少量随葬品,另两座墓未见随葬品。

灰坑清理 32 个。依坑口形状可分为圆形、椭圆形、方形、长方形和不规则形五

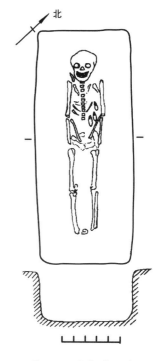

图 4-1　小拉哈三期
M0001 平、剖面图

————————

① 张伟:《关于黑龙江省考古学文化命名的几点看法——以嫩江流域青铜时代至早期铁器时代为例》,《北方文物》2008 年 4 期。

② 于汇历、赵宾福、张伟:《黑龙江肇源县小拉哈遗址发掘报告》,《考古学报》1998 年第 1 期。

种,依坑壁、坑底形状可分为筒形、喇叭形、锅底形、袋形等四类。多数灰坑保存较好,形制规整,有些可能是废弃的窖穴或空墓,少数不规则锅底形坑可能是取土坑。

灰沟清理 1 条。灰沟破坏严重,沟中填灰黄色砂土,出少量陶片和动物骨骼。

房址发现 2 座。F0001 为圆角长方形半地穴式,西北角塌毁。南壁长约 12.6 米,东壁长 6.2 米,穴壁残高 0.3 ~ 0.8 米。居住面系先用黄泥抹平,然后再行烧烤,并因长期使用而呈黑褐色,在北部中央地面尚保留少量类似席纹的编织物痕迹。

房址中部有两个灶,东侧灶坑早经废弃。房址近门处有 5 个圆口灰坑,其中 H2 出土两件完整大陶壶,据此可知这些灰坑应是贮藏物品的窖穴。居住面上有 8 个分布不规则的柱洞。门道位于东壁中部,呈斜坡状。居住面灶坑以西一带发现大量陶片、十余件完整或可复原陶器和少量骨器等,陶器种类有鬲、罐、壶、钵、舟形器和支座等生活用具。从房内出土许多木炭及遗物保存情况看,房址毁于火灾。

出土的遗物有陶器、玉器、石器、骨角器、蚌器、铁器。

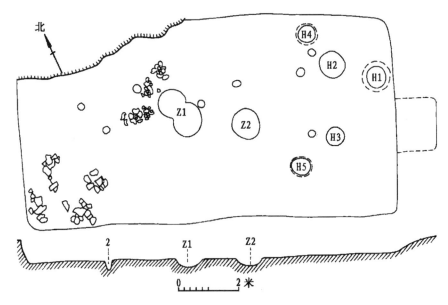

图 4-2　小拉哈三期 F0001 平、剖面图

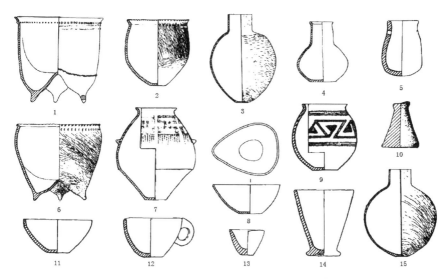

图4-3 小拉哈三期出土陶器

陶器完整和可复原的有23件。陶质分泥质和夹砂两类,绝大多数为泥质陶。陶色主要为灰褐色,也有一定数量的红褐陶和黄褐陶。器壁一般较薄,纹饰多为细绳纹和戳印纹,少量陶器为素面,齿状花边口沿是其显著特征之一,少量红褐陶施红衣或间施红色内彩,色泽鲜明。陶器均为手制,大型陶器多采用泥圈套接法制成。陶器种类有鬲、壶、罐、杯、盅、舟形器和支座等。

石器均为磨制石器,种类有斧、镞、佩饰、环形器、磨棒和砺石等。

玉器仅见2件玉坠,均为白玉。

骨角器数量较多,多磨制,部分器物使用了锯、刮、钻、刻工艺。种类有锥、凿、刀、镞、镖、匕、笄、佩饰、牌饰等。蚌器种类有刀、匕、装饰品。

遗址中仅发现1件铁削,出自一墓葬的随葬品。

关于遗存的年代,根据该遗存陶器器表饰绳纹、流行花边口沿和存在少量红衣陶等现象分析,明显具有大安汉书文化的一般特征,并且敞口矮裆鬲、绳纹花边口沿罐等器物也在汉书文化中可找到同类器物,因此该遗存应属于汉书文化。根据碳14年代测定,经树轮校正为公元前331—公元30年,约相当于中原地区的战国至西汉时期。

（2）哈土岗子遗址

哈土岗子村北距肇东县城40公里,东南距第一松花江约1.5公里,属四站镇管辖。遗址的位置在哈土岗子村与后屯之间的两条长条形土岗上[①],面积约 4000 平方米,1964 年黑龙江省博物馆在对松花江和嫩江下游进行考古调查时发现了该遗址。1986 年黑龙江省文物考古研究所与吉林大学考古专业对该遗址进行了复查和试掘,并清理了暴露出的一个灰坑。

灰坑口呈椭圆形,口大底小,呈锅底状,最大径长 3.1 米,深约 0.43 米。灰坑南半侧上半部已被破坏,坑内包含物较丰富,出有陶器、兽骨和木炭等。

陶器质地以夹细砂灰褐陶为主,有少量泥质陶,陶色以灰褐陶最多,烧制火候不高,陶色多斑杂不纯。器表除素面外,纹饰有篦点纹、绳纹、指甲纹、捺印纹等。其中以篦点纹数量最多,最具特色的是由细密的篦点纹构成的各种几何形图案。陶器为手制,器物内壁可见泥条盘筑的痕迹。器耳是插入器壁中后在内壁抹平。器类有鬲、罐、盆、壶、盘、碗、杯和支座。鬲多为夹砂灰褐陶,素面较少,多数口沿呈锯齿花边状,器身饰斜向的绳纹。遗物中仅见 1 件铁器,锈蚀严重,形状似削。

哈土岗子遗址的年代,从发现的陶器器型看,有些在汉书文化的遗

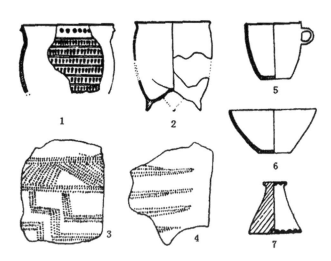

图 4-4 哈土岗子遗址出土陶器

① 黑龙江省文物考古研究所、吉林大学考古学系:《黑龙江省肇东县哈土岗子遗址试掘简报》,《北方文物》1988 年第 3 期。

址中可见到相似的器型,因此推测该遗址应该属于汉书文化。

（3）白金宝遗址四期遗存[1]

肇源白金宝遗址第四期遗存属于松嫩平原早期铁器时代,即原简报分期中的第三期。发现的遗迹仅见灰坑,共发现 20 座。主要见于发掘区的南部和东南角,发现数量较少,文化面貌与小拉哈遗址基本相同。灰坑以圆形袋状为主。发现的遗物主要是陶器。

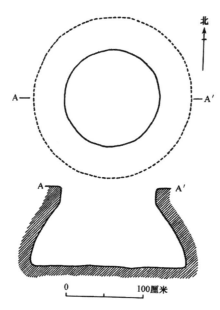

图 4-5　白金宝四期 H3138 平、剖面图

陶器质地以夹砂黄褐陶为主,纹饰流行指甲纹和戳印纹,在器口沿上饰切口花边纹增多,纹饰中以绳纹的施法最特别,它的细绳纹其细如线,拍印较稀疏,由若干条一组平行排列,和一般绳纹风格迥异。篦纹和附加堆纹数量明显减少。装饰上的另一个突出特点是有的盆、壶、钵、碗等器类的表面装饰红陶衣,色彩鲜明且有光泽。制法采用泥圈套接技术,大型陶器采用分段套接。可复原的完整陶器较少,可识别的种类有

---

[1] 在《肇源白金宝——嫩江下游一处青铜时代遗址的揭示》(科学出版社,2009 年)中将原来的三期分为四期,这里所说的四期即《黑龙江肇源白金宝遗址 1986 年发掘简报》中第三期。

鬲、鼎、罐、壶、碗、舟形器、三足罐及支脚等。

鬲无复原器,罐有大口罐,尖唇敞口,折沿弧腹,平底。器表粗糙,沿面饰切口花边。鼓腹罐仅存上部,器壁较薄,尖唇侈口,颈斜直,圆肩鼓腹。器表饰刻划三角内填戳印圆点纹。另有一件采集三足罐,深弧腹,三款实足外撇。壶长颈突肩,腹圆鼓,小平底,最大腹径以上饰红彩。碗可复原较多,均为夹砂黄褐陶,敞口斜直腹,流行在口部及器腹上部装饰红彩。

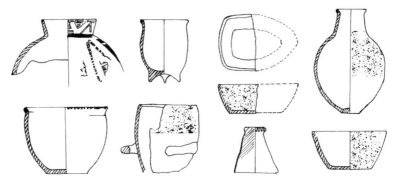

图 4-6　白金宝四期出土陶器

白金宝四期的遗存虽然与白金宝文化有某些相近的特点,但器物组合的主体成分已发生了较大变化,出现了一些新器形,与汉书文化有更多的相似之处,如花边折沿低裆鬲、花边口沿大口罐、红彩陶壶、舟形器、喇叭形支座等,应属于汉书文化。年代相当于战国至西汉时期。

（4）后七棵树遗址

肇东市四站镇有个菜园子村[①],遗址就坐落于菜园子村西南岗地上。1964年夏,黑龙江省博物馆在松花江中游做考古调查时发现了该遗址。1986年5月黑龙江省文物考古研究所和吉林大学历史系及肇东县文管所等复查了该遗址,7月,黑龙江省文物考古研究所和吉林大学考古专业联合对该遗址进行了发掘。遗址分布呈方形,面积约5500平方米。发掘面积为275平方米。遗址地层堆积较简单,未发现遗迹。出土遗物

① 黑龙江省文物考古研究所、吉林大学北方考古研究室:《黑龙江省肇东县后七棵树遗址发掘简报》,《北方文物》1988年第3期。

大多为陶器,骨器很少,未见石器。

陶器按质地分为细砂、夹砂、泥质三种,陶色以褐色为主,又可分黄褐、灰褐、红褐三种,以细砂黄褐陶居多,有部分红衣陶片。陶色一般较纯正,烧制火候较高,质地一般较坚硬。制法为手制,泥条盘筑法制成,个别小器物为捏制。有的器耳插入器壁中,然后将内壁抹平。陶器纹饰主要有篦点纹、弦纹、锯齿纹、指甲纹、圆点纹、绳纹、划纹和按捺纹。其中以篦点纹数量较多,特征明显,一般较粗疏,常用 2 ~ 4 道平行的篦点纹构成多种几何形图案,主要有三角形、长方形、阶梯形等。少部分器表经打磨,有的还磨光。可辨识的陶器种类有鬲、鼎、壶、罐、钵、碗、盅、支座和饼状器等,较流行三足器和平底器。口沿常饰齿状花边。骨器仅发现一件磨制骨锥。

后七棵树遗址的年代,从出土的深腹矮裆鬲、红衣鼓腹壶、陶支座和

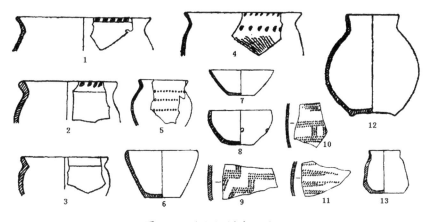

图 4-7　后七棵树出土陶器

齿状花边口沿、红衣陶等特征看,与汉书文化有一定的相似之处,年代也应相当,相当于战国至西汉时期。

（5）团山遗址

团山村位于呼兰县孟家乡,遗址位于团山村西北约 1.5 公里处的岗丘上,其西临呼兰河 1 公里,东面为辽金时期古城[①]。1986 年 6 月,由哈

[①] 哈尔滨市文物管理委员会办公室:《哈尔滨市呼兰县团山遗址调查简报》,《北方文物》1992 年第 2 期。

尔滨市文物管理站和呼兰县文物管理所组成的联合文物普查队对呼兰县进行文物普查时发现了该遗址。遗址呈长方形,沿河走向分布,面积约8万平方米。从遗址断面发现房址1座,墓葬1座,灰坑2个。

灰坑形状均为筒形,内含有陶片、鱼骨、兽骨等遗物。房址大约是方形半地穴式,房内遗物有陶器、鱼骨等,因未清理,具体情况不详。墓葬已被雨水冲刷掉大部分,形制为土坑竖穴式,从发现的人牙情况判断,墓内应葬有3人,未见随葬品。

发现的遗物大多数为陶器,其次有少量石器。

陶器完整器很少,多为陶片,陶质以细砂黄褐陶为大宗,次为夹砂灰褐陶、夹砂黄褐陶和泥质红褐陶。均为手制,有些器表经打磨,个别的还经磨光处理。大多数器耳为捏制,少量器耳和器身为分别制作,然后将带有榫头的器耳插入器壁,陶器多为素面,纹饰主要有几何形篦点纹、压印纹、按捺纹、指甲纹、红衣等。器类有鬲、罐、壶、钵、杯、碗、盆等。流行三足器和平底器。石器发现2件,均为石斧。

图 4-8　团山遗址出土陶器

团山遗址发现的部分器型与汉书文化的同类器物相似,如单耳杯、碗、鬲等器形及篦点纹、指甲纹等纹饰都可在汉书文化中找到相同或相近之处,因此推断团山遗址的年代与汉书文化相当。

（6）大道三家子墓地

三家子屯东北距齐齐哈尔市区约12公里,处于嫩江左岸[①]。墓地坐落在该屯东北一座沙丘的北坡,因基建工程取土,墓葬破坏严重。1981

----

① 黑龙江省博物馆、齐齐哈尔市文管站:《齐齐哈尔大道三家子墓葬清理》,《考古》1988年第12期。

年为配合工程建设,黑龙江省博物馆与齐齐哈尔市文管站对墓地进行了
抢救清理,共清理了 4 座墓。

　　墓葬形制均为圆角长方形土坑竖穴
墓,未发现葬具。葬式为一次葬、二次葬
及合葬。

　　M1 残存约一半,墓底散布破碎人
骨,应为二次葬。随葬品有陶壶、铜环、
小铁棍、骨镞、石饰各 1 件,串珠 3 件。
M2 被排水沟破坏,墓内并排 2 具人骨
架,仰身直肢一次葬,为 25~30 岁男性,
此外墓内还有 4 个头骨分置二人胸部。
随葬品 26 件,陶罐 4 件、陶壶 1 件、陶碗

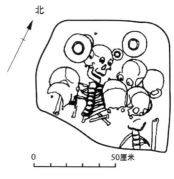

图 4-9　三家子 M2 平面图

1 件、铜泡 14 件、铜耳环 5 件、小铁削 1 件。M3 也被排水沟破坏,墓内
葬 4 人,相互叠压,皆仰身直肢一次葬,墓主人为两名 35~40 岁女性和
一名 30~35 岁男性及一个婴儿。随葬品共 15 件,陶罐 1 件、陶壶 2 件、
陶碗 1 件、铜泡 8 件、骨镞 2 件、铁削 1 件。

　　墓中随葬器物的位置有一定的规律,陶器大部分置于头骨附近,头
饰、服饰及随身佩带之物也多置于头骨附近,常见在眼眶内放置铜泡。

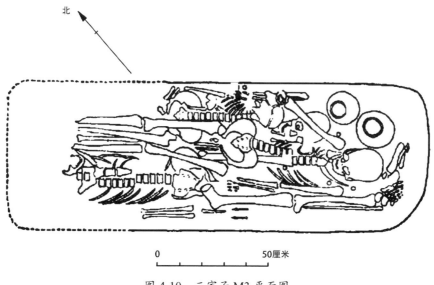

图 4-10　三家子 M3 平面图

　　随葬器物共 195 件,其中 145 件为采集品。主要器类为陶器、铜器、铁器、石器、骨器、角器等。

　　陶器有夹砂陶和泥质陶两种,其中以夹细砂黄褐陶为主,还有泥质黄褐陶和灰褐陶。陶器装饰主要是涂红衣,此类陶占绝大多数,陶器口沿内缘或颈内、外壁都涂刷红衣,也有通体红衣的。其次为素面陶。未见其他纹饰。陶器均为手制,器类简单,几乎都是平底器,三足器极少。器类有壶、罐、碗、杯等,以壶数量最多,形制多样,有直颈壶、双耳壶、广肩壶、鸭形壶等,罐有束颈罐、短颈罐、敛口罐等。

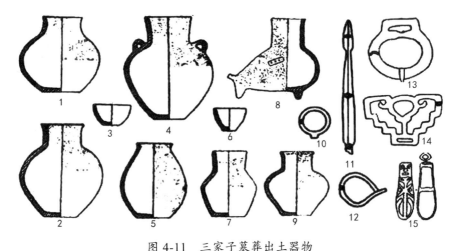

图 4-11　三家子墓葬出土器物

1～9. 陶器　10、12～15. 铜器　11. 骨器　13～15. 采集

　　金属器以铜器数量居多,但同样属于小件制品。以装饰品为主,还有一些属于马具。器类有铃、带扣、印、镞、牌饰、节约等。铁器不多,且已锈蚀,器类有刀、剑、泡形饰物等。

　　三家子墓地的年代,研究者根据出土的文物进行比较研究,推定在战国早期到西汉中期,最迟可到西汉晚期。

　　(7)平洋墓地

　　平洋墓地位于泰来县平洋镇,该墓地包括两部分,即砖场与战斗两群墓葬。它是目前已发现的松嫩平原西北部最大的一处墓地[1]。砖场墓

---

[1] 杨志军、郝思德、李陈奇:《平洋墓葬》,文物出版社,1990 年。郝思德、杨志军、李陈奇:《黑龙江泰来县平洋砖厂墓地发掘简报》,《考古》1989 年第 12 期。

地位于镇西北 2 公里镇砖厂近旁的一条南北走向的土岗北端,往东 10
余公里即嫩江,战斗墓地位于战斗村北约 2 公里的土岗上,岗丘呈南北
走向,西北距平洋镇 1.5 公里,东临嫩江 18 公里。两墓地相距 3.5 公里。
1984、1985 年由黑龙江省文物考古研究所进行了两次发掘,共清理墓葬
118 座,其中砖场墓地 97 座,战斗墓地 21 座。两处墓地出土遗物丰富,
有陶器、铜器、铁器、金器、石器、骨器、蚌器等各类文物达 2400 余件。

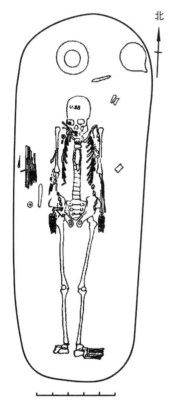
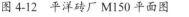
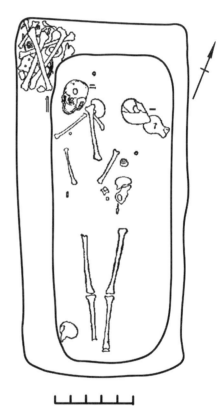

图 4-12　平洋砖厂 M150 平面图　　　　图 4-13　平洋砖厂 M136 平面图

　　墓葬形制均为土坑竖穴,多为长方形,少量呈凸字形,个别墓葬有
双室。除个别有木质葬具外,多数无葬具。有的墓内设有二层台,墓向
多数为西北—东南向。葬式以二次葬为主,其次为一次葬,个别为火葬。
一次葬多属单人仰身直肢葬,以砖厂 M150 为例,位于墓地中部,墓主头
向北,面朝上,双手垂直朝下,且平行于身体两侧,双脚跟并拢向外翻。

二次葬常见于多种形式的合葬墓,如砖厂 M135,位于墓地东部,墓内葬有 7 人,其中成年男、女各 2 人,青年和老年男性各 1 人,婴儿 1 人,骨架堆放较乱,大多集中在墓室西北部,有的发现于东壁处和墓道中。此外有少量一次葬与二次葬共存的合葬墓,如砖厂 M136,共埋葬 2 人,墓内近中央为成年男性,骨架稍经扰动,头向西北,双脚并拢,西北二层台上有二次葬青年女性,骨架乱堆置在一起。

图 4-14　平洋砖厂墓地出土陶器

　　平洋墓地随葬的陶器大部分为实用器,只有少量属于明器。典型陶器有束颈壶、直颈壶、曲颈壶、平底碗、圈足碗、鸭形器、鬲、小三足器等,器表装饰有篦点纹、戳印纹、红陶衣等。

　　砖场墓地随葬品中有铁器 63 件,出自 15 座墓。另有 1 件采集品。器类单一,仅有镞、削、矛形器和管饰。战斗墓地中未发现铁器。墓地中出土的部分文物具有鲜明的草原游牧民族文化特征。

　　关于平洋墓地的性质及其年代的认识经历了一个较长时间。原发掘报告中将平洋镇的砖厂与战斗两个墓地分为四期，并提出这是一种新的文化，称为平洋文化，年代定为春秋晚期至战国晚期[①]。一些学者对这个文化的定义和年代提出异议，比较有影响的是在 2002 年，潘玲和林沄先生根据平洋墓葬中出土的椭圆形双梁铜泡及金耳饰形制特点，提出了平洋墓葬晚期阶段可到西汉中晚期，并认为平洋墓葬是"汉书二期文化"的墓葬遗存[②]。这种认识逐渐被学术界认同（关于平洋墓葬的性质与年代我在《20 世纪黑龙江早期铁器时代考古的重要发现与时空框架的构建》一文中没有明确辨识，在此予以更正）。2009 年赵宾福以平洋墓葬中出土的陶器为线索，对平洋墓葬做了更细致的分期，划分出春秋早期至战国早期、战国中期、战国晚期至西汉三个期别，是目前对平洋墓葬最全面的分期研究成果[③]。

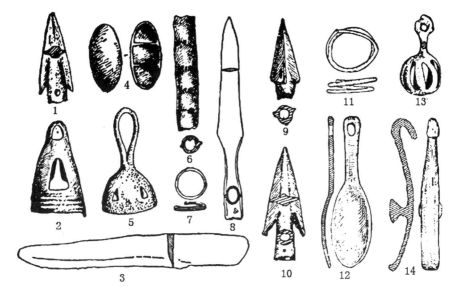

图 4-15　平洋墓地出土青铜器

1～8. 砖场墓地　9～14. 战斗墓地

① 杨志军、郝思德、李陈奇：《平洋墓葬》，文物出版社，1990 年。
② 潘玲、林沄：《平洋墓葬的年代与文化性质》，《边疆考古研究》第 1 辑，科学出版社 2002 年。
③ 赵宾福：《汉书二期文化研究——遗址材料和墓葬材料的分析与整合》，《边疆考古研究》第 8 辑，科学出版社 2009 年。

（8）东土岗墓地

墓地位于齐齐哈尔市梅里斯达斡尔族区雅尔塞镇三八村东 500 米的土岗上[①]，土岗呈不规则三角形，墓群分布在土岗的东部，南北长约 150 米，东西宽约 50 米。1998 年 9 月，齐齐哈尔市文物管理站在业务巡查时，发现了村民取土时破坏的墓群，并对已经暴露的 1 座墓做了清理。同年 10 月，黑龙江省文物考古研究所对该墓群复查，又采集到一些文物。

墓葬为长方形土坑竖穴墓，无葬具，墓底土层比较坚硬，四具骨架由东向西排列，头向北，均仰身直肢。尸骨保存较差，有扰动。出土随葬器物 29 件。陶器 4 件，种类有壶、罐、碗，骨器 2 件，均为镞，铜器 19 件，种类有大铜泡、小铜泡、耳环等，以小铜泡居多。另有绿松石和蚌质管饰各 2 件。

陶器有直颈鼓腹壶、短颈折腹罐、束颈鼓腹红衣陶壶等。此外采集陶器 6 件，器物主要是各种壶。陶器以黄褐陶为主。均为手制，火候普遍较高，素面陶居多，有一部分红衣陶，器形较简单，主要有壶、罐、碗等。

该墓葬的性质与年代，从墓葬的形制、葬式和出土器物来看与泰来平洋墓葬大体相同，因此推测二者的年代和文化性质也应该相同。

2. 庆华遗存

庆华遗存是指以宾县庆华遗址为代表的遗存。该遗址位于宾县城东南新立乡庆华村北山岗的南坡上[②]。1981 年文物普查时发现，1985 年黑龙江省文物考古研究所对该遗址进行了复查，并于同年 8 月进行清理发掘，发掘面积约 300 平方米。发现的遗迹主要有房址和灰坑。

灰坑发现 2 个。一个呈椭圆形圆底状，深约 0.75 米，另一个呈椭圆形筒状坑，深约 3 米，出有瓮、罐、豆、钵、壶等陶器，其功能应是窖穴。

房址清理 2 座。F1 破坏严重，形制结构不清。F2 房址为圆角方形半地穴式，边长约 3.4 米、穴壁残高约 0.3 米。门向不清，居住面平滑坚硬，呈红褐色，经过修整烧烤。灶呈圆形圆底状，位于室内东

---

① 齐齐哈尔市文物管理站：《黑龙江省齐齐哈尔市东土岗青铜时代墓葬清理简报》，《北方文物》2002 年第 3 期。

② 黑龙江省文物考古研究所：《黑龙江宾县庆华遗址发掘简报》，《考古》1988 年第 7 期。

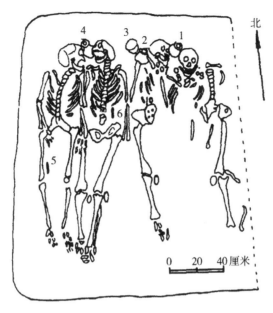

图 4-16 东土岗 M1 平面图

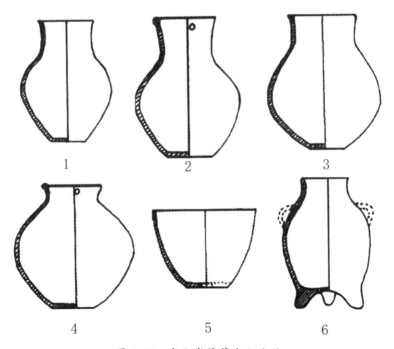

图 4-17 东土岗墓葬出土陶器

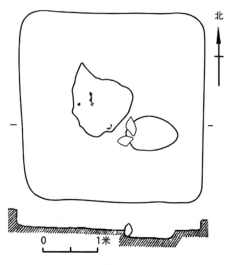

图 4-18　庆华遗址 F2 平、剖面图

南角。

　　遗址共出土器物 300 余件。有陶器、铜器、铁器、骨器。

　　陶器主要有两类,一类是夹砂陶,约占总数 58%,多数呈黑褐色和黄褐色,烧制火候较高,陶胎较薄,以素面为主,部分器物腹部饰一对柱状耳或瘤状耳,个别口沿部分饰有附加堆纹。一类是彩陶和红衣陶,红衣陶都经磨光,烧制火候高,呈橙红色,器壁较薄,彩陶主要是在黄褐胎上饰红彩,也有少量褐彩,纹样有三角、菱形、几何纹和条带纹,并且几种纹饰的组合有一定的规律性,大的器物这几种纹饰组合在一起,个别器物饰一对桥状耳。有少量泥质陶,泥质陶呈黄褐色,以素面为主,个别口沿饰附加堆纹。陶器均手制,用泥条盘筑法,典型器物基本器形有瓮、罐、壶、豆、盆、钵、鬲、碗等。此外还有一些捏制的陶塑,种类有猪、马。

　　骨器较为发达,有锥、镞、纺轮、梳等。骨镞和骨锥出土数量较多。出土 4 件铁器,器类有镞、削和锸。

　　庆华遗存出土的口部施附加堆纹的夹细砂素面灰陶罐和几何纹红彩陶是该遗存颇具特色之物,也是其典型的文化特征。

　　庆华遗存的年代,从遗址中所出的夹砂褐陶瓮、鼓腹罐、高领罐、柱把豆等器物的形制来看,可能主要属于汉代。对于其来源,有学者提出"庆化遗存在当地没有生成的基础,因此很可能是吉长地区的泡子沿类

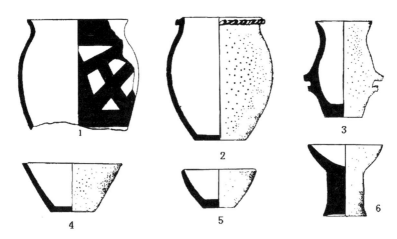

图 4-19　庆华遗存出土陶器

型或其前身西团山文化向北扩张的结果。"[1]

3. 戚家围子墓地

墓地位于望奎县厢白乡戚家围子村,1986 年黑龙江省文物考古研究所在这里发掘了 60 座墓葬[2]。墓葬形制均为长方形土坑竖穴墓,多数有木棺,木棺多已腐朽,部分木棺有被火烧痕迹。葬式有单人葬、双人合葬等,大多为仰身直肢葬,屈肢葬仅发现一例。

随葬品比较丰富,随葬器物以陶器、铁器为主,并有金银器、铜器、骨器、石器。陶器以泥质黄褐陶居多,烧制火候不匀,特别是罐的表面往往泛黑。主要为手制,基本陶器有直颈鼓腹壶、侈口罐、盘口罐、双横方桥耳罐等,器表纹饰有弦纹、附加堆纹、戳印纹、水波纹等,陶器特征与同时期分布在内蒙古草原东侧的鲜卑遗存接近。

铁器主要是刀、矛、镞、铠甲片、马衔,铜器多为手镯、指环、耳环等饰品,骨器有弓弭、带卡、镞。石器均为装饰品。此外,该墓地还出土了大量兽骨。

关于该遗存的性质及年代,有学者提出陶器有同时期内蒙古草原东侧早期拓跋鲜卑遗存,也有吉林地区的夫余文化、高句丽文化因素,年代

① 乔梁:《黑龙江汉晋时期考古学遗存的分布与文化格局》,《边疆考古研究》(第 13 辑),科学出版社,2013 年。
② 黑龙江省文物考古研究所:《考古·黑龙江》,文物出版社,2011 年。

图 4-20　戚家围子墓群出土器物

1~8. 陶器　9、10. 骨器(图选自《黑龙江省志·文物志》)

相当于两晋时期^①。

除了上述发掘的各考古学文化的遗址外,还发掘了部分早期铁器时代遗址,有的遗址文化面貌与上述考古学文化的面貌有所不同。

二克浅墓地位于讷河县二克浅乡所在地村北,嫩江上游左岸的二级阶地^②。墓地是 60 年代初黑龙江省博物馆对嫩江流域进行考古调查时发现,它是松嫩平原和嫩江上游的一处重要的文化遗存。1985 年黑龙江省博物馆与齐齐哈尔市文管站对二克浅墓地进行了试掘,清理墓葬 26座。出土遗物种类有石器、骨器、青铜器、铁器等 70 余件。从墓葬出土遗物分析,该墓地的墓葬分属早晚两个时期,晚期遗存以 M24、M26 为代表。其时代属于铁器时代。

① 乔梁:《戚家围子遗存的年代与性质》,"文化族群社会——黑龙江流域考古学术研讨会",黑龙江大学 2014 年 9 月。

② 安路、贾伟明:《黑龙江讷河二克浅墓地及其问题探讨》,《北方文物》1986 年第 2 期。2001年省考古所又对二克浅进行了抢救性发掘,是对嫩江流域进行的规模最大的一次发掘工作,发掘总面积 5100 多平方米。共清理墓葬 68 座,出土遗物 200 余件,陶器近 80 件,铜器、铁器、骨器、石器等 100 余件,极大地丰富了对该遗存的认识。张伟提出二克浅晚期墓葬属红马山文化(《嫩江流域夏至东汉时期的五支考古学文化》,《北方文物》2010 年第 2期)。

M24 墓穴略呈长方形土坑竖穴,无葬具。男性,一次葬,葬式仰身直肢。墓葬随葬品有陶器、石器、铁器、铜器等共11件。脚下随葬一狗头。

墓地中有些墓的上部填土或地表周围堆积和排列石板块,未发现封土遗迹。多数不用葬具,仅个别墓用石板隔成上、下两层。葬式以二次葬为多,少数为一次葬,或两种葬式合用。一次葬死者多随葬随身佩带的铜泡等装饰品。在一部分墓葬中随葬有狗头和马的下颚骨。

墓地出土陶器、石器、骨器、青铜器、铁器等文物70余件。陶器有夹细砂黄褐陶罐,烧制火候较低,陶质疏松,纹饰以戳压篦点纹为主,最有特点的是用篦点组成的倒、正三角纹和方块纹,并组成相互连接不断变化的纹饰带。部分陶器无纹饰,饰红衣。陶器种类有壶、罐、碗、杯、鬲及鸭形壶等。金属器有铜器和铁器两种,铜器多为小型饰件,如铜泡、管形饰。铁器严重锈蚀,能辨出器形的有匕首和小刀。

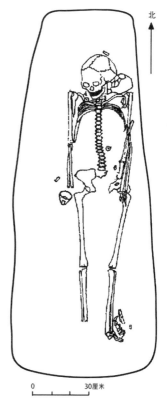

图 4-21　二克浅 M24 平面图

东八里墓地位于肇东四站乡东八里屯西南[1],1980 年当地烧砖取土时发现。1982~1984 年黑龙江省文物考古工作队对其中的59 座墓进行了清理。墓葬多数为长方形土坑竖穴墓,个别为椭圆形小土坑墓。多数无葬具。合葬和二次葬较多,有少量单人葬。墓地出土文物1100 余件,其中完整的和可复原的陶器有400 余件。

墓葬中所出陶器均属生活器皿,多是死者生前使用的物品。陶器均手制,陶质分为泥质黄褐陶和夹砂黄褐陶两种。典型陶器是筒腹低裆

---

[1] 黑龙江省文物考古工作队:《肇东县青铜时代墓葬》,《中国考古学年鉴》1984 年。该遗址没有正式的发掘简报。

鬲、带流船形匜、高领鼓腹红衣陶壶、斜领折腹素面罐。红衣彩绘陶器较多。

铜器仍是小件物品,种类有镞、刀、扣、耳环、圆泡等。随葬品中铁器很少,情况未做具体报导。

墓地年代据 1983 年发掘的木炭标本,经碳 14 测定,其年代约当我国中原地区的战国时期。

(二)绥芬河·牡丹江流域

牡丹江·绥芬河流域主要有团结文化、东康类型、东兴文化、河口遗存、河口四期遗存等数种考古学文化遗存先后或同时存在。

1. 团结文化

团结文化是根据 1977 年发掘的东宁县团结遗址命名的一种考古学文化[①]。典型遗址有团结遗址和大城子遗址。

(1)团结遗址

遗址位于东宁县大肚川乡团结村北大肚川河的一级阶地上,它是黑龙江省东南部绥芬河流域经过大面积揭露的一处重要的文化遗存。1972 年在进行边境考古调查时发现了该遗址。1974 年中国社会科学院考古研究所与黑龙江省文物考古工作队对该遗址又进行了复查。为了弄清绥芬河流域这种古代文化的内涵,1977 年黑龙江省文物考古工作队和吉林大学考古专业联合对这处遗址进行了发掘,发掘面积 1300 余平方米。团结遗址的上层为渤海时期堆积,下层为团结文化的堆积。发现的遗迹有房址和灰坑。

房址保存较好,分布密集,共清理 10 座,为长方形半地穴式建筑,多为正南北朝向,室内面积 35～100 平方米,穴壁深约 0.25～0.5 米,居住面和四壁多经火烤过,有的墙壁还嵌有护墙板。门道向南,地面灶。根据内部结构,房址可区分为两种类型。一类是无火墙房址。无火墙房子的灶都建在室内中间,一般用自然石块垒砌成圆形,灶略高出居住面几公分。因长期烧烤,灶底部形成一层较厚的红烧土。以 F5 为例,其形状为

---

① 黑龙江省文物考古工作队、吉林大学历史系考古专业:《东宁团结遗址发掘报告》,《吉林省考古学会第一次年会资料》,1978 年。

图 4-22　团结遗址 F5（由南向北）

圆角长方形半地穴式，东西长约 6.1 米，南北宽约 5.26 米，穴壁深约 0.5米。门开在东壁中部，宽度约 1 米，斜坡木制门道长约 1.2 米，室内地面有柱洞 5 个，分别置于四角和中心，室内中部有地面灶 1 个，北壁中部有一大陶瓮，内储谷物。一类是有火墙的房址。有火墙的房屋的灶都建在室内靠西壁南侧，由灶台、灶膛、灶门组成，灶与火墙相连构成室内的取暖设施。以 F1 为例，形制为圆角长方形半地穴式，南北长约 9.3 米，东西宽约 7.2 米。穴壁嵌有护墙板，厚 1～2 厘米。门道不清，穴壁有础窝 16个，对称分布，室内有础窝 5 个，四角各一，中间 1 个。灶位于室内西壁，土石混筑，由灶台、火膛和灶门组成，灶门处有一小罐。火炕位于西壁和北壁，呈矩尺形，土筑，长约 11 米，宽约 0.5～1 米，中间有一条丫形烟道，一端与灶相连，一端为出烟口，烟道上覆盖长板石。火炕对面的南壁有瓮、甑、罐、盆、钵等陶质生活用具，火炕北壁有铁器和陶纺轮。由出土遗物推测，南面是储存物品和炊事的地方，北面为休息和劳作的地方。

灰坑清理 2 个。一个呈椭圆形平底状坑，另一个呈长方形平底状。

团结遗址出土的遗物有陶器、石器，以及少量骨、蚌器和铁器。

陶器以夹砂陶为主，有少量泥质陶，烧制的火候不高，外表颜色斑驳，呈红褐、灰褐、黑褐色。陶器制法均为手制，器壁较厚，使用泥圈套接成型。器表多不甚平滑。素面陶占绝大多数,极个别器物表面饰有条带形黑彩构成的几何形图案。陶器造型规整,体高壁厚,有通高 70～80 厘米的大型贮器。小平底和粗大的圆柱形耳、小乳突状耳是这里陶器的共同特点。最具特征的是下腹内收成小平底的瓮和罐、圆台形高圈足豆或空心柱柄豆、多孔或单孔甑、敞口或微敛口的罐、盆、碗、钵、杯。有相当一部分器物口沿作明显的折曲。

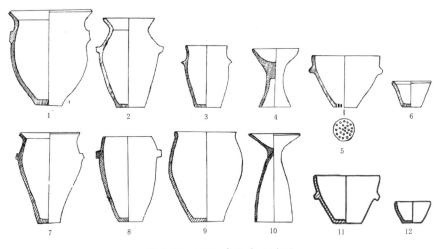

图 4-23　团结遗址出土陶器

(图选自《考古·黑龙江》)

石器工具多为磨制,器类有斧、锛、刀、镰、镞、矛等,以大型穿孔长方形和半月形石刀最为典型。铁器和骨角蚌器少见,铁器种类有斧、镰、锥等。

俄罗斯境内考古工作者将这一文化命名为"克罗乌诺夫卡文化",因此该文化一般称"团结—克罗乌诺夫卡文化"。

该文化的分布区域包括图们江流域、穆棱河上游、绥芬河流域、俄罗斯滨海南部地区。

关于团结文化的性质,林沄先生已经有过详细论证,提出该文化为沃沮人的文化[①]。关于团结文化的年代,据C14测定距今约 2420～2065年。上限约在春秋战国之交,下限至少进入东汉时期。

---

① 林沄:《论团结文化》,《北方文物》,1985 年第 1 期。

（2）大城子遗址

大城子遗址位于东宁县城 4 公里,大城子古城西墙外约 150 米,大城子砖厂内[1]。1972 年黑龙江省博物馆在对黑龙江省东部边境地区考古调查时发现,同年对遗址进行了发掘,发掘面积 125 平方米。

遗迹发现有房址,清理了两座。F1 大部分已被破坏,在残存的居住面上有四个用石头砌成的灶。居住面上有大量陶器,有的较完整。有横放一排摞在一起的十件小陶碗,其他陶罐、碗都扣在居住面上。F2 保存较完整,为长方形半地穴式,西墙内南北向排列板石一行,共 22 块,第十块板石内侧有一灶,西墙南端内侧的居住面上也有一灶。周围堆有烧土,上面放有陶瓮、罐等,北墙内西段也铺有板石一行,与西墙相接呈直角。有学者认为,这是“由石片构筑的类似火炕或烟道的取暖设备”[2],这是中国田野考古发现并辨识出来的第一例距今 2000 多年的火炕遗迹。居住面为黑色硬土,经火烧烤过,在居住面偏北的中心处,有一椭圆形大柱洞,居住面上发现大量木炭,陶器多发现于居住面北部,完整的陶器多扣在居住面上。未发现门或门道,推测已被破坏。

陶器有泥质红陶、泥质黑陶和夹砂红陶。陶胎较厚,烧制火候不高,

图 4-24　大城子 F2（自南向北）

---

① 黑龙江省博物馆:《黑龙江东宁大城子新石器时代居住址》,《考古》1979 年第 1 期。
② 黑龙江省文物考古工作队:《黑龙江古代文物》,黑龙江人民出版社,1979 年。

陶质疏松。均为手制,素面无纹饰。常见器形有乳丁状单纽或双纽的敛口深腹罐、高圈足豆、瓮、碗、甑、纺轮和网坠等。

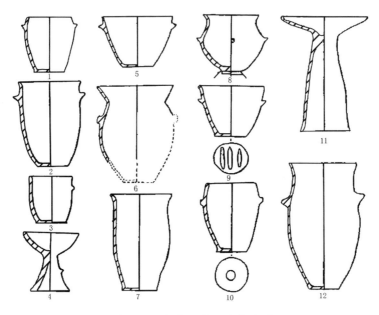

图 4-25　大城子遗址出土陶器

石器发现较少,大部分为磨制,也有打制和琢制。种类有斧、锛、镰、刀、网坠等。

从大城子遗址的文化特征和内涵来看,与团结文化的陶器有相似的地方,如高柄豆等,因此年代上应该大致相同,从 F2 的木炭标本获得的碳 14 数据为距今 2100 ± 85 年,该遗址的年代大体上应该在汉魏时期。

2. 东康类型

东康类型是以宁安市东京城镇东康遗址的发现而得名。遗址位于牡丹江支流马莲河北岸的二级阶地上[①],南距马莲河 200 ~ 300 米,西距渤海上京遗址约 6 公里。1963 年冬农民在兴修水利时发现了该遗址,出土了丰富的文化遗物。1964 年黑龙江省博物馆进行了清理,发掘面积 200

---

① 黑龙江省博物馆:《东康原始社会遗址发掘报告》,《考古》1975 年第 3 期;黑龙江省博物馆考古部、哈尔滨师范学院历史系:《宁安县东康遗址第二次发掘记》,《黑龙江文物丛刊》1983 年第 3 期。

余平方米,清理居住址 4 个,窖穴 6 个,墓葬 1 座。1974 年黑龙江省博物馆和哈尔滨师范学院对东康遗址进行复查和发掘,该次发掘面积 64 平方米,发现了大量陶片及磨制石器和骨角器,发现了残铁器 3 件,遗迹仅发现一处带有红烧土的地面和比较深的火道,推测为陶窑遗址。

遗址发现的房址均为半地穴式建筑。F2 是其中较大的一座,由于水渠从中切过,仅残存小半部分,西壁保存较好,长 14.4 米,南壁残长 5.85 米,北壁、东壁无存,穴壁残高约 0.3 米。近南壁地面有柱洞 13 个,近西壁地面有一排石块作为柱础石。居住面经火烧烤过,西侧有 8 块础石排成一列,南侧有一灶址,由五块立石组成。室内出土遗物丰富,种类有石刀、石镰、石磨盘、石磨棒、石镞、骨纺轮、陶网坠等生产工具,陶瓮、陶碗、陶罐等生活用具,陶瓮中还出有大量的炭化粟、黍等农作物。

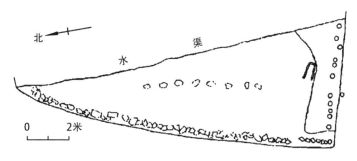

图 4-26　东康 F2 平、剖面图

墓葬 M1 为石棺墓,墓室以长条石块砌成,底不铺石,石料多为当地所产玄武岩。墓全长 2.5 米,墓室内宽 0.4 米,头向北,墓内经扰乱,人骨已不全,未见随葬品。

清理的 6 个窖穴皆为口大底小的圆形袋状,形制规整,底部有的经过特殊加工,各窖穴相互比邻。H4 较特殊,其底部铺一层陶片,近底部的穴壁竖立一圈陶片,穴内出有一对猪下颌骨。推测其功用应是用于贮存物品。

遗址出土遗物有陶器、石器、骨器、角器、铁器等。东康类型的陶器以泥质红陶为主,其次为泥质黑褐陶、夹砂红陶和夹砂黑陶等。烧制火候较低,陶质疏松,陶色不匀,(底铺陶片)多呈红褐、黄褐、棕红等颜色。陶器的制法均为手制。陶器以素面为主,有纹饰的极少。个别陶罐的颈

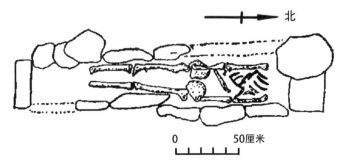

图 4-27　东康 M1 平面图

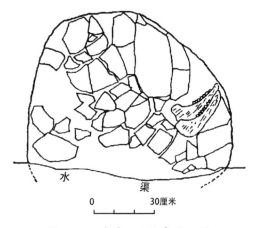

图 4-28　东康 H4 坑底平面图

部饰有齿状花边或绳索状附加堆纹。陶器造型比较规整,主要为平底器,圈足器较少。东康类型陶器的一个显著特点是流行纽状把手。一半左右的器物上都带有乳丁状小纽,一般在器物的颈部对称饰有 2 个小纽,个别的甚至有 3 个或 4 个。在较大的罐、瓮上有圆柱状把手。陶器的种类主要有瓮、罐、钵、碗、豆、杯、盅等。

石器以磨制为主,占全部石器的 96%。种类有斧、锛、凿、刀、镰、铲、矛、镞、磨盘、磨棒、黑曜石压制器等。骨、角、蚌、牙器数量较多,而且制作精致。

铁器仅发现 3 件铁片,出自地层,看不出器形。同地层出土物有陶片、木炭、石器、骨器等。其中一个铁片经中国社科院作金相鉴定,为含

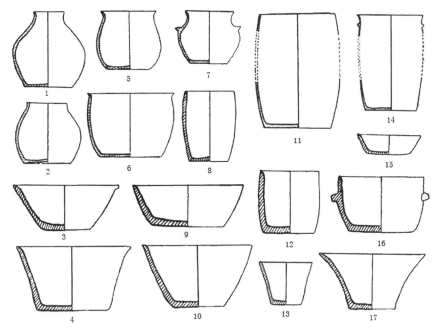

图 4-29　东康遗址出土陶器

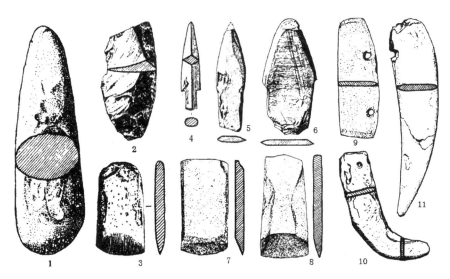

图 4-30　东康遗址出土石器

碳较低的熟铁。

东康类型的年代,据 F2 陶瓷中炭化粟稷测得年代为公元 259～532 年,分提效应校正年代为公元前 70±105 年。因此,估计东康类型的年代大致相当于中原的两汉时期,下限也可能稍晚。

东康类型主要分布在牡丹江中游及其支流附近。经调查、发掘的主要遗址除了东康以外,还有宁安大牡丹屯、牛场、东升等。

（1）大牡丹屯遗址:位于宁安市西南约 20 公里,牡丹江北 250 米的左岸一级台地上。1960 年黑龙江省文化局组织黑龙江省博物馆等单位发掘了该遗址。发掘总面积为 250 平方米,开掘深沟 7 条,出土有石斧、石锛、石矛、石镞以及骨针、鱼钩和骨甲片等文物。

（2）牛场遗址:位于宁安市东京城镇牛场村西南 0.5 公里处,西距渤海上京龙泉府故址 4 公里,背依牡丹江的一级台地,前临盆地平原地带。遗址面积南北长 300 米,东西宽约 200 米。1985 年 10 月,黑龙江省博物馆发掘了该遗址,出土有陶器、纺轮、石刀、石斧、骨针、骨鱼钩等文物。

（3）路家店墓群:位于宁安市芦苇站路家店附近,墓群分布在南北两山间谷地近北山坡处。发现墓葬 70 余座,墓地由一条东北至西南的道路将墓地分为两区。东区发现墓葬 36 座,全部是在平坦的石岗上用小石块堆起的积石冢,规模大小不同。西区位于墓地西北部,是一个突兀的玄武岩石崖,崖上集中分布 34 座积石墓,其形制、规模与东区墓相同。墓室均为玄武岩砌筑,平面呈不规则的长方形,未发现葬具痕迹,个别墓室有头厢,不见墓门和墓道。墓室上多无盖顶石,而是用玄武岩碎石填充。所见墓冢全部由积石封堆,外观呈不规则的圆形,其上无封土,已清理的两座墓均为东西向的同封双室墓,封堆所用石块与墓内填石相同,均为直径在 10-20 厘米的玄武岩石块。墓群出土和采集的器物,除一件残环状青灰色页岩磨制石器外,其余以陶器残片为主,陶器全部为手制,素面夹砂褐陶,器类单纯,均为罐、钵形器。从陶器分析,墓群属于东康类型,年代约相当于中原的两汉时期。

（4）石灰场遗址(中层):发现的遗迹有房址 2 座,灰坑 7 个。

房址均为长方形半地穴式,房址南侧和东侧有一黄土台。以 F1 为例,房址北侧边缘已被破坏,房址内东、南两侧有一高 15 厘米、宽 1 米的生土台。居住面经过烧烤。室内有础石,残留共计 16 块。灶位于房址南侧中部,未发现门道。灰坑为圆柱形和不规则的锅底形坑。

　　遗物有陶器、石器和骨器等。陶器均为手制、夹砂、素面,烧制火候不均,器表颜色不匀。器物近口部有乳钉耳或横耳。器类有罐、瓮、钵等。

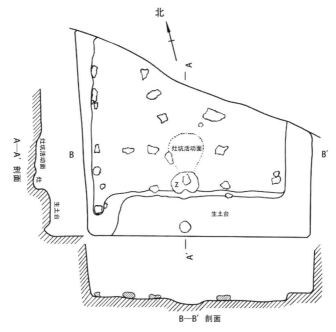

图 4-31　石灰场中层 F1 平、剖面图

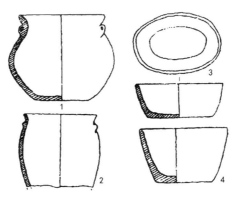

图 4-32　石灰场中层出土陶器

石器中刀、镰、锛、镞等通体磨制,石斧用琢法制成形,然后刃部磨制,在石斧缚柄处,一般会留有琢制的粗糙面,以利于柄的安装。骨器有匕、锥、甲片、角饰、牙饰等(参见宁安石灰场遗址下层)。石灰场遗址中层文化遗存与东康文化类型相近。

3. 东兴文化

东兴文化得名于 20 世纪 90 年代发掘的海林东兴遗址。现有资料仅局限在牡丹江中下游地区。除了东兴遗址之外,河口遗址二期[①]、振兴遗址二期[②]、望天岭遗址[③]、木兰集东一期[④] 等也属同类遗存。

(1)东兴遗址

东兴遗址位于牡丹江右岸的一级台地上,东北距东兴村 1 公里,北距牡丹江仅 10 余米,隶属海林市三道河乡。遗址面积 3 万余平方米,现存 2 万余平方米。遗址于 1992 年被发现,翌年春黑龙江省文物考古研究所试掘了该遗址[⑤],同年秋黑龙江省文物考古研究所与吉林大学考古学系联合对遗址做了发掘[⑥]。1994 年秋为配合莲花水电站建设,两单位再度对现存遗址进行了发掘[⑦]。

东兴遗址发掘面积约 920 平方米,遗迹有房址和灰坑。房址共清理 18 座。形制均为方形或长方形半地穴式建筑。方形半地穴式以 1993 年秋季发掘 F10 为例,每边长约 10 米,穴壁残高 0.25 米。室内地面散见柱洞 8 个,门道不清。灶是地下灶,形状为椭圆形圆底,位于室内中部偏北。室内西部偏下侧有一浅沟,沟内有 7 个浅圆坑,应为放置陶器的地方。室内出有陶罐、石磨盘、石磨棒等遗物。长方形半地穴式以 1993 年秋季发掘 F1 为例,长约 6.6 米、宽约 3.5 米,残留穴壁高 0.3 米。椭圆形圆底地下灶,位于室内西南侧。

①② 黑龙江省文物考古研究所、吉林大学考古学系:《河口与振兴》,科学出版社,2001 年。

③ 黑龙江省文物考古研究所:《黑龙江海林市望天岭遗址发掘简报》,《北方文物》1998 年第 2 期。

④ 黑龙江省文物考古研究所:《黑龙江海林市木兰集东遗址》,《北方文物》1996 年第 2 期。

⑤ 黑龙江省文物考古研究所:《黑龙江省海林东兴遗址 1992 年试掘简报》,《北方文物》1996 年第 2 期。

⑥ 黑龙江省文物考古研究所、吉林大学考古学系:《黑龙江海林市东兴遗址发掘简报》,《考古》1996 年第 10 期。

⑦ 黑龙江省文物考古研究所、吉林大学考古学系:《黑龙江省海林市三道河乡东兴遗址 1994 年考古发掘简报》,《北方文物》1996 年第 1 期。

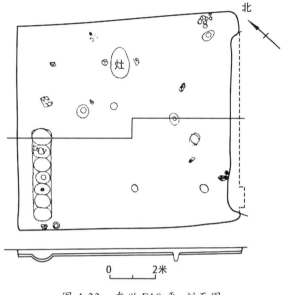

图 4-33　东兴 F10 平、剖面图

灰坑形状有圆形圆底和椭圆形圆底两种,共清理 45 个。灰坑内的堆积内容有陶片和大量的兽骨,应是垃圾坑。1993 年发掘的 H13 中出土了用猪肩胛骨制成的卜骨,并出土较多陶片,器类有罐和甑,另外还有 2 个陶网坠和碎骨片。这个卜骨的发现为研究当时宗教意识具有比较重要的意义。

东兴遗址出土的遗物以陶器最多,其余还有石器、骨器及铁器。

陶器均为手制。陶质以夹砂为主,陶色主要有褐色和黑色两大色系,褐色陶又分黑褐、灰褐和红褐。器表偶见施纹和施红陶衣,纹饰有附加堆纹、划纹、压印纹和乳丁纹等。器形以罐类为主,带有发达的纽和把,有柱状和角状两种,此外还有甑、碗、盅等。

石器有斧、刮削器、镞、磨盘、磨棒等。骨器数量较少,器类有锥、簪、卜骨。铁器出土较少,锈蚀严重且残破,主要有刀、凿、镢、针、锥等。

上述各处遗址在分布排列上呈现出一定的规律。东兴遗址的房址在使用面积和建筑形式上存在差别,如 F5 面积约 100 平方米,F2 约 20 平方米。而在多处都发现房址、灰坑各遗存之间在同一时期有互相叠压打破的关系,在一定程度上表明当时人类活动的频繁。

东兴遗址的年代,根据 F6 出土木炭做的测年数据,年代大致在两

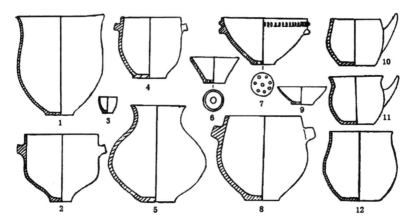

图 4-34　东兴遗址 1993 年秋季发掘出土陶器

汉时期。有两个数据,分别为公元前 56～公元 118 年、公元 86±308 年(均树轮校正)。

(2)河口遗址二期遗存

河口遗址中属于河口遗址二期[①]的房址 14 座,灰坑 14 座。

已清理的房址均为半地穴式,平面形状有两种,一种为方形,一种为长方形。F2013 为方形半地穴式,边长约 8.5 米,穴壁残高 0.5～0.8 米。室内柱洞排列密集,有 69 个,除了有 5 个对称分布在室内中间,其余 64 个均匀分布在室内近穴壁处。室内中部偏北有灶址 1 个,为椭圆形平底地下灶,室内近西壁南侧有一排圆形圆底坑,共 5 个,为放置陶器之用。

灰坑有圆形、椭圆形和不规则形等。H1006 为椭圆形平底斜壁坑,深 0.7 米,坑内出土陶壶、陶罐等生活用具,在陶罐内盛有鱼骨、鼠骨和兽牙。其用途应为贮藏用的窖穴。

出土遗物有陶器、石器、骨牙器和铁器。

陶器以夹砂红褐陶为主,纹饰较单一,除素面外,仅见附加堆纹。制法为手制,采用泥条套接,内壁可见套接痕迹。较多见圆柱状耳和角状把手。器耳和把手多为榫卯结构安装,少量为贴接而成。器类较少,有罐、壶、碗、甑、纺轮、网坠等。

石器绝大部分为通体磨光,制作精细,少部分为打制或稍经加工而

① 黑龙江省文物考古研究所、吉林大学考古学系:《河口与振兴》,科学出版社,2001 年。

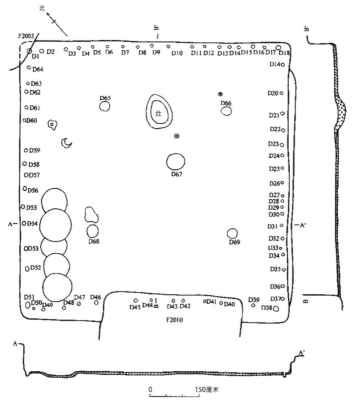

图 4-35　河口二期 F2013 平、剖面

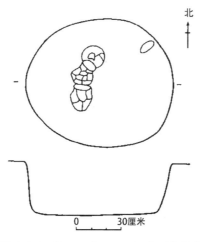

图 4-36　河口二期 H1066 平、剖面图

成。器形有刀、斧、锛、凿、磨盘、网坠、砍砸器、磨棒、环刃器等,其中刀的数量最多。

骨器多为通体磨光,器形有锥、簪、刀、钻头、管、纺轮等,牙器少见。出土铁器很少,共出土3件,器形有镢和镞。

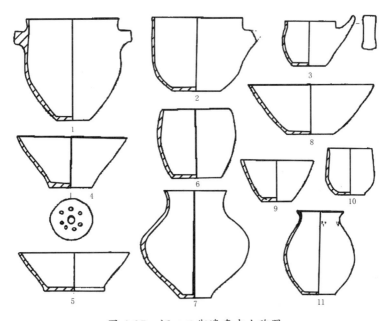

图 4-37　河口二期遗存出土陶器

河口二期遗存是河口遗址的主要文化堆积之一。该遗址文化面貌属东兴文化。

（3）振兴遗址二期遗存

振兴遗址二期共清理房址4座,灰坑12座。

房址形制为方形半地穴式建筑。以F9为例,穴壁边长6米,现存高度0.5米,面积36平方米。居住面为浅黑或黑灰色,较平坦,灶位于房内中部偏北,椭圆锅底状。未发现柱洞及门道,居住面正中偏西有一大堆夹砂红褐陶罐残片,居住面及填土中还发现几处散落的大块条状木炭,推测是房屋塌落时的梁架等材料。房内堆积含大量红烧土和炭渣及数量较多的陶片、少量石器、骨器、卜骨、铁片等遗物。

灰坑的坑口平面形状比较多样,有圆形、椭圆形、长方形、不规则形,坑壁和底有直壁平底、斜壁平底、斜壁圆底等不同形式。有的坑应该是贮存物品的窖穴。

　　出土遗物以陶器为主,并有数量不等的石、骨、角、牙器及铁器。

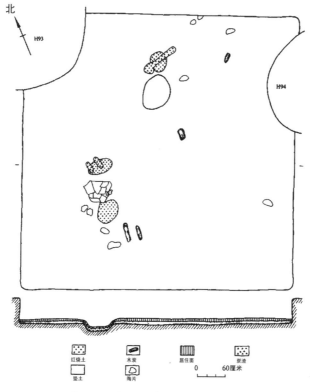

图 4-38　振兴二期 F9 平、剖面图

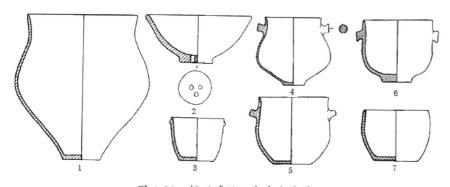

图 4-39　振兴遗址二期出土陶器

（4）望天岭遗址

望天岭遗址位于海林市最北端的牡丹江中下游右岸的二级阶地上。西南距木兰集村约 3 公里。遗址北部 200 米处即为望天岭,西北部约 0.5 公里处为莲花电站大坝[①]。遗址开阔平坦,面积约 1 万平方米。为配合莲花水库淹没区工程,1993 年黑龙江省文物考古研究所对该遗址进行了钻探和发掘,发掘面积 120 平方米。

望天岭遗址共清理房址 2 座,灰坑 5 座。

房址均为半地穴式,平面呈圆角方形或长方形。以 F1 为例,平面为圆角方形,东西长约 5.6 米,南北长约 5.5 米,四壁直接为生土,未见加工痕迹。居住面未经加工,有长期踩踏形成的硬土面。西南部居住面上有一块略呈圆形的红烧土堆积,房内未见柱洞,门道不清。

灰坑平面均为圆形,呈锅底状,坑口大而深,直径一般在 2 米左右,深约 0.8 ~ 1.0 米。

出土遗物主要是陶器和石器。

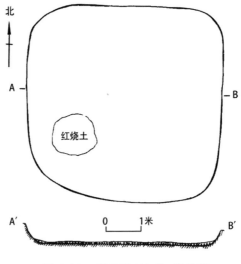

北

A —　　　　　　　　　　　　— B

红烧土

A′　　　　　　0　　1米　　　　　　B′

图 4-40　望天岭 F1 平、剖面图

① 黑龙江省文物考古研究所:《黑龙江海林市望天岭遗址发掘简报》,《北方文物》1998 年第 2 期。

陶器均为夹砂褐陶,胎土中掺和的砂粒较粗,烧制火候不高,外表颜色斑驳。制法皆为手制,多为泥圈套接成形。素面陶占大多数,有纹饰的很少。器类主要有罐、甑、钵等。器耳发达,发现大量的单把角状耳、圆柱状耳等。完整器很少,仅一件罐。

石器种类有斧、铲、凿、磨盘、磨棒、镞等,制作较粗糙,多系利用河卵石或玄武岩稍作加工。

（5）木兰集东一期

木兰集东遗址位于海林市三道河子乡木兰集村东约 1 公里的台地上。1994 年为配合莲花水电站工程建设,黑龙江省文物考古研究所和黑龙江大学历史系 91 级部分学生发掘了该遗址。发掘面积 100 平方米。遗址堆积共有三个不同时期的文化堆积,第 3 层为年代最早的一期,从地层中出土的陶器型态来看与东兴文化比较一致,应属同一文化。

4. 河口遗存

河口遗存是以海林市河口遗址第三期遗存为代表命名的遗存[①]。遗址位于海林市三道河子乡河口村东南部,坐落于两山相夹的牡丹江左岸二级台地上,隔江与右岸的振兴遗址遥相对应。遗址总面积 5 万余平方米,现存面积 3 万多平方米。1979 年黑龙江省文物普查时发现了该遗址。1983 年为配合莲花水电站建设,黑龙江省文物考古研究所会同牡丹江地区文物管理站,对水库淹没区内的古代遗址再次进行了全面调查,并对河口遗址进行了复查。1994 年、1995 年黑龙江省文物考古研究所和吉林大学考古学系对该遗址进行了两次发掘,发掘面积共 1900 平方米。遗存可分为五期,属于河口遗存的是第三期。河口遗存目前仅见于莲花水库淹没区的狭小范围内。除了河口遗址外,其他地点还有振兴三期[②]、渡口一期[③]等。

（1）河口遗址

河口遗址发现的遗迹种类有房址、灰坑和灰沟。

房址清理 13 座,均为方形或长方形半地穴式建筑。以 F2014 为例,

---

①② 黑龙江省文物考古研究所、吉林大学考古学系:《河口与振兴》,科学出版社,2001 年。
③ 黑龙江省文物考古研究所、吉林大学考古学系:《黑龙江海林市渡口遗址的发掘》,《考古》1997 年第 7 期。

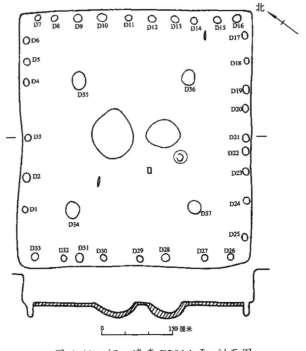

图 4-41　河口遗存 F2014 平、剖面图

形制为方形半地穴式,边长 5.2 米,穴壁残高 0.6～0.7 米。灶位于室内中部偏南,椭圆形锅底状,灶西侧有一个浅坑,为放置陶器之处。室内有柱洞 37 个,沿室内穴壁分布 33 个,室内对称分布大柱洞 4 个。地面出有陶罐、陶杯和铁刀。

河口遗址发现的灰坑数量较多,已经清理的灰坑有 68 座。从口部平面形状大致可分为圆形、椭圆形及长方形三种,坑壁的形状有筒状、圆底状以及袋状。H1064 坑口平面呈椭圆形,坑直壁平底,口径 1.4～1.9 米,深约 0.5 米。坑内出土 5 个陶罐和 1 件铁块。此坑的用途可能为窖穴。H1001 坑口平面呈长方形,坑直壁平底,长 2.66 米,宽 2 米,深 0.95 米。坑内出土石器、陶器、骨器,石器有磨棒、刀和环形器,陶器有罐、匜,骨器为一枚骨簪,坑中的填土有大量的烧土、炭块及灰烬堆积。推测此坑原来为存放物品的窖穴,废弃之后为倾倒垃圾之用。

灰沟仅发现一条,里面有少量兽骨、石块和陶片。

河口遗址出土的遗物主要是陶器,此外有少量石器,铁器仅发现一

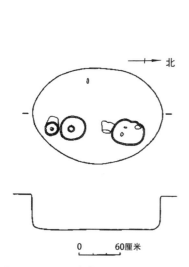

图 4-42　河口遗存 H1064 平、剖面图

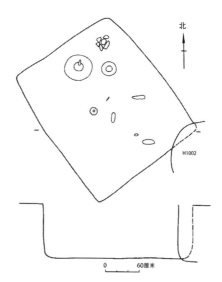

图 4-43　河口遗存 H1001 平、剖面图

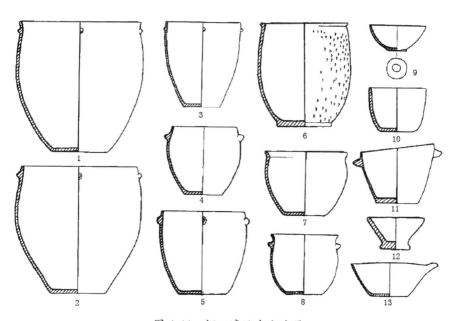

图 4-44　河口遗址出土陶器

件刀。陶器质地以夹砂红褐陶、灰褐陶为主,其次是泥质红褐陶、灰褐陶。手制居多,轮制较少。素面陶占绝大多数,仅有极少量附加堆纹。流行贴接乳丁状纽,常见于罐、缸颈部位置,一般成对出现,这类纽已丧失实用功能,只起装饰作用。器类以筒形罐和缸居多,其他器类较少,有甑、杯、舟形器等。

根据河口与振兴遗址中河口文化层直接叠压于东兴文化层之上,并打破东兴文化遗迹的现象,可推测其年代要较晚,大约在东汉末至魏晋时期。

（2）振兴遗址三期

振兴三期遗存共清理房址5座,清理灰坑29个。

房址之中F6情况不明,其余4座为方形半地穴式和长方形半地穴式。F13平面近方形,面积近18平方米,灶位于室内偏西北处,椭圆形锅底状,房址内外均未发现柱洞及础石类遗迹,房址内居住面上发现一件基本完好的陶罐。F15为长方形半地穴式,灶位于室内中部偏西的位置,呈圆形圆底状,室内出土陶器,种类有罐、碗及陶网坠等。另外在房内的堆积中包含大量的红烧土、炭料、灰烬等,因此推断该房应该毁于火灾。

灰坑口部平面有圆形、椭圆形,坑底和坑壁形状有直壁、斜壁、平底、圆底等不同形状。

出土遗物以陶器为主,并有一定数量的石、骨、角、牙质的器物和少量铁器。

陶器以夹砂褐陶最多,泥质陶数量极少,夹砂陶含砂量较大,胎质粗疏,陶胎较厚,大型器物腹壁厚度多在1厘米以上。陶器基本为素面,表面常见刮抹痕迹,有些器物虽经磨光,但打磨精细的少见。多数器物表面不太光滑,有些器物表面涂抹一层草拌泥,也有在外表涂粗泥浆,在器物外壁形成一层泥皮,泥皮表面常有烟炱的痕迹。陶器皆手制,大、中型陶器都采用泥圈套接法,器身与器底多采用对接和套接两种方式,这两种方式均是做出饼状器底后,与器身对接或将器物套在底的外侧,这样的结合方式,使得器底很容易脱落。陶器皆为平底器,器形主要有罐、盆、钵、碗等,其中以罐的数量最多,形式也比较多样,器身口、颈多贴附对称的乳丁纽。

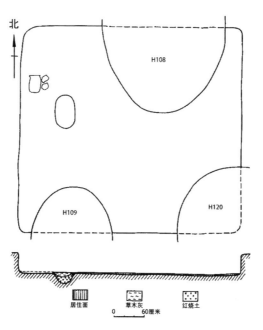

图 4-45 振兴三期 F13 平、剖面图

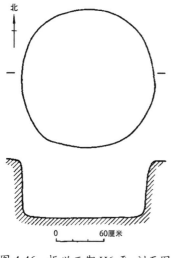

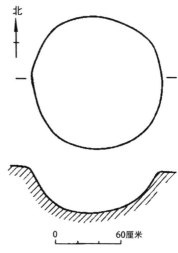

图 4-46 振兴三期 H6 平、剖面图　　图 4-47 振兴三期 H12 平剖面图

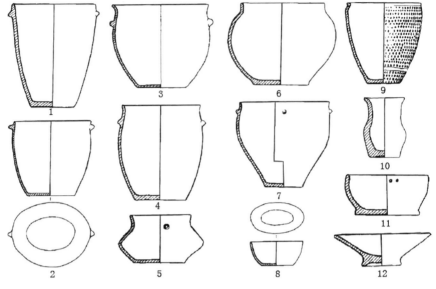

图 4-48　振兴遗址三期出土陶器

（3）渡口遗址一期遗存

遗址位于海林市东北牡丹江中下游西岸的台地上。该遗址在以前的报道中均称为河口遗址,因在 1994 年对河口村进行了发掘,为避免混淆,改称为渡口遗址。遗址也是在 1983 年对莲花水库淹没区文物普查时发现,面积 5000 余平方米。1993 年黑龙江省文物考古研究所与吉林大学考古学系对遗址进行了发掘,发掘面积为 850 平方米。遗址可分为四个时期的文化遗存,其中一期遗存的文化面貌、年代与河口遗存相当。

一期清理灰坑 1 座,编号 H43,形状为圆形斜筒状,口径 2.7 米,底径 1.4 米,深 1.5 米,坑中出土了数量较多的碎陶片及动物骨骼,应该是堆放垃圾的坑。

房址形制为方形半地穴式,共清理 3 座。以 F7 为例,为圆角方形半地穴式,边长约 6 米,居住面比较平坦,未见加工痕迹,直接压在沙土层之上。灶为圆形锅底状,位置在房内的中部稍偏北。共发现 11 个柱洞,房内 6 个,房外 5 个,柱洞底部经过夯打,十分坚硬,有的柱洞底部还发现有柱础石。

遗物发现的数量不多,以陶器为主,有少量的石器和骨器。

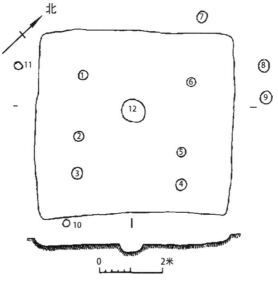

图 4-49　渡口一期 F7 平、剖面图

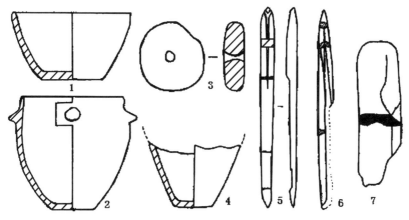

图 4-50　渡口一期出土陶器、骨器

1~4. 陶器　5~7. 骨器

　　陶器质地多数为夹砂陶,颜色呈灰褐、黄褐等,烧制时火候较低,手制。器表多为素面,个别器物在口沿下饰 2~4 个对称乳突状耳。陶器均为平底器,器类主要有罐、钵。

5. 河口四期遗存

　　河口四期遗存的分布比较广,主要分布区在牡丹江中下游地区。该类遗存除了河口四期^①遗址外,还有振兴四期^②、木兰集东二期^③及渡口二期^④等遗址。

（1）河口遗址四期遗存

共清理了 5 座灰坑和 5 座房址。灰坑的平面形状为圆形、椭圆形,底部形状则有平底、圆底。灰沟共发现 4 条,均未全部清理。

房址为方形半地穴式以及长方形半地穴式两种。F1002 是长方形半地穴式,长约 5.7 米、宽约 4.9 米,居住面经火烧烤。灶位于室内中部,椭圆形平底,室内散见柱洞 9 个,室内地面发现陶罐、陶碗等生活用具和石斧、石磨棒、铁匕等生产工具。

河口四期遗存的陶器以夹砂黑褐陶、灰褐陶为主,陶色呈红褐、黑

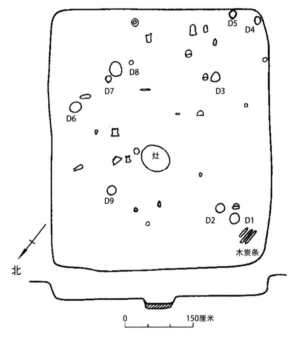

图 4-51　河口四期 F1002 平、剖面图

①② 黑龙江省文物考古研究所、吉林大学考古学系:《河口与振兴》,科学出版社,2001 年。

③ 黑龙江省文物考古研究所:《黑龙江海林市木兰集东遗址发掘简报》,《北方文物》1996 年第 2 期。

④ 黑龙江省文物考古研究所、吉林大学考古学系:《黑龙江海林市渡口遗址的发掘》,《考古》1997 年第 7 期。

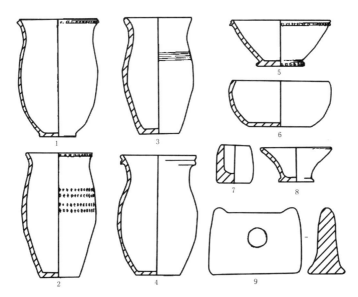

图 4-52　河口遗址四期出土陶器

褐、灰褐色等。少数陶器为素面,大部分陶器都有纹饰,常见附加堆纹、压印纹、刻齿纹、弦纹、乳丁纹等。夹砂陶中罐的数量最多,器形都较小。制法为手制,泥片套接。其他器类还有碗、钵等。此外还有大量的纺轮、网坠等生产工具。

石器种类有刀、斧、网坠、镞、磨石、磨盘、磨棒、钻头等,均经磨制。骨角器数量不多,有骨锥、簪、刀等,大部分磨制光滑。青铜器仅发现一件带钩,残。铁器数量较多,种类有镢、铧、镞、锥、环和匕首等。

依靠考古层位学,并通过陶器类型及与周邻地区相关遗存的对比分析,推定该遗存年代大致在南北朝时期。

（2）振兴遗址四期遗存

振兴四期遗存清理灰坑共 20 座,房址 3 座。

灰坑的坑口平面形状有圆形、椭圆形、方形,坑壁、坑底的形状有直壁平底及斜壁平底等不同形状。

房址有方形半地穴式和长方形半地穴两种。F4 为方形半地穴式,室内四角为四个柱础石,居住面下方铺垫黄沙。灶是地下灶,椭圆形,位于室内的中部偏北,灶内有三个放置陶器的小圆坑。

出土遗物有陶器、骨角牙器、石器、铜器和铁器等。

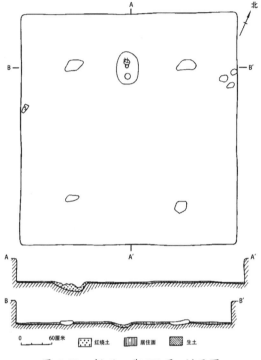

图 4-53　振兴四期 F4 平、剖面图

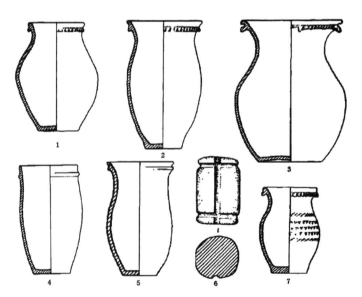

图 4-54　振兴遗址四期出土陶器

陶器均是夹砂陶,其中掺杂砂粒细小、均匀,且陶胎致密,器壁较薄,陶色大多为黑褐和暗红褐两种,颜色不太均匀。制法为手制,但很多经过慢轮修整,器壁厚薄均匀,器物表面基本都经过打磨,器表装饰简单,多数只在口沿下施压印的附加堆纹,施纹方法为戳印,纹样有圆点、三角、条形等数种。器形只发现罐,基本特征为敞口、深腹、平底,口沿下饰附加堆纹。

石器主要是工具,种类有刀、斧、锛、磨盘、磨棒、网坠、球等。骨、角器有锥、梭、鱼镖、鱼钩、哨、角器等。铜器仅一件,为一青铜牌饰。

(3)渡口遗址二期遗存

渡口二期遗存共清理灰坑 21 座,房址 3 座。

灰坑平面形状比较多样,有圆形、椭圆形、方形,从出土遗物看,均属垃圾坑。

房址的形制有方形半地穴式和长方形半地穴式两种。F6 为圆角长方形半地穴式,居住面和四壁均直接利用河卵石和黄沙,室内有 5 个对称分布的柱洞,中间较大,四角较小。室内发现 6 个陶罐、1 个陶碗。

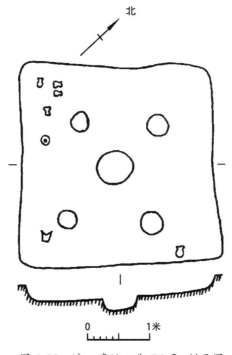

图 4-55 渡口遗址二期 F6 平、剖面图

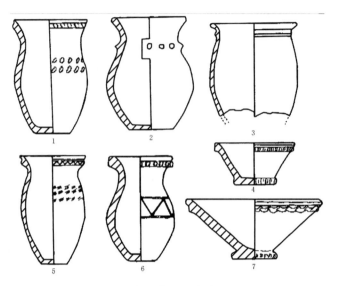

图 4-56　渡口遗址二期出土陶器

出土遗物主要是陶器,另有 1 件骨器和 1 件铁器。

陶器以夹砂褐陶为主,胎质粗疏,烧制火候较低。制法均为手制或手制轮修。纹饰多装饰在颈腹之间,种类有戳印圆点纹、梳齿纹、篦点纹、刻印三角纹等。陶器皆为平底器,主要器型是深腹筒形罐和碗。器物的典型特征是在器物口沿位置饰锯齿状附加堆纹,形成了重唇。

渡口二期遗存 F6 和 F9 居住面上的木炭标本经碳 14 年代测定,分别为公元 661~786 年(树轮校正)和公元 607~679 年(树轮校正),因此,渡口二期遗存的绝对年代应该在公元 7 世纪初至 8 世纪末,下限应已进入渤海早期。

(三)三江平原

三江平原在汉魏时期是个很特殊的区域,早在 70 年代黑龙江省文物管理委员会组织的对松花江中下游地区展开的区域调查中,就已发现了多处被称为"堡寨群"的古遗址。80 年代调查工作继续进行,又进一步廓清了遗址分布概况,并公布了一些成果。90 年代开始有计划的发掘,对三江平原的汉魏古城址和聚落址的文化面貌已经有了基本的了解。

1. 滚兔岭文化

遗址位于双鸭山市尖山区以北 6 公里与集贤县交界处的滚兔岭上[①]。1981 年双鸭山市文管站在考古调查中发现该遗址,1984 年 6 月,黑龙江省文物考古研究所对该遗址进行了复查和发掘,揭露面积 1500 平方米,清理房屋基址 14 座。

房址均为半地穴式建筑,多数为圆角方形。房址的面积大小不等,大致可分为大、中、小三种规格,小的 20~30 平方米,中型规格的 60~70 平方米,而大型房屋面积则有的超过 100 平方米。个别的室内有隔墙,形成套间,多数房址四壁内侧有树立板壁的沟槽遗迹。

F7 为中型房屋,面积近 61 平方米,正方形,边长约 7.8 米。居住面经过火焙烧,平整且坚硬。室内部有柱洞 19 个,东西每排各 5 个,南北

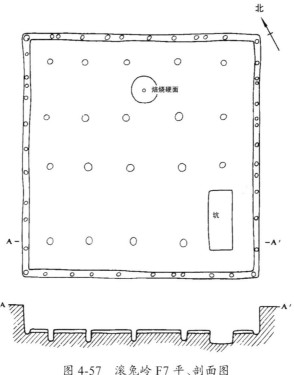

图 4-57　滚兔岭 F7 平、剖面图

---

① 黑龙江省文物考古研究所:《黑龙江省双鸭山市滚兔岭遗址发掘报告》,《北方文物》1997年第 2 期。

每排各 4 个,排列规整,室内穴壁一周分布 45 个柱洞,排列密集,沿着穴壁有一周宽约 0.2 米的浅槽,故推测该房址有"板壁"设施,或木骨泥墙。居室北部中间位置有一经过焙烧的中间带有小圆窝的遗迹,用途不详。没有发现灶址和门道。房屋内出土遗物有陶罐、陶瓮、陶钵、陶杯等生活用具,并出土了炭化的大麻种子。

　　滚兔岭遗址出土遗物以陶器为主,也有石器和铁器。

　　陶器皆为夹砂陶,陶色以褐色为主,颜色多不纯正,多呈红褐、灰褐色,常夹杂有红、黑斑驳,有少量红衣陶。陶器的制法均为手制。器壁厚薄不匀。烧制火候较高,质地硬。陶器以素面陶最多,占总数 84%,其次是在陶器上施加锯齿状附加堆纹和凸弦纹等。流行角状把手,常见于罐、杯的一侧颈腹部位。陶器皆为平底器,个别的有假圈足。主要器类有各种类型的罐、壶、碗、钵、匜等。

　　石器出土的数量较少,多为磨制,主要有刀、镞、磨盘、磨棒、刮削器。铁器主要为镞、甲片等兵器及刀、凿等生产工具。

　　滚兔岭文化的年代,对 F7 出土的木炭做碳 14 年代测定,为距今

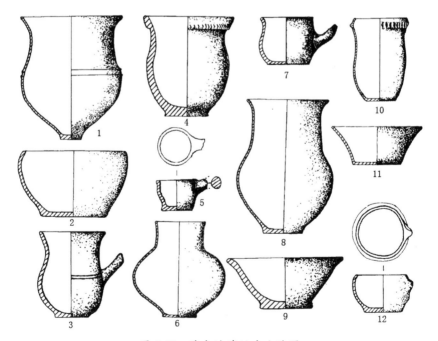

图 4-58　滚兔岭遗址出土陶器

2140±70年,属两汉时期。

滚兔岭文化的分布区域主要是在松花江以南的三江平原地区。安邦河、倭肯河及七星河中上游是其中心分布区,向南方可达鸡西、林口一带,并与团结文化接壤,北界则到松花江南岸,西界为张广才岭东侧,东至挠力河流域。近年来在滚兔岭遗址之外,还在凤林城址、保安村城址、炮台山城址[①]和小八浪遗址等地点都做了发掘或试掘,也发现了属于滚兔岭文化的遗存。

（1）凤林城址

凤林城址于1984年调查时发现,1994年进行首次试掘[②],后经1998年[③]、1999年[④]、2000年[⑤]三次发掘,以及2001年以后对城址进行的实测等工作,基本理清了遗址的文化面貌。城址分为早、晚两期遗存,早期属于滚兔岭文化范畴。共清理房址12座,多为圆角半地穴式建筑,与滚兔岭遗址房址形制基本相同,其中七城区F4一面边长长达20余米,推测应是一座大型公共建筑,其中出土遗物以陶器为主,另发现少量石器、骨器以及1件玉蝉,形制与中原汉代玉蝉相似。

（2）保安村城址

保安村城址位于双鸭山市宝山区七星镇,七星河中游南岸,西南距保安村约400米,东北隔河即是凤林城址[⑥]。1999年5~6月,黑龙江省文物考古研究所进行试掘,发现城址平面呈不规则形,为四垣城址。小城位于山顶,中城位于山腰,大城位于山脚,另有一座小城附在大城南部偏东处。三城周长分别为200米、450米、2640米。

城墙共有4个角楼和9个马面,城址仅设一门,门朝向东北,是继

① 黑龙江省文物考古研究所:《黑龙江宝清县炮台山汉魏城址试掘简报》,《文物》2009年第6期。2000年黑龙江省文物考古研究所对炮台山的试掘中发现早、晚两期遗存,早期遗存属于滚兔岭文化范畴。

② 黑龙江省文物管理委员会:《黑龙江友谊县凤林古城址的发掘》,《考古》2004年第12期。

③ 黑龙江省文物考古研究所:《黑龙江友谊县凤林城址1998年发掘简报》,《考古》2000年第11期。

④ 黑龙江省文物考古研究所:《黑龙江友谊凤林城址1999年发掘简报》,《北方文物》2016年第4期。

⑤ 黑龙江省文物考古研究所:《黑龙江友谊凤林城址2000年发掘简报》,《考古学报》2013年第4期。

⑥ 黑龙江省文物考古研究所:《黑龙江双鸭山市保安村汉魏城址试掘》,《考古》2003年第2期。

凤林城址之后七星河流域另外一座带角楼和马面的城址。该城址遗存分为早、晚两个时期,早期遗存属于滚兔岭文化范畴,发现房址、灰坑各1座。

F3呈圆角方形半地穴式,居住面经特殊加工而成,房内清理出12个大柱洞,部分柱洞底部垫有夹砂红褐色陶片和石块。房址内东北部设一平面呈圆角长方形的地面灶,灶面坚硬整齐,西部中间有一圆洞,未发现门道。H1在F3东南壁北侧内,两个柱洞之间。坑口平面呈圆形,坑壁斜内收,圜底,出土少量夹砂红褐陶片及动物骨骼。

(3)小八浪遗址

小八浪遗址位于桦南县阎家镇小八浪村北的北山,1983年黑龙江省原合江地区文物管理站和吉林大学在进行联合文物调查时发现。1994年佳木斯市文物管理站对小八浪遗址进行了发掘。发掘面积1450平方米,共清理房址8座,墓葬3座,灰坑6个[①]。

房址均为半地穴式,平面近圆角方形,边长6~9米不等。穴壁开在风化的花岗岩上,十分坚硬,未经过特殊处理。居住面较平,大多数未见

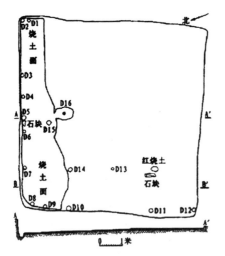
图4-59 小八浪F105平、剖面图

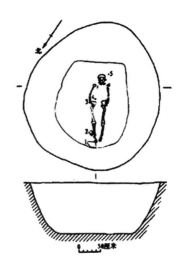
图4-60 小八浪M102平、剖面图

---

① 黑龙江省佳木斯市文物管理站:《黑龙江桦南县小八浪遗址的发掘》,《考古》2002年第7期。

明显加工痕迹,地面依地势略有倾斜,未发现明显的门道迹象。有的房子有柱洞。灰坑、墓葬分布于房址附近。F105 平面近圆角方形,地面近北壁有宽 1～2 米横穿东西的烧土面,表面光滑,质地很坚硬,室内发现柱洞 16 个,主要分布在北壁,其次是西壁,南壁和东壁未见柱洞。房内西南部发现一长的条状石块,在它的南侧有小面积的红烧土,推测可能是灶。室内发现大量陶片、兽骨及少量石器、骨器。房址西南角和西北填土中发现两层贝壳堆积。

墓葬均为圆角土坑竖穴墓,未发现葬具。葬式仰身直肢一次葬,都随葬猪下颌骨或猪头骨。随葬品较少。以 M102 为例,墓穴近椭圆形,壁斜弧,平底。墓口宽 2.8、长 3.3、深 1.1 米,墓底宽 1.8、长 2 米。随葬铜耳环、铁镯、五铢钱、石磨盘各一。与其余二墓相比,随葬品相对较多。

小八浪遗址出土遗物有陶器、石器、骨角器、牙器、铁器、铜器。

陶器的质地均为夹砂陶,以黄褐色为主,其次是红褐色。表面颜色

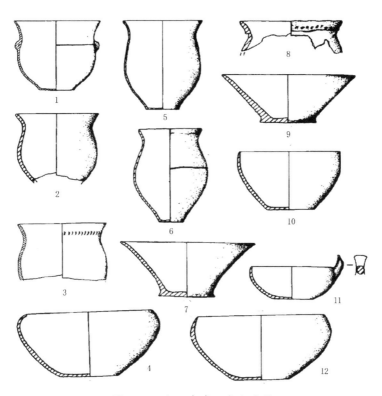

图 4-61　小八浪遗址出土陶器

不匀。大部分烧制火候较高,陶质坚硬。器表大部分经过磨光处理,以素面为主,约占总数的65%。纹饰主要有戳印和圆点纹、斜线纹、篦点纹等,多饰于罐口沿下方。流行在小型钵口沿上安单把。器形以罐为主,占总数60%以上,其次是钵、碗、瓮、纺轮、陶塑等。

　　小八浪遗址的文化内涵与滚兔岭遗址有很多相似的地方,应同属滚兔岭文化。但与滚兔岭文化也有不同之处,如单把钵把手的位置均位于口沿部位,陶器表面的灰褐色和黑褐色斑块等,并且在小八浪遗址中未见滚兔岭遗址常见的单把罐。

　　小八浪遗址年代经对H105中的碳化种子做碳14测定,为距今1908±95年。树轮校正为公元72～320年,年代属汉魏时期。

2. 凤林文化

　　凤林文化是因1994年黑龙江省文物管理委员会发掘友谊凤林城址七城区而得名,1998年黑龙江省文物考古研究所再次发掘友谊凤林城址七城区而确认[①]。

　　凤林古城址位于友谊县成富乡凤林村西约300米处,西北距县城约24公里。该城址在1984年调查时发现,1994年由黑龙江省文物管理委员会组队对该城址进行发掘。为全面认识了解七星河流域汉魏时期考古学文化遗存的内涵和性质,1998年黑龙江省文物考古研究所制定并启动了"七星河流域汉魏遗址群聚落考古计划"[②],1998年发掘面积500平方米,1999年发掘面积约2100平方米,2000年也在继续发掘。目前关于凤林古城的面貌已经基本清楚。

　　城址坐落在七星河中游北岸的高漫滩地上,与宝清县炮台山城址隔七星河相望,城址占地面积约120万平方米,由不同形状、先后形成的9个城区互相贴附依存而成,是三江平原汉魏聚落址群中最大的一座城址。位于城址正中央的是第七城区,城址平面呈方形,墙高壕深,单墙、单壕。城墙四角各有一"角楼",四面墙的中部各有一"马面",向外凸出。七城区北部是第六城区,单墙单壕,平面略呈椭圆形。第五城区环绕第七、第

① 黑龙江省文物考古研究所:《黑龙江友谊县凤林城址1998年发掘简报》,《考古》2000年第11期;黑龙江省文物考古研究所:《黑龙江友谊县凤林城址二号房址发掘报告》,《考古》2000年第11期。
② 许永杰:《黑龙江七星河流域汉魏遗址群聚落考古计划》,《考古》2000年第11期。

六城区,平面略呈椭圆形,双墙双壕,东北有一门,宽约 8 米。第九城区位于五城区东北,西南与第五城区的东北共用一墙,平面略呈圆角长方形,双墙双壕。第八城区在第五城区东南,西北借用第五城区双垣双壕,其他几面单垣单壕。第四城区在第五城区西侧,平面略呈长方形。第一城区位于第四城区西北,平面呈圆形,双墙双壕。第二城区位于第四城区以西,平面略呈梯形,北侧与相邻的第一城区共用墙壕,为双墙双壕,其余三面为单垣单壕。第三城区位于第四城区的西南方,平面呈不规则形,单垣单壕。第一、二、三、四、八城区地表作为耕地多年,地表遗迹难以辨识。凤林古城的堆积可分为早、晚两期,晚期堆积属于凤林文化。

凤林文化的遗迹有房址和灰坑等。

房址多为圆角方形的半地穴式建筑。根据有无火炕可将房址分为两类。

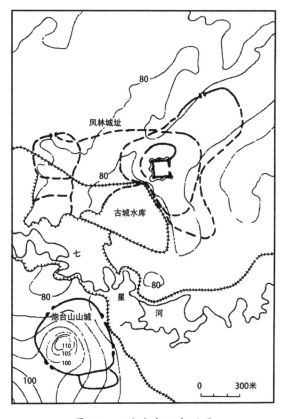

图 4-62　凤林城址实测图

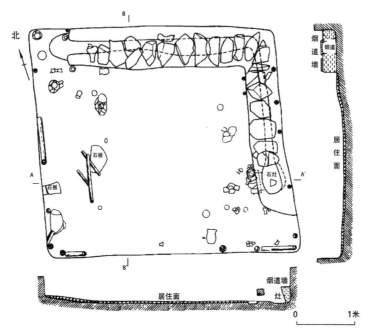

图 4-63　凤林 F2 平、剖面图

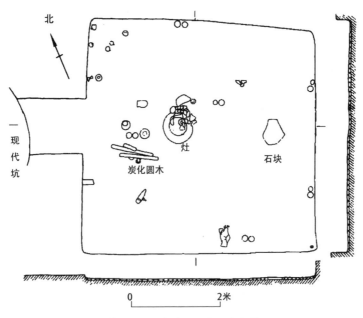

图 4-64　凤林 F6 平、剖面图

（1）设曲尺形火炕的房址。火炕可以有效地增加屋内的取暖效果，在寒冷的黑龙江是极有用的设施。凤林城址的火炕是用黄土堆垒捶实而成，有单股烟道，在烟道上面铺盖小石板。以 98YF Ⅲ F2 为例，北壁和东壁有一矩尺形火炕，东壁一端有灶，北壁一端有出烟口，室内有 4 个对称分布的柱洞，沿四壁有残木柱 15 根，灶址在火炕的东南端。灶的附近及火炕西北端的出烟口附近放置陶罐、陶钵、陶豆等生活用具。

与火炕相对的室内西南角发现了铁镢、铁刀、骨纺轮等生产工具，根据这些发现，我们可以推知在室内已经划分了功能区，不同空间具备不同的使用功能。从陶罐里盛装了大量烧焦的粮食颗粒等迹象看，该房址应是毁于火灾。

（2）不设火炕的房址。这种房子的灶在设计上结构比较复杂多样。部分房址沿内侧四壁加设一周浅槽，用于插筑立木。以 F6 为例，该房址的边长约 5 米，灶位于室内中偏西，为圆形地面灶，共发现 6 个柱洞，门道位于西壁中部，宽约 1.2 米、残长 1.6 米。居住面上发现陶器和石器。包括罐、碗、钵、杯、豆、盆等陶质生活用具和石磨棒、陶纺轮等生产工具。在房址内的堆积中包含有大量的烧土、木炭等，房址也是毁于火灾。

灰坑的平面形状比较多样，有椭圆形、圆形、长方形、方形，平底，壁有直壁和斜壁。一共清理 48 座。灰坑的分布一般是与房址错落安置，坑的用途有些是作为窖穴使用，有些则是用作垃圾坑。

出土的遗物有陶器、骨器、石器、玉器及金属器。

陶器中生活容器所占比重最大，此外还有部分生产工具和装饰品。容器的质地大多数是夹砂陶，其次为泥质陶。制法均为手制，采用自下而上的外包泥圈套接法，有的器表经过打磨。陶色普遍呈灰褐、黑褐和红褐色。有少量的红衣陶和黑皮陶。器表多为素面，部分陶器带有彩绘及纹饰，带有纹饰的施纹方法多数是以组合方式施在器物上，方式有拍印、戳印、刻划、按压等。通常在器物的颈、腹部等不同位置会采用不同的施纹方法及不同的纹饰来装饰。纹饰的种类主要有弦纹、戳印纹、附加堆纹、贴塑乳丁纹等，贴塑的乳丁状纽多装饰在罐的颈部，分别有 3、2、4 个，数量不等。平底器居多，少量圈足器和假圈足器。器类有罐、钵、豆、碗、瓮、盆等，以罐的数量最多，形式也最多样。器型以中小型器物为主，大型器数量少，主要是瓮。

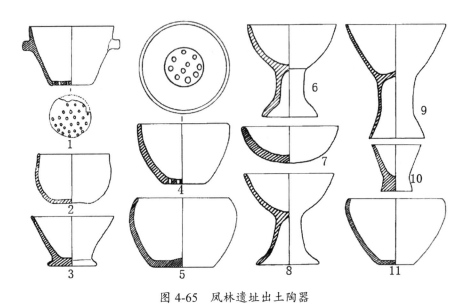

图 4-65　凤林遗址出土陶器

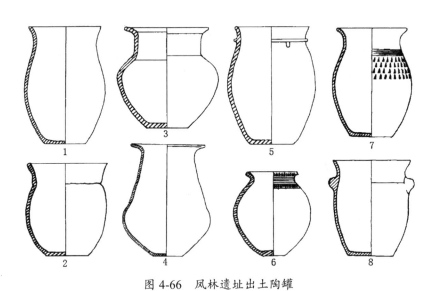

图 4-66　凤林遗址出土陶罐

磨制石器发现数量不多,主要为用于生产的刀、凿、磨盘和磨棒等。骨角器数量较多,大部分是生产工具以及装饰品,发现了使用牛、羊肩胛骨制成的卜骨,上面有明显的灼痕。铁、铜生产工具、兵器和装饰品等器物也占有一定数量。

凤林文化的年代,发掘者认为"是一种全新的考古学文化,这种新考古学文化的年代要晚于团结文化和滚兔岭文化,属魏晋时期"[①]。

该文化的分布区域是以七星河为中心区的三江平原地区。其他地点遗存还有双鸭山保安村城址和宝清炮台山城址的晚期遗存[②]。

保安村城址晚期遗存清理出 2 座房址,发掘了一个城墙剖面,该段城墙处于连接城内堆积、城墙主体和城外壕沟的位置[③]。从剖面上看,城墙可分 6 层,外层较深的一条沟即城墙的护城壕,壕外还有 2 条浅沟,可能为后期居民为加强防御而增加的新壕沟。

房址均为圆角方形半地穴式建筑,其中 F1 四壁以黄沙土为壁,四角各发现 1 个柱洞,顺四壁修筑木骨泥墙。约在房址中部发现 2 个左右对称的方形柱洞,应是支撑屋顶的主立柱,居住面平整,地表比较硬,下铺黑灰色垫土。中间略偏北处设一圆角长方形地面灶。未发现门道。室内堆积出土大量遗物,有陶器、石器和铁器等。陶器有罐、钵、碗、杯、豆、甑等,石器以石球数量较多,还有磨盘、磨棒和铁犁等遗物。F2 建筑方式、结构布局与 F1 相近,面积较大,出土陶器器形相对略大,摆放也较规律,推测可能是用于公共活动的建筑。

两座房址内均发现大量的烧土和木炭堆积,因此推测房子应是毁于火灾。同一流域的宝清炮台山城址、凤林城等同一时期房址也是毁于火灾,推测当时是在全流域范围内曾经发生过战事,导致城毁,居民弃城远走,之后也一直荒芜。

---

① 黑龙江省文物考古研究所:《黑龙江友谊县凤林城址 1998 年发掘简报》,《考古》2000 年第 11 期;黑龙江省文物考古研究所:《黑龙江友谊县凤林城址二号房址发掘报告》,《考古》2000 年第 11 期。

② 黑龙江省文物考古研究所:《黑龙江宝清县炮台山汉魏城址试掘简报》,《文物》2009 年第 6 期。2000 年黑龙江省文物考古研究所对炮台山的试掘中发现早、晚两期遗存,晚期遗存属于凤林文化范畴。

③ 黑龙江省文物考古研究所:《黑龙江双鸭山市保安村汉魏城址试掘》,《考古》2003 年第 2 期。

3. 蜿蜒河类型

蜿蜒河遗址位于绥滨县新城镇东 2 公里蜿蜒河西岸的台地上,是松花江注入黑龙江的汇合口[①]。1973 年 5 月黑龙江省博物馆考古部在对黑龙江中下游开展大规模的田野调查工作时发现了该遗址,遗址总面积7500 平方米。1974 年会同中国科学院考古研究所进行发掘,发掘总面积 203 平方米。

蜿蜒河遗址清理了 2 座房址,其中 F2 为早于 F1 的遗存,也是蜿蜒河类型的代表。房址为近方形半地穴式建筑,面积约 55 平方米。房内东部中段挖一个长方形浅坑,在南、北、西三面矮台上抹草拌泥土,经过

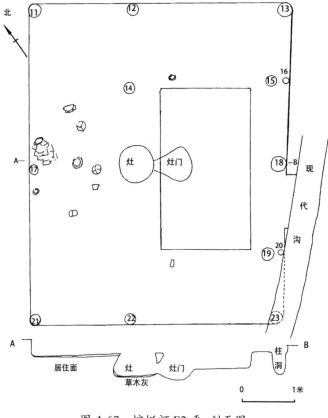

图 4-67　蜿蜒河 F2 平、剖面图

---

① 杨虎:《黑龙江省绥滨县蜿蜒河遗址发掘报告》,《北方文物》2006 年第 4 期。

火烧烤形成光滑坚硬的居住面。北部保存较好,陶器、石器大都摆放在西部矮台上。房址内发现 13 个柱洞,分布不均匀,南北墙中段柱洞偏西,灶址位于室内中央,呈圆形。门道向东南,宽约 1 米。室内有柱洞 5 个,沿穴壁也有柱洞排列。

　　出土的陶器以夹砂红陶居多,只有少量的灰褐陶。陶质粗糙,火候不高。陶器的制法均为手制。大多数陶器为素面陶。有纹饰的以方格纹、指捺纹、凹弦纹、薄附加堆纹、波浪纹较多见,此外还有“人”字形划纹、红衣陶等。典型器物有敞口鼓腹罐、喇叭口细颈鼓腹弦纹罐、敞口斜壁碗、红衣壶等。铁器有镞、刀等小件。

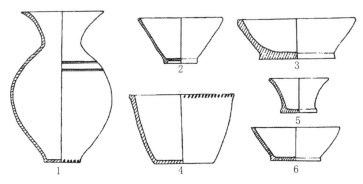

图 4-68　蜿蜒河遗址出土陶器

　　蜿蜒河类型的遗存目前经过正式发掘的只有蜿蜒河遗址。这种遗存的主要分布区在黑龙江中下游两岸地区,俄罗斯境内的遗存称为“波尔采文化”,波尔采文化遗址已经发掘多处。

　　蜿蜒河类型的年代,由 F2 所出的木炭经碳 14 年代测定为公元前 90 ~ 公元 130 年(树轮校正)。因此蜿蜒河类型的年代大体相当于两汉时期,其下限部分年代可进入魏晋时期。

4. 同仁文化

　　即同仁一期文化,因同仁遗址的发现与发掘而得名。该遗址距绥滨县福兴乡同仁村北约 5 公里,东南距县城 45 公里,位于黑龙江中游右岸一级台地上[①]。遗址高出黑龙江江面约 15 米。1973 年夏,黑龙江省博物

————————
① 杨虎、谭英杰、林秀贞:《黑龙江绥滨同仁遗址发掘报告》,《考古学报》2006 年第 1 期。

馆为了解黑龙江中游的考古学文化类型及其分布情况,初次沿江调查时发现了该遗址。遗址面积为 24000 平方米。同年秋,会同中国科学院考古研究所共同组成黑龙江流域考古队,对遗址进行发掘。同仁遗址的遗存可分为两期,其中同仁一期为同仁文化的主体,属于早期铁器时代。

同仁文化的主要分布区在黑龙江中下游地区,典型遗址除了绥滨同仁遗址一期遗存外,还有萝北团结墓地[①]和绥滨二九零农场四十连遗址[②]等。

(1)同仁遗址

同仁遗址发现的遗迹有房址、窖穴。

房址共清理 3 座,其中 F2、F3 为方形半地穴式木构建筑。F3 毁于火灾,梁柱全部烧成木炭,倒塌于居住面上,大多可辨形状并知其原来所在的位置。房子四壁有板壁,制法是先在地穴内侧挖一圈板槽,宽约 8 厘米、深约 16 厘米,槽内插长条形木板,填土埋实,形成板壁。室内有柱洞 28 个,柱洞的分布为内外两圈,外圈靠近板壁,内圈的柱洞在内侧的四角,都是两两相对。这些柱洞内所立柱是支撑房屋梁架之用。室内居住面用一层灰白土铺垫踏实而成,东北部烧成硬面。居住面四周铺底板,应是主要起居之地。灶址设于室内中央。东壁南端有一段未挖槽立板,两侧各有一柱洞,应与设门有关,但未发现门道遗迹。

F2 东距 F3 约 2 米,此房屋也毁于大火,木结构全部烧成木炭,但形态、结构还可以判明,也是室内镶板壁,周边立房柱,其上架梁,室内中央有灶坑,居住面上铺木板。室内北壁铺板附近有陶罐 1 件,西壁铺板上有陶罐 2 件,陶斜口器 1 件。

窖穴清理 7 座,可分为两类,一类为室内窖穴,一类为室外窖穴。以 H7 为例,位于 F3 室内西北角,穴内有倒塌的木炭,底部有残陶片,推测此类窖穴是储存食物之用。

同仁文化的遗物以陶器为主,此外还有骨器、玉石器和金属器。

陶器以夹砂黑灰陶和红褐陶为主,有少量的泥质红陶。烧制火候不高,器表陶色斑杂不匀。质地粗疏,器壁较厚。制法均为手制,采用泥条

---

① 黑龙江省文物考古研究所:《黑龙江萝北县团结墓葬发掘》,《考古》1989 年第 8 期。
② 黑龙江省文物考古研究所:《黑龙江省绥滨县四十连遗址发掘报告》,《北方文物》2010 年第 2 期。

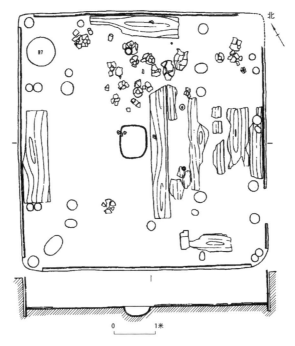

图 4-69　同仁 F3 平、剖面图

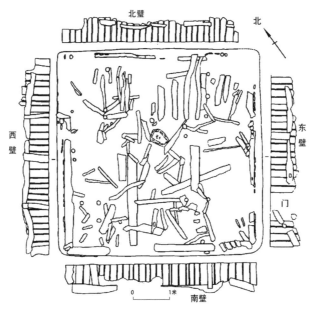

图 4-70　同仁 F3 顶部及四壁木板遗迹图

（图中圆圈为木梁及立柱位置，并非柱洞）

盘筑成型,外表多有刮削、抹平的痕迹,局部经慢轮修整。小型器皿多采用捏塑成型,制作粗糙。绝大多数陶器上有纹饰,器表饰单一纹饰的通常较少,多饰有复合纹饰,施纹位置一般施于器物的肩部及腹部。纹饰种类比较丰富,纹饰中由刻纹、篦纹和长方格纹组成的连续折线纹是同仁文化富有特色的装饰之一。纹饰中以附加堆纹及水波纹最多。器类则以罐的数量最多,而且形式多样,如盘口鼓腹罐和口沿下饰附加堆纹的高领鼓腹罐等。此外还有敞口碗和斜口器等。

石器和骨器多为生产工具。石器种类有砺石、研磨器、镞、刮削器等。骨器 18 件,器型有镞、锥、纺轮和饰物。

铁器有镞、刀、锛、钉等工具以及针、钗等生活用具。

同仁文化可分为早晚两段,各以 F3、F2 为代表。以 F3 为代表的早段,房屋为半地穴式,居住面上铺板作起居处所。陶器以夹砂灰黑陶为主,制法为泥圈套接,器壁较厚,典型器类有盘口罐。常见纹饰有短条篦

0　　　　1米

图 4-71　同仁 F2 平、剖面图

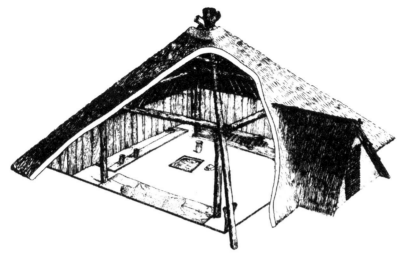

图 4-72 同仁 F2 复原图

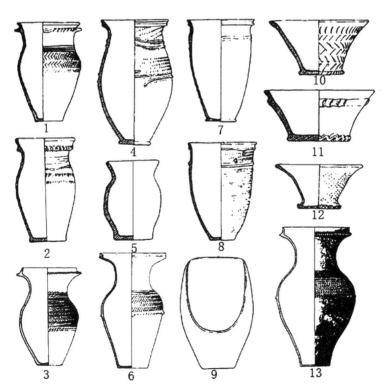

图 4-73 同仁遗址出土陶器

纹、凹弦纹、附加堆纹等,斜口器很有特色。铁器有锛、镞等。以F2为代表的晚段房屋建筑方法与早期相似,变化不大。典型陶器是夹砂红褐陶的直口筒腹罐,口下附贴泥条,形成双唇,纹饰简练,有凸弦纹和拍印方格纹。骨镞较多,铁器有刀、镞等。早段和晚段共性的传承因素较多,房子均为半地穴式,以木板围墙,房内设内外两圈木柱,表明二者的房屋建筑基本结构相同。二者陶器均为夹砂陶,皆手制,泥圈套接成器,壁厚,火候不均匀,器形不十分规整,器类较少,陶罐以双唇为重要特征。器类中均有斜口器。二者之间的发展关系明显可见。同仁文化所出的陶器如有领罐、盘口陶罐、直口筒腹罐等在很多地方都可以发现相同或相似的出土,表明这类文化遗存在较大的地域内都有所分布。

同仁文化的年代,根据碳14测年,F3大约在公元599～684年,F2大约在公元994～1186年,大体上约当中原南北朝时期,其下限可能已经进入隋唐之际。学界认为,同仁文化归属靺鞨系统的文化遗存。

(2)萝北团结墓地

萝北县地处黑龙江省东部,东北隔黑龙江与俄罗斯相望。墓地位于萝北县团结公社砖厂西部的沙岗上,北距县城约9.5公里,东南距公社所在地约1公里。1982年砖场取土时发现了该墓地,由县文化局与

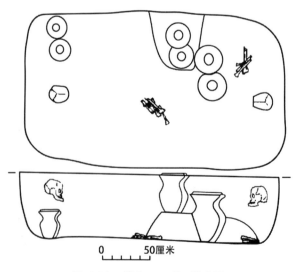

图4-74 萝北M1平、剖面图

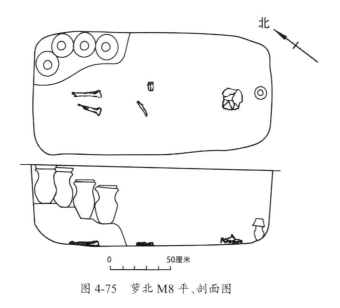

图 4-75　萝北 M8 平、剖面图

乡文化站对其中的三座墓进行了调查清理①。1983 年黑龙江省文物考古研究所对该墓地进行了抢救性发掘,揭露面积 425 平方米,发掘墓葬10 座。

墓葬形制皆为长方形土坑竖穴,墓葬大小不一,大的如 M1,长 280厘米、宽 116 厘米,小的如 M5,长 160 厘米、宽 80 厘米。10 座墓葬中M1、M2、M4、M6、M8 在墓葬的一侧或角部设有生土台,其上放置陶器。个别墓葬如 M1 在墓壁底部一侧掏有小龛,内置兽头。没有明显的葬具痕迹,但其中有的墓葬中含有零碎的木炭,可能与火葬习俗有关。葬式有一次单人葬和二次双人葬。墓中的随葬品除了陶器外,还有铁、铜器以及装饰品等。铁器多是武器和马具,如铁器有矛、马衔、带卡、刀、铠甲等,铜器只有一件刀柄套。

陶器各墓中都有出土,数量不一,最多 8 件,如 M2,最少一件,如M5,一般在 2～4 件左右。整个墓地总计出陶器 52 件,除了一件装饰品外,其余都是生活用具。器类简单,有大罐、小罐和钵。大罐最多,达 33件,小罐 15 件,钵仅 3 件。基本组合为大罐和小罐,共出最多。大罐束

① 祖延苓、韩世明、李陈奇等:《黑龙江萝北县团结墓葬发掘》,《考古》1989 年第 8 期。李英魁:《黑龙江省萝北县团结墓葬清理简报》,《北方文物》1989 年第 4 期。

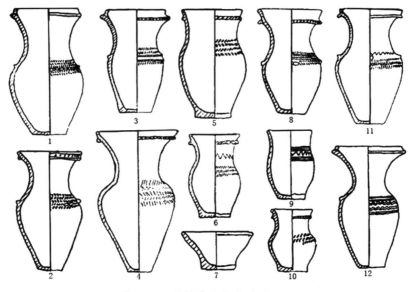

图 4-76　团结墓地出土陶器

颈、盘口、鼓腹,风格与同仁文化居址出土的基本一致,二者应是同一考古学文化。

（3）四十连遗址

四十连位于绥滨县二九零农场东 17.5 公里,遗址分布在四十连东南蜿蜒河西岸台地上[1]。在方圆十几里的范围内,遗址所在位置最高,面积 15500 平方米。1978 年黑龙江省文物考古工作队在绥滨县进行考古调查时发现。同年进行了试掘,发掘面积 200 平方米,清理房址 3 座。

房址形制基本相同,均为半地穴式木构建筑,都靠近遗址东头,排成一排,彼此间距大约在 2 米左右,均毁于火灾。房址结构较简单,以 F2 为例,为圆角长方形半地穴式,面积约 24 平方米,室内四壁内侧有木制板壁,为地穴四壁内侧挖沟槽,在槽内插入木板,另用横木将板壁连接固定。门道向南略偏西,居住面平整,未经特殊加工,圆形灶位于室内中央靠北处,呈锅底状,室内北壁为放置陶器处,未发现柱洞。房内出有少量

---

[1] 黑龙江省文物考古研究所:《黑龙江省绥滨县四十连遗址发掘报告》,《北方文物》2010 年第 2 期。

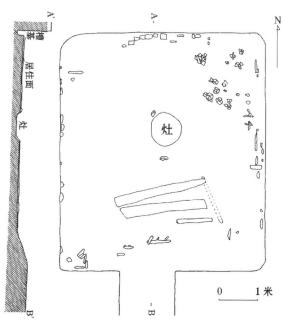

图 4-77 四十连 F2 平、剖面图

陶器和生产工具。出土遗物不多,主要是陶器,此外有少量石器和铁器。

陶器质地主要为夹砂陶,颜色以红褐陶居多,另有黄褐和灰黑色。制法皆手制,多采用泥条盘筑,小件器物多捏塑。流行施纹,绝大多数器物都装饰有纹饰,施纹的部位一般施在肩、腹部,比较常见的纹饰有水波纹、凹弦纹、篦点纹、刻划纹、锥刺纹、附加堆纹等。器物以罐数量最多,形式多样,并有斜口器、碗等。遗址的年代根据碳 14 测年数据,在距今 2050 ~ 2090 年,相当于两汉时期。

5. 桥南二期遗存

桥南二期遗存是相对桥南文化一期的称谓,是近年来在依兰县桥南发现的一种新的文化遗存①。当前对该文化的认识仅局限于桥南遗址一处。

遗存可分为两期,两期遗存间有承继关系,文化面貌相近。但第二

---

① 李砚铁、刘晓东、王建军:《黑龙江省依兰县桥南遗址发掘及相关问题》,《北方文物》2000 年第 1 期。

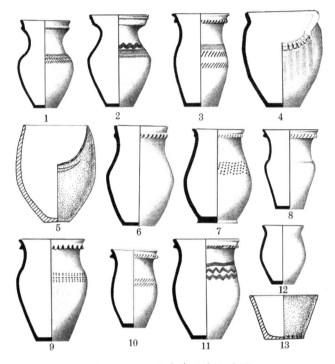

图 4-78　四十连遗址出土陶器

期遗存新出现了带齿状附加堆纹口沿的陶罐、骨回转鱼镖、带角状把手的单耳罐和铁制凿、刀、鱼钩等工具。

房址与一期一致,同样为方形(长方形)半地穴式建筑。

根据二期遗存出现的新的文化因素,研究者认为桥南文化处在战国到西汉时期。

三江平原除了上述遗址外,还在双鸭山发现了一批汉魏时期城址。

青龙山城址[①]:位于双鸭山市宝清县小城子乡青龙山村南的青龙山上,1998年佳木斯市文物管理站协助黑龙江省文物考古研究所基建考古办公室对哈同公路集佳段做考古调查时发现。城址平面呈不规则椭圆形,所在地势较高,城内建有3个瞭望台,属瞭望址。城址北坡岗梁上也有3处瞭望址。居住址在城外南部山坡上,面积约40万平方米。年

① 黑龙江省地方志编纂委员会:《黑龙江省志·文物志》,黑龙江人民出版社,1994年。以下各城址均摘自此书,注略。

代属汉魏时期。

东辉城址：位于双鸭山市集贤县福利镇东辉村西南山上。原称东辉遗址。1996年4月友谊县文物管理所对邻县集贤县沙岗镇遗址调查时发现。城址总面积约4.6万平方米。城内有两座小城，东西相对分布。城内地表采集到陶片和石器，是当地滚兔岭文化的特有器形。年代属两汉。

狼洞沟城址：位于双鸭山市宝山区友谊农场狼洞沟北的山上，东邻七星河。1989年友谊县文物管理所调查时发现。城址平面呈椭圆形，周长约200米。年代属汉魏时期。是三江平原汉魏时期遗址——仁合遗址群中的一处。

仁合西城址：位于双鸭山市宝山区仁合屯西南的山上。1986年佳木斯市文物管理站调查时发现。遗址平面呈不规则形，面积约3.74平方米。年代属汉魏时期。是三江平原汉魏时期遗址——仁合遗址群中的一处。

电厂南城址：位于双鸭山市宝山区龙头山东侧的漫岗上。城址平面略呈三角形，面积约3.89万平方米。年代属汉魏时期。是三江平原汉魏时期遗址——仁合遗址群中的一处。

馒头山城址：位于双鸭山市宝山区馒头山的东坡及山顶上。1991年友谊县文物管理所测绘时发现，1995年友谊县文物管理所对城址做了实测。遗址平面形状不规则，总面积约1.13万平方米。年代为汉魏时期。是三江平原汉魏时期遗址——仁合遗址群中的一处。

奄拉腰山东城址：位于双鸭山市宝山区哈建村东南方约2.5公里的山上，东北距仁合屯1.7公里。城址分南北两城，平面均呈不规则形，相距约64米，总面积约3.73万平方米。年代属汉魏时期。是三江平原汉魏时期遗址——仁合遗址群中的一处。

奄拉腰山北城址：位于双鸭山市宝山区哈建村南方约1.5公里山南坡及山顶，东距仁合屯约2.3公里。1990年友谊县文物管理所调查时发现。城址平面呈不规则四边形，分布面积约1.26万平方米。年代属汉魏时期。是三江平原汉魏时期遗址——仁合遗址群中的一处。

奄拉腰山城址：位于双鸭山市宝山区哈建村东南方约2.1公里的山上，东北距仁合屯约2.1公里。1993年友谊县文物管理所发现。城址平面呈圆形,分布面积约2.04万平方米。年代属汉魏时期。是三江平原汉魏时期遗址——仁合遗址群中的一处。

园林队东城址:位于双鸭山市宝山区园林队东北约750米处一个独立山的南坡及山顶。1986年佳木斯市文物管理站调查时发现。城由东西两城组成,两城相对,平面呈不规则形,整个面积约4.15万平方米。年代属汉魏时期。是三江平原汉魏时期遗址——仁合遗址群中的一处。

龙头山城址:位于双鸭山市宝山区仁合屯东南约1.5公里的山上。1986年佳木斯市文物管理站调查时发现。城址平面略呈圆形,周长约67米,分布面积约3.91万平方米。城垣外有环壕。年代属汉魏时期。是三江平原汉魏时期遗址——仁合遗址群中的一处。

七一村东南城址:位于双鸭山市四方台区七一村东南约1.3公里山的南坡及山顶。原名七一城址。1981年发现,1996年友谊县文物管理所做了复查和测绘工作。城址由东西两个小城组成,总面积约7.6万平方米。城垣外有护城壕,城内有半地穴式居住址。年代属汉魏时期。

勤得利城址[①]:位于同江市勤得利码头西南勤得利西山的西南坡上,该城址处于勤得利农场区域内。1982年全国第二次文物普查时发现。1993年佳木斯市文物管理站和同江市文物管理所共同对古城做了实地调查及测量工作。城址平面呈不规则椭圆形,依山势而建。周长1820米,总面积约18万平方米。年代属汉魏时期,沿用至辽金时期。

三、黑龙江早期铁器时代的文化面貌

黑龙江早期铁器时代年代相当于中原的战国至魏晋时期,是黑龙江地区发现遗址数量最大、确立各种考古学文化遗存种类最多的时期。在这个时期,至少有十余支不同面貌的考古学文化先后或同时存在。

---

① 鄂善军:《黑龙江省同江市勤得利古城调查》,《北方文物》2002年第3期。

它们分布在不同的区域,共同构建、演绎了这个漫长阶段的文化体系与格局。

(一)黑龙江早期铁器时代按照其地理分布及文化特征,可以分为三区两段

松嫩平原区:早段的考古学文化有两支,分别是汉书文化和宾县庆华遗存。晚段有戚家围子类型。松嫩平原在西汉时期应当仍然以汉书文化占据主导地位,而到了两晋时期,则是以戚家围子类型为主。整体上看,整个早期铁器时代松嫩平原发现的考古学文化遗址数量并不多,主要的考古学文化主体是汉书文化。

三江平原区:早段有两支考古学文化,分别是滚兔岭文化和蜿蜒河类型。晚段有两支考古学文化,分别是凤林文化和同仁文化。

牡丹江·绥芬河流域区:早段遗存有三支,分别为团结文化、东康类型、东兴文化。晚段遗存有两支,分别为河口三期遗存和河口四期遗存。团结文化在黑龙江境内的分布范围在绥芬河流域和穆棱河上游、图们江流域、俄罗斯滨海南部地区。典型陶器有小平底瓮和罐、浅盘高圈足豆和空心柱柄豆。

(二)众城林立的三江平原

黑龙江早期铁器时代一个比较特殊的现象是各区域之间原来的考古学文化分布的格局和重心发生了很大的变化。青铜时代以白金宝文化为重心的松嫩平原是人类活动的集中区域,其发达程度远远超出其他两个区域,但是到了早期铁器时代,三江平原异军突起,成为当时黑龙江考古学文化的核心区域,三江平原地区在两汉时期骤然出现近千座聚落址,以滚兔岭遗址为中心,在东西长350米、南北宽200米的范围内分布了近百个半地穴居住坑,有了超大面积的宫殿式房址,这些都意味着当时已经存在了凌驾于公共权力之上的强权政治。

历史发展到魏晋时期,三江平原的这些聚落址在滚兔岭文化的基础上继续发展,形成了以凤林城址和炮台山古城遗址为中心的大型聚落群。

　　凤林城址是七星河流域中心聚落中最大的一个多垣城址,它坐落于七星河中游北岸的河漫滩上,隔河与南岸的炮台山城址相望。城址形状呈不规则形,城内被土筑城墙分割成不同形状互相贴附的 9 个城区,整个外城墙周长 6130 米,总面积约 120 万平方米,有两道护城壕环绕。七城区位于全城中心,是整个城址的核心区域,城址方形,周长 490 米,在城墙的四角各有一向外凸出的“角楼”,四墙的中部各有一向外凸出的“马面”。

　　炮台山古城坐落于七星河中游南岸,距宝清县七星泡镇保安村东北约 400 米,是三江平原汉魏时期最大的一座山城址,在城址的东北隔河与凤林城址相望,因此将二城俗称“对面城”。城址总面积约 48 万平方米,为四垣城址,它是由平面有三个连环围垣和主体自下而上的三重土墙筑成,最下面的城墙筑在平地上,由三圈围垣连接而成,占地面积约 60 万平方米。炮台山的重要发现是“北斗七星”祭坛遗址,“这是三江平原最大和最有代表性的山城址和祭坛址。祭坛呈‘北斗七星’状,有登坛阶梯迹象”[①]。

　　除了不同规格的聚居址之外,还有祭祀遗址、防御遗址和瞭望遗址等。在凤林文化发现的平地筑高墙挖深壕并在城墙设置角楼和马面等用于加强防御力量的设施,是黑龙江地区真正意义上的“城”的出现标志。

　　三江平原七星河流域的这些聚落分布模式是在一个相对独立的地理区域内,城垣层数较多的城址位居比较中心的位置,周围分布相当数量的单垣城址和聚落址,已形成了中心聚落、次中心聚落、普通聚落。这种级差式的聚落结构,表明当时已进入文明社会。而在这个相对独立的区域里,“属于全流域的防御聚落、祭祀聚落、瞭望聚落、要塞聚落等特殊功能聚落的存在,表明该区域内的汉魏时期聚落是一个统一的整体”。“这一时期,已进入了苏秉琦先生所论的国家发展‘三部曲’中的‘方国阶段’。”[②]

---

① 《2000 年中国重大考古发现回眸》,《中国文物报》,2001 年 5 月 23 日第 5 版。
② 黑龙江省文物考古研究所:《考古·黑龙江》,文物出版社,2011 年。

（三）居址与墓葬

1. 居址

早期铁器时代黑龙江的房址基本上都是半地穴式建筑，一般室内都有柱洞，平面形状略有不同，呈方形或长方形，多数是圆角。除了这些比较相似的地方，三个区在建筑方式及室内布局上表现出各区自己的特色。

松嫩平原：属于汉书文化的房址为长方形半地穴式建筑。小拉哈三期房址呈圆角长方形半地穴式，居住面系先用黄泥抹平，然后再行烧烤。房址中部有两个灶，东侧灶坑早经废弃，居住面上有 8 个分布不规则的柱洞，门道位于东壁中部，斜坡状门道。居住面清理出 5 个圆口灰坑，为贮藏物品的窖穴。年代属战国至西汉。庆华遗存房址为方形半地穴式建筑，居住面平滑坚硬，呈红褐色，经过火烧。灶设在室内东南角，锅底形。年代为战国晚期至东汉。

三江平原：早段的滚兔岭文化房址均为半地穴式，平面以圆角方形为多，房址面积有不同的规格，多数房址面积为 30～70 平方米左右，有的超过 100 平方米，个别室内有隔墙，形成套间，多数房址的四壁内侧有树立板壁的沟槽遗迹。值得注意的是属于滚兔岭文化的范围里发现了超大型房址，2000 年发掘的炮台山 F1，面积 230 平方米，发掘者认为，从规模看这不是普通的居住场所，推测为举行祭祀活动的场所[1]。同样是 2000 年，在凤林城址发掘了房址 F23，面积近 700 平方米，室内未发现灶，表明该房址不是居住址，发掘者认为，该房址应为公共使用，是族群集体议事活动的场所[2]。年代为汉魏时期。

晚段的凤林文化房址同滚兔岭文化相似，均为半地穴式，平面呈圆角方形。房址共分两类，一类是带有用黄土堆垒捶实而成火炕，火炕上以石板铺盖，呈曲尺形，中间设单股烟道；另一类无火炕，这类房址往往更加重视设计灶的结构。在一些房址中也发现有沿穴壁内侧设有一圈

---

[1] 黑龙江省文物考古研究所：《黑龙江宝清炮台山汉魏城址试掘简报》，《文物》2009 年第 6 期。

[2] 黑龙江省文物考古研究所：《黑龙江友谊凤林城址 2000 年发掘报告》，《考古学报》2013 年第 4 期。

浅槽,用来竖立木板,同样也是为了增加室内的取暖效果。

同仁文化房址为方形半地穴式木构建筑。如 F3,房子四壁有板壁,室内有柱洞 28 个,分为内外两圈,居住面用一层灰白土铺垫踏实,居住面四周铺底板,应是主要起居之地,灶在室内中央。年代南北朝时期,下限可能到隋唐。

牡丹江流域:团结文化房址均为方形半地穴式建筑。房址面积 35-100 平方米不等,居住面和四壁多经火烤过,部分房址中发现有护墙板和地面灶。根据房址的内部结构分为两类,一类是无火墙房址,这类房的灶都建在室内中间,如 F5,室内地面中部有一个灶,北壁中部有一大陶瓮,内储谷物;一类是有火墙的房址,这类房的灶都建在室内靠西壁南侧,如 F1,灶位于室内西壁,土石混筑,由灶台、火膛和灶门组成,灶与火墙相连构成室内的取暖设施。火墙位于西壁和北壁,呈矩尺形,土筑,长约 11 米,宽约 0.5～1 米,中间有一条丫形烟道,一端与灶相连,一端为出烟口,烟道上覆盖长板石。由出土遗物推测,南面是储存物品和炊事的地方,北面为休息和劳作的地方。年代为春秋战国之交至东汉。

东康类型房址均为半地穴式建筑。如 F2,房址北壁及东壁无存,西壁保存较好,南壁也保留一部分。室内近南壁地面有 13 个柱洞,并在近西壁和房址西侧发现成排石块,推测应该是柱础石。居住面经火烧烤过,南侧发现一处由五块立石组成的灶。室内出土了包括石质刀、镰、磨盘和磨棒、镞以及骨纺轮、陶网坠等丰富的农业和渔猎工具,生活用陶器主要有陶瓮、陶碗、陶罐等,在陶瓮中还出有大量的炭化粟、黍等农作物。年代为两汉,下限也许可稍晚。

东兴文化房址均为方形或长方形半地穴式建筑。室内发现灶址,在西壁偏南有一道用于放置日用陶器的浅沟槽。河口遗存二期室内也发现室内近西壁南侧有一排圆形圆底坑,共 5 个,用来放置陶器。年代大致两汉时期。

河口遗存均为方形或长方形半地穴式建筑。F2014 灶位于室内中部偏南,椭圆形锅底状,灶西侧有一个浅坑,为放置陶器之处。年代东汉末到魏晋时期。

河口四期遗存一般为方形半地穴式建筑。振兴遗址四期也发现放置陶器的小圆坑。年代在南北朝—隋唐以前。

综合上述三区在早铁时期房址发现的情况,我们能比较清楚地了解他们在房屋建造和使用上的特点。

嫩江流域发现的房址较少,从现有的遗迹看,属于汉书文化的房址,对地面做修饰,流行地面灶,在室内有储藏功能的窖穴;属于庆华遗存的房址,使用锅底形灶,居住面经火烤,光滑且坚硬。

牡丹江流域发现的房址数量较多,从现存遗迹现象看,在团结文化的时代,人们对于居住环境进行了改善,制造了用火墙取暖的设施,对室内的功能区也有了划分,区分出储存物品和炊事的地方以及休息和劳作的区域。

三江平原也发现了数量较多的房址,从滚兔岭文化开始,这里就流行在房屋内壁使用板壁,个别室内有隔墙,形成了套间,并且还出现了超大面积的特殊房子。晚段凤林文化的遗址中出现了火炕。同仁文化的房址中对地面做了专门的修饰,并且在居住面铺设木板,成为专门的起居场所。显示出当人们有了足够的生活物资,提高生活质量就成为生活中的重要部分,于是出现了火炕,增加了室内的取暖效果,并在室内设计了功能区,划分了起居场所,等等。

2. 墓葬

墓葬分布在松嫩平原、三江平原和牡丹江流域。

松嫩平原的墓葬分为早、晚两段,早段的有二克浅、大道三家子、平洋、东八里、小拉哈三期,晚段的是戚家围子墓地。早段的平洋墓地和东八里墓地所见墓葬只有个别有葬具,多数无葬具。埋葬方式比较多样,有二次葬、一次葬,个别的火葬,有合葬和单人葬。多数有随葬品,随葬品中以陶器居多,基本上都是生活中的实用器。年代在战国到汉。晚段戚家围子墓葬多数有木棺,部分木棺有火烧的痕迹,埋葬方式有单人葬,也有双人葬,随葬品明显丰富,不仅有陶器、铜器、铁器等,还有金银器。年代相当于魏晋时期。

三江平原发现的墓地很少,仅发现萝北团结墓地,先后调查发掘13座墓葬。葬具的痕迹并不明显,有的墓有零碎的木炭,可能与火葬习俗有关。葬式有一次单人葬、二次双人葬等方式。5座墓在墓葬的一侧或角落设有生土台,上面放置随葬陶器,随葬品有陶器、铁和铜兵器、装饰品等。

　　牡丹江流域发现的墓葬属于东康类型,分别在路家店和东康两处。路家店墓群发现墓葬70余座,分两区,东区墓葬36座,西区墓葬34座均为积石冢。墓室均为玄武岩砌筑,平面呈不规则的长方形,墓葬有同封双室墓。未发现葬具痕迹,在个别墓室发现有头厢,不见墓门和墓道。墓室上多无盖顶石,而是用玄武岩碎石填充。墓冢全部由积石封堆,其上无封土,外观呈不规则的圆形。随葬品以陶器为主,有少量石器,器类单纯,均为罐、钵形器。从陶器分析,墓群属于东康类型,年代约相当于中原的两汉时期。在东康遗址发现一座石棺墓,棺内被扰动过,无随葬品。年代在两汉时期。

　　通过上述各区域墓葬情况,我们可以看到三个区之间的葬俗有所不同。松嫩平原区流行竖穴土坑墓,早段墓葬部分有木质葬具,随葬品种类较丰富,以陶器居多,并有少量的铜器、铁器、骨器等,晚段多数有木棺,部分木棺有火烧痕迹,随葬品除了以往品类,还有金银器。牡丹江流域东康类型发现的墓葬均为石室墓葬,未发现葬具,随葬品基本为陶器,少见其他类。三江平原的罗北墓地没有发现葬具,但在墓中发现有零碎的木炭,推测可能与火葬习俗有关,随葬品有陶器,也有铜、铁兵器和装饰品,在墓室结构中约半数墓葬在墓底一侧或角部设生土台,放置随葬陶器。三个区域在埋葬习俗上的差别,反映出在整个早期铁器时代,在黑龙江境内有不同的人群生活,他们以各自不同的人生,共同构筑起战国至魏晋时代的文化面貌。

(四)经济类型

　　从战国时代开始,我国进入了铁器时代。黑龙江各地区进入广泛开发、经济快速发展的时期。由于铁质农具的使用使得农业生产能力有了大幅度的提升,促进了大面积耕作的开展,农业成为经济类型中最重要的一部分。一些遗址在炊器和储藏器中发现了存有炭化的粮食颗粒,说明当时农作物不仅可以满足生活需要,还可能有一定的剩余。

　　这时期出现数量众多的聚落址,其内涵复杂,包括了大型祭坛和多重城垣的军事城堡及超大面积的宫殿式房址。从遗址的密集程度上看,当时的人口数量也较前有了大幅提升。上述迹象表明黑龙江早期铁器时代主要是定居的农业经济为主的经济类型。属于凤林文化的保安 2 号城址出土的铁犁铧,表明黑龙江地区从魏晋时期已经出现了犁耕农业。

(五)族属及与周边地区考古学文化的关系

战国至魏晋时期的黑龙江地区文化交流异常活跃。在三大区域中多支考古学文化交错分布、同时并存,各具特色的文化面貌,表明了它们分别代表了不同族群的人们。它是黑龙江省各民族广泛交融的重要阶段。经过了战国两汉时期的各民族的广泛交融,至魏晋时期民族整合初步完成。

黑龙江的各支考古学文化遗存中可以寻到一些东北少数民族存在的证据或线索。有些遗存的性质已经基本上在学界达成共识,如认同团结文化是沃沮人的文化,但是多数关于考古学文化属于文献中哪个族团的遗存问题还没有达成共识。

挹娄、勿吉、靺鞨是东北三个重要的古族,他们都曾经活跃在黑龙江地区,一直以来,众多的学者试图将这些古族与目前发现的考古遗存联系起来,找出他们的族属。

挹娄古族对应的考古遗存,20 世纪 80 年代,林沄先生提出波尔采文化是古代挹娄人的遗存[1],有学者提出蜿蜒河类型就是在俄罗斯境内的波尔采文化,因此,蜿蜒河类型也应是挹娄人的遗存[2]。三江平原的滚兔岭文化的族属,有人提出也属挹娄的遗存[3]。但接续在滚兔岭文化之后的凤林文化是否也属于挹娄,目前有不同的认识。一种观点认为,凤林文化是滚兔岭文化的直接继承者,二者属于同一文化的不同发展阶段[4]。还有一种观点认为,滚兔岭文化和凤林文化有一定的传承关系,但不属

① 林沄:《肃慎、挹娄和沃沮》,《辽海文物学刊》1986 年第 1 期。
② 干志耿、孙秀仁:《黑龙江民族史纲》,黑龙江人民出版社 1986 年。
③ 王乐文:《挹娄、勿吉、靺鞨三族关系的考古学观察》,《民族研究》2009 年年第 41 期。乔梁:《黑龙江汉晋时期考古学遗存的分布与文化格局》,《边疆考古研究》第 13 辑,科学出版社 2013 年 7 月。
④ 赵永军:《试论滚兔岭文化》,《北方文物》2006 年第 1 期。

直接发展关系,不属同一文化系统。凤林文化另有来源,它是奥利加文化吸收了滚兔岭文化的因素,最终形成了凤林文化,凤林文化是勿吉的遗存[1]。

　　靺鞨民族是我国古代重要的民族之一,黑龙江的东部也是他们的主要分布区的一个部分。在黑龙江的古代遗存中,很多遗址出现过被称为靺鞨罐的陶器,这是目前对靺鞨文化遗存辨识度很高的重要指证物。黑龙江出土靺鞨罐的遗址年代跨度大,分布地区广,也说明了古代靺鞨族在黑龙江长期活跃的史实。河口四期与同仁文化,虽然分属不同的区域,但两类遗存的基本特征却比较相似,同为靺鞨文化遗存。在综合考察二者地理位置、文化特征及年代等之后,有学者提出以萝北团结墓葬和同仁文化为代表的遗存属于黑水靺鞨的遗存,他们的部族在黑水靺鞨中有重要地位,应该就是黑水靺鞨的代表部族黑水部的遗存[2]。

　　此外,松嫩平原戚家围子遗存的年代在两晋时期,在它的遗存中有一些鲜卑陶器的风格,但因为只是孤立的存在,很难有确切的结论,它"可能同辽西所谓的三燕文化或鸭绿江流域的高句丽存在着些许联系"[3]。

　　虽然很多问题还没有定论,关于古族与考古学遗存的对应上在很多方面还各执一词,但不能否认对早铁时期以考古材料探讨民族的课题已经有了一个有益的开端,随着考古材料的逐步揭露,有关于族属问题的探讨将会越来越深入,最终得到大家共识。

　　从考古发现上,可以看出这个时期不但各种遗址密集,而且内涵复杂,往往各种文化因素互相交织存在,如牡丹江流域东兴文化中存在的安装在罐上对称柱状耳和斜向上翘的角状把手,它们在团结文化和滚兔岭文化中都是很有代表性的特征,而团结文化和滚兔岭文化分属牡丹江·绥芬河流域和三江平原地区,二者能在此相遇,也显示出这里是两支文化交汇的结果。这种文化特征的逐渐一致性,客观上与历史发展的进程是同步的,即各民族的融合、发展逐渐带来的文化趋同。

---

① 张伟、田禾:《挹娄、勿吉文化的考古学考察——以滚兔岭文化与凤林文化为中心》,《北方文物》2017年第3期。
② 李陈奇:《靺鞨——渤海考古学的新进展》,《北方文物》1999年第1期。刘晓东:《靺鞨文化遗存浅析》,《北方文物》2009年第4期。
③ 乔梁:《黑龙江汉晋时期考古学遗存的分布与文化格局》,《边疆考古研究》第13辑,科学出版社2013年7月。

早期铁器时代主要考古学文化的分期与分布

段	区	主要文化	典型遗址	主要特征
早期铁器时代	松嫩平原	汉书文化	白金宝遗址三期、小拉哈遗址三期、卧龙二期、哈土岗子、后七棵树、平洋砖厂和战斗墓地、东八里墓地、大道三家子墓地、小登科墓地等	齿状花边口沿、大口花边折沿矮裆鬲、花边口沿罐、单耳杯、束颈壶、直颈壶、平底碗、圈足碗、鸭形器、鬲、小三足器等，红陶衣、箆点纹、戳印纹等
		庆华遗存	庆华遗址	敛口瓮、堆纹口罐、几何纹红彩陶
	三江平原	滚兔岭文化	集贤滚兔岭、友谊凤林、宝清炮台山、双鸭山保安	侈口鼓腹瓮、重唇花边口罐、单把罐、直口鼓腹壶、角状耳
		蜿蜒河类型	绥滨蜿蜒河遗址	敞口细颈鼓腹罐、敞口鼓腹罐、红衣壶、敞口碗
		桥南二期遗存	依兰桥南遗址	侈口短颈弧腹罐、球腹罐、侈口鼓腹小底瓮及双竖耳壶，凸弦纹
	牡丹江·绥芬河流域	团结文化	东宁团结下层、东宁大城子	小平底瓮、小平底罐、高圈足豆、柱把豆，柱状双纽
		东康类型	宁安东康、大牡丹屯、牛场、东升、路家店	侈口筒腹罐、敛口筒腹罐、侈口罐、侈口壶、乳丁纽
		东兴文化	海林东兴、振兴二期、河口二期、木兰集东一期、望天岭	浅腹罐、深腹罐、壶，柱状纽和角状单把手
早段（战国~秦汉）				
晚段（魏晋南北朝）	松嫩平原	戚家围子类型	望奎县戚家围子村	直颈鼓腹壶、侈口罐、盘口罐、双耳罐
	三江平原	同仁文化	绥滨同仁、二九零农场四十连、萝北团结墓地	盘口束颈壶、重唇花边口罐、扁身斜口器、敞口碗
		凤林文化	友谊凤林、双鸭山保安、宝清炮台山	侈口鼓腹瓮、重唇花边口罐、侈口鼓腹罐、单把罐
	牡丹江·绥芬河流域	河口遗存	海林河口三期、振兴三期、渡口一期	大型筒形罐、缸，乳丁状纽
		河口四期遗存	振兴四期、渡口二期、木兰集东二期	重唇花边罐、假圈足碗

第五章 "海东盛国"——渤海遗存

渤海国建于公元 698 年，是唐朝册封的中国东北地区以粟末靺鞨为主体、结合靺鞨诸部及其他各民族建立的地方政权，它也是黑龙江区域第一个地方政权。唐朝的政治、经济和文化对它产生了强烈影响，使其在诸多方面都取得了长足的进步和发展，因此被誉为"海东盛国"。它在黑龙江和我国东北乃至东北亚地区的历史上均占有重要的地位。我国古代典籍中对渤海的历史及政治、经济、军事、文化以及它与唐朝、毗邻民族的关系等都有记述，而近年来由考古工作者所做的科学性和准确性的调查发掘，可以对史书的记载作直接印证和多方面的补充。

一、考古发现与重要活动

有关渤海遗迹的发现与考证，早在清初就有学者在著述中有过论述，如张缙彦《宁古塔山水记》、张贲《白云集》等书中都对当时称东京的渤海上京遗址做过考证，记录了发现。

渤海遗存的分布区域除了我国东北地区外，还包括俄罗斯远东和滨海地区以及朝鲜半岛部分地区。遗存的内容有遗址、宫殿、居住址、寺院、墓葬以及大量的各种各类器物。

20 世纪初，在渤海考古调查和发掘工作的主要是日俄学者。1910年日本学者白鸟库吉在渤海上京龙泉府遗址采集到宝相花纹砖，判定为唐代遗物。1926 年日本东京帝国大学鸟山喜一对上京城遗址进行了考察。1931 年哈尔滨特别行政区博物馆的俄国人包诺索夫等又采集到各种瓦和泥塑佛像残件等，肯定它是唐代的一处都城，并推断是唐代渤海龙泉府古城址，初次把这处考古遗存同文献记载印证起来。1933 年 6月至 1934 年 7 月，东京帝国大学文学部考古研究室原田淑人等以"东亚考古学会"的名义，对渤海上京城遗址进行大规模的发掘，并将此次发掘成果编写发掘报告《东京城》①。此次调查发掘对上京城的形制、布局、规模等有了一定的认识。在上京城发掘的同时,日本人还发掘了城西北的三陵1号墓,但没有清理干净。

渤海国留下了大量类型丰富而特征鲜明的遗存,因此1949年后渤海考古一直是黑龙江省考古工作的重点,而且取得了丰硕的成果。

其一,50~60年代,主要是对牡丹江流域进行系统调查,新发现了一些遗址和墓葬,并有重点地对部分发现进行发掘。

(1)1956年黑龙江省博物馆调查了三陵坟渤海墓地,对被盗掘过的1号墓也做了详细的测量。1957~1958年对渤海上京城等进行调查。1958年4月黑龙江省博物馆赵善桐、孙秀仁等在牡丹江下游地区考古调查中,发现渤海石室墓群5处(头道河子附近三处,北站西山一处,沙河子一处),墓葬近140座,渤海城址4座,建筑址1处②。1959年10月朱国忱、孙秀仁在牡丹江中游考古调查中发现渤海城址2处(大牡丹屯、牛场各一处),桥梁址1处("平安桥"在平安村东南牡丹江中)③,墓葬2处(大牡丹屯附近、三灵屯西风水崴子各1处),堡垒、仓窖址各1处。复查桥梁址2处("七孔桥"位于东京城镇北约6公里,"五孔桥"在七孔桥以东约5公里)。

(2)1960年春,吕遵禄、孙秀仁、樊万象等对牡丹江中游及镜泊湖地区考古调查时,发现大面积的渤海墓群。在宁安大朱屯发现墓葬70余座④,在林口县头道河子发现墓葬179座。同年,黑龙江省博物馆对镜泊湖周围进行考古调查时在松乙沟发现了"二十四块石"和建筑址各1处。在附近的房身沟也发现1处二十四块石遗迹。

(3)1961年调查发现沙兰洋草沟渤海墓群和杏山的渤海砖瓦窑址等。

(4)1963~1964年间,对东京城附近地区的渤海遗迹进行了较大规模的调查与复查,并对渤海上京故城及其内外遗迹进行探测与发掘,进一步加深了对该遗址的了解。

(5)1964年6~10月,中国社会科学院考古研究所与朝鲜社会科学

① 《东京城——渤海国上京龙泉府遗址の发掘调查》,东京,1939年。
②③ 黑龙江省博物馆:《牡丹江中下游考古调查简报》,《考古》1960年第4期。
④ 吕遵禄:《黑龙江宁安林口发现的古墓葬群》,《考古》1962年第11期。

院联合对渤海上京城遗址进行了较大规模的调查、钻探和发掘,黑龙江省博物馆考古专业人员作为中方队员参加了全部田野工作。这次调查考古发掘,搞清了外郭城和宫城的形制、范围,城内街道坊市以及宫殿、官署、寺庙等建筑物的分布,从而对渤海上京城的整体规划、布局有了比较清楚的认识,并且重新实测、绘制了上京城全城的平面图。在调查发掘中还发现了大量陶质建筑材料、陶器和其他渤海遗物,大大丰富了对渤海器物形制特征的认识。1966 年朝鲜违反两国协议公布了发掘资料[①],其后又出版了《渤海文化》一书[②]。1997 年中国社会科学院考古研究所出版了《六顶山与渤海镇》考古发掘报告[③]。

　　(6)1966 年黑龙江省博物馆调查了海林县山嘴子渤海墓群 1 处,发现墓葬 130 余座,又在山嘴子隔海浪河对岸的哈达屯附近发现另 1 处渤海墓葬约 20～30 座。1966 年和 1967 年两次对山嘴子墓葬中的 29 座墓进行发掘,这是对黑龙江省境内渤海墓群的一次较大规模发掘。

　　其二,70 年代,对渤海进行的考古工作主要有以下几项:

　　(1)1972 年夏,黑龙江省博物馆派人调查位于东宁县的大城子遗址,同年秋进行复查和实测。明确了城址的布局,并发现了一些重要遗迹和遗物。

　　(2)1975 年 4 月,在渤海镇土台子村南发现一个渤海舍利函。舍利函由内外七重组成,自外而内由石、铁、铜、漆、银等不同材质制成。第七重的银盒由丝织品包裹,盒里所盛即"舍利宝瓶",这是渤海考古的一次重要发现,为研究渤海佛教、工艺美术等提供了珍贵的物证,丝织品也是首次发现[④]。

　　(3)1977 年黑龙江省文物考古工作队、吉林大学历史系考古专业对东宁县大城子渤海墓地进行了发掘[⑤]。

---

① 1965 年考古工作结束时中朝双方签订了协议书。协议中明确规定发掘报告的初稿是未定稿,不得公开发表,但朝方违反协议,1966 年将未定稿单独以"朝中共同考古学发掘队"名义予以公开发表(见孙秉根:《关于中朝联合考古发掘队的一些情况》)。《中国东北地方遗迹发掘报告》,朝鲜社会科学院出版社,1966 年。
② 朱荣宪:《渤海文化》,朝鲜社会科学出版社,1971 年。
③ 中国社会科学院考古研究所:《六顶山与渤海镇》,中国社会科学出版社,1997 年。
④ 黑龙江省地方志编纂委员会:《黑龙江省志·文物志》,黑龙江人民出版社,1994 年。
⑤ 黑龙江省文物考古工作队、吉林大学考古专业:《东宁大城子渤海墓群发掘简报》,《考古》1982 年第 3 期。

（4）1977年黑龙江省文物考古工作队、吉林大学历史系考古专业在东宁团结发掘了渤海村落遗址，这是对渤海平民宅址初次发掘①。

除了上述之外，还对海林市渡口、振兴、鹰嘴峰、细鳞河等地的渤海村落遗址进行发掘，清理出一批小型半地穴式房址，对渤海平民住宅形式和生活面貌增进了了解。

其三，80年代，黑龙江省的渤海考古工作进入了较快发展时期，不仅对城址，也对墓葬和其他遗址都有了更深入的考古研究。

（1）1980年黑龙江省文物工作队发掘了宁安县杏山公社砖厂4座窑址②，出土大量的砖瓦等建筑材料。杏山窑址的发掘，为研究当时窑的形制、烧造工艺、唐代渤海国与中原地区的关系，以及上京龙泉府城建中砖瓦的来源问题，提供了宝贵的实物资料和确凿的证据。其年代为渤海中晚期。

（2）1981~1985年，黑龙江省文物考古工作队、牡丹江地区文物管理站、宁安县文物管理所组成联合考古队，对渤海上京龙泉府的宫城南门址、第一殿址、长廊、墙址等进行了清理发掘。这是上京城考古史上第三次全面调查与大规模发掘工作③。主要工作是清理发掘了渤海上京城遗址的1、2号房址和3、4号门址，对宫城正门、一殿台基和部分宫墙进行了清理，并找到了宫城的护城河。对一殿前广场和宫城西墙进行了钻探，对宫城、御苑及内城做了实测，探掘出一殿西廊南北段基础、东西向段和2号门南端入口处门道等。发掘了宫城外的官衙址，对渤海上京城建筑的形制等有了进一步了解，出土的大量陶制建筑材料、生活用具、铁制生产工具、铠甲片等，进一步丰富了对渤海时期的建筑材料、陶器器形的认识。

（3）1982年和1984年黑龙江省文物考古工作队等发掘桦林石场沟墓地，共发掘墓葬18座④。

---

① 黑龙江省博物馆、黑龙江省文物考古工作队：《黑龙江文物考古三十年主要收获》，《文物考古三十年》，文物出版社，1979年。
② 黑龙江省文物考古研究所：《渤海砖瓦窑址发掘报告》，《北方文物》1986年第2期。
③ 黑龙江省文物考古研究所：《渤海上京宫城第一宫殿东、西廊庑遗址清理简报》，《渤海上京城第2、3、4号门址发掘简报》，《文物》1985年第11期。
④ 黑龙江省文物考古研究所：《黑龙江省牡丹江桦林石场沟墓地》，《北方文物》1991年第4期。

（4）1983年黑龙江省文物工作队在对莲花水库淹没区进行的文物普查中,对海林北站渤海墓地、海林二道河子渤海墓地进行了调查和试掘工作[①]。

（5）1984年黑龙江省文物工作队调查和发掘了海林哈达湾渤海积石墓群,共发掘清理墓葬30余座。

（6）1984年黑龙江省文物工作队清理了宁安县西安村墓葬,主要发掘了一座大型砖室墓,墓室为砖石合建,形制特殊,在黑龙江地区渤海墓葬中尚属首次发现[②]。

其四,90年代,对于渤海的考古工作加强了计划性,并引入了新的技术手段和新的理念,使渤海考古学研究进入了一个崭新的阶段。

（1）1991年春,宁安市三陵坟地区开展了地球物理勘探工作,发现地下有墓葬群,其中有三座较大型的坟墓,其余为小墓,按勘探编号,以三陵3号墓为最大。1991年秋对三陵2号墓进行了发掘,证明这是一座渤海时期的壁画墓。这是我国正式发掘的渤海大型石室壁画墓。1996年又在2号墓西北150米处发现了4号墓。

（2）1990年宁安渤海虹鳟鱼场因取沙发现部分文物,被渤海上京遗址博物馆征集。1992～1995年,黑龙江省文物考古研究所对墓地全面发掘,清理了320余座靺鞨—渤海时期的墓葬,出土文物2000余件,为渤海文化的分期提供了可靠的标尺。这些工作丰富了对渤海墓葬形制的认识。这一发现被评为1995年全国十大考古发现之一。

（3）1993年黑龙江省文物考古研究所与吉林大学考古学系联合发掘了海林渡口遗址,发现了4座渤海时期的房址。

（4）1993～1994年,黑龙江省文物考古研究所与吉林大学考古学系联合发掘了海林三道河乡振兴、河口和鹰嘴峰C三处遗址,发现了属于渤海时期的聚落址。并在1995～1996年,对遗址进行了两次发掘,揭露面积1000平方米。该遗址为迄今国内发掘面积最大的渤海时期聚落址。

（5）1996年黑龙江省文物考古研究所在海林羊草沟对该处墓地进行了试掘,共清理墓葬26座。

---

① 黑龙江省文物考古研究所:《黑龙江海林北站渤海墓试掘》、《黑龙江海林二道河子渤海墓葬》,《北方文物》1987年第1期。
② 《黑龙江省文物考古研究所大事记》,内部刊物。

（6）1997年开始，黑龙江省文物考古研究所、吉林大学考古学系、牡丹江市文物管理站组成联合考古队，对渤海上京宫城为主的各类遗存进行了系列勘探与发掘，制定了《渤海上京龙泉府城址发掘规划》，并在宫城2殿的西侧埋设了永久性发掘布方坐标基点。新发现了外城墙11号门址、内城夹墙以及御花园东城墙外的古道，在城内白庙子村发现了七层套的舍利函。从发现的遗迹看，推测当时那里应有较大规模的渤海时期佛寺之类的建筑。

渤海时期的文化遗存，除了重点分布在牡丹江流域一带，还广泛分布在渤海管辖或所涉及范围。

二、主要遗址

渤海时期遗存在黑龙江省境内大都集中于东部地区的牡丹江·绥芬河及拉林河流域。截至2001年底，全省已发现渤海时期遗存达217处。遗址类型主要有城址、墓葬及其他遗址。

（一）城址

城址的发现是渤海考古工作的重要成就，文献记载，渤海强盛时期"地有五京，十五府，六十二州"，其城址不下130余座。黑龙江省内唐代渤海城址已发现36处，主要分布在牡丹江、东宁、海林、宁安、穆棱、林口等市县。

1. 都城—上京龙泉府城址

城址坐落在宁安市渤海镇，面积约15.6平方公里，东距东京城镇约3公里，古城遗址内有渤海镇及其所属村屯。牡丹江从上京城西流过，然后在城的北边旋复东折。城址周围是牡丹江河谷少见的一片开阔盆地。

渤海上京城长期作为渤海国都，规模宏大，形制完备，一直备受学术界关注。中外学者在这里做了大量的工作。清代初年，就有流人对上京城予以关注。在清中期的《满洲源流考》中，对此进行了确认。清代晚期，曹廷杰又从历史地理的角度进行了论证。在其后的国内外学界的研究中，多限于一般的分析概括以及横向的比较，偏重于平面布局。直到

20 世纪 80 年代初期,关于上京城的研究才打破僵局,取得突破性进展。

20 世纪对上京城进行的考古工作归纳起来主要有三项:

其一,1964 年 6 ~ 10 月,中国社会科学院考古研究所与朝鲜社会科学院联合对渤海上京城进行了较大规模的调查、钻探和发掘。这次发掘的收获是搞清了外郭城和宫城的形制、范围,城内街道坊市以及宫殿、官署、寺庙等建筑物的分布,从而对渤海上京城的整体规划、布局有了比较清楚的认识。基本搞清了城墙的结构、城门的位置和形制、城内各街道的布局、里坊的区划、宫城的规律和建制、官衙的设置以及城内外佛寺的分布和佛殿的构造等,并且重新实测、绘制了上京城全城的平面图。在调查发掘中还发现了大量陶质建筑材料、陶质器皿和其他渤海遗物,大大丰富了对渤海器物形制特征的认识。

其二,1981 ~ 1984 年,由黑龙江省文物考古工作队、牡丹江地区文物管理站、宁安县文物管理所组成联合考古队,对渤海上京龙泉府的宫城南门址、第一殿址、长廊、墙址等进行了清理发掘。除了对渤海上京城建筑的形制等有了进一步了解,还发掘出土了大量的陶制建筑材料、生活用具、铁制生产工具、铠甲片等,进一步丰富了对渤海时期的建筑材料、陶器器形的认识。

其三,1997 年开始,黑龙江省文物考古研究所、吉林大学考古学系、牡丹江市文物管理站组成联合考古队,对渤海上京宫城为主的各类遗存进行了系列勘探与发掘。发掘清理了外城第 11 号门址和北垣中央门址、内城夹墙址、第 8 号路基址、第 2、3、4、5 号宫殿址、宫城第 50 号建筑基址及附属建筑、郭城正南门、郭城正北门、皇城南门、中轴大街和舍利函。舍利函是 1997 年在上京城内的白庙子村东处的夯土台基中发现的。舍利函共有 7 层,最外层是由 6 块内面规整的玄武岩石块砌成的石函,里面依次套装着漆函、铜函、鎏金铜函、银函、金函、翠绿色长颈琉璃瓶。瓶内装有舍利子 19 粒。从发现处的遗迹看,当时那里应有较大规模的渤海时期佛寺之类的建筑。

1998 ~ 2007 年,黑龙江省文物考古研究所开始对渤海上京城遗址进行连续发掘[①],并将这个阶段的发掘情况出版了发掘报告。

---

① 黑龙江省文物考古研究所:《渤海上京城龙泉府宫城—1998 ~ 2007 年度考古发掘调查报告》,文物出版社,2009 年。

从考古发掘与文献记载相结合来考证,渤海上京龙泉府是由外城(郭城)、内城(皇城)及宫城(紫禁城)、内苑等部分组成。

外城呈长方形,与唐长安城形制基本相同。城垣以土筑为主,或间有石筑。北墙全长4946米,中部向外凸出,南墙长4584米,西墙长3500米,东墙长3359米。外城占地面积16.4平方公里,城的四面共有10座门,东西各2门,南北各3门。外城内的北部筑内城及内苑,宫城在内城北边。外城区有5条大街,大街与外城9门直接相通,其中有一条中心大街是全城的中轴线,北起内城南门,全长2100米,街宽110米。中心大街把全城分为东西两个城区,是外城的主干道。另外4条主要大街中有两条纵向、两条横向,它们共同组成城区东西南北的交通要道,并分别与外城各门相通。此外还有一些纵横的要道,将城区划分成若干区域,设立里坊。城内设有类似长安的东西二市,并有建筑华丽的寺庙。

内城长方形,东西约1052米,南北约470米,墙垣石筑,内城由两街两区组成,由一纵横相交的T形大街分割而成,北部大街为一横街,其北边为宫城及内苑,街宽约80米。南部大街为一纵街,在内城东西两区之间,连接宫城正南门和内城南门,宽210米,是上京城最宽的大街。宽街东西两侧的城区内保存一些建筑址,应为渤海国百司衙署遗迹。内城有三个门,分别开在"T"形大街的三个端口处。

宫城在内城以北中间,墙垣石砌,基宽8~10米,残高平均3~4米。宫城呈长方形,南北约720米,东西约620米,周长2680米。宫城分为四个区,即中、东、西、北区。各区之间以石墙相隔,有门相通。其间分布着若干殿阁、院落、廊址等遗迹。中区共有5座宫殿,是主要宫殿建筑集中的区域,自南向北排列在中轴线上。宫城有5座门,南墙4座,北墙1座。

禁苑(俗称御花园)位于宫城东部,为南北向长方形,其内有水池、建筑址、假山等遗迹。

上京城为渤海五京之首,关于它的兴建年代和营造情况无具体文字记载,据历史背景和考古发掘资料,它可能始建于公元8世纪上半叶,作为王都的时间先后约计160年左右。它是仿唐都长安城模式设计营筑的,其规模之大在唐代也屈指可数。

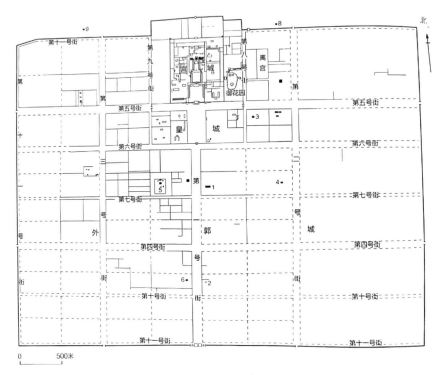

图 5-1　渤海上京城遗址平面图

2. 中小城址

中小城址主要分布在牡丹江流域,分平原城和山城两大类。平原城主要有兴农古城、大城子古城和南城子古城、大牡丹屯古城、牛场古城、五道河子古城等。

（1）兴农城址 ①

城址位于牡丹江中下游左岸的阶地上,牡丹江从城址的东北部曲折流过,隶属海林市三道河子乡。在城址的东部、北部是蜿蜒起伏的山岭,西部、南部的地势则较为平坦开阔。城址西部是牡丹江故河道。兴农城址是 1958 年对牡丹江中游进行考古调查时发现。黑龙江省文物考古研究所为配合莲花水库工程建设,于 1994～1995 年与吉林大学考古学系联合对该城址进行了钻探、测绘、发掘,发掘面积约 700 平方米。通过钻

① 黑龙江省文物考古研究所、吉林大学考古学系:《黑龙江海林市兴农渤海时期城址的发掘》,《考古》2005 年第 3 期。

探和发掘,较为详细地了解了该城址的结构和使用情况。城内堆积可分为早、晚两期,早期堆积年代属于汉魏时期,与团结文化、东康类型有很多相似性。晚期遗存属于渤海时期。

城址的平面呈不规则方形,城墙系由土堆垒夯筑,墙宽约3.8米,现存高度0.5~1.25米。各面墙长度不一,东墙长176米、北墙长140米、西墙长145米、南墙长181米,整个城周长约642米,属小型平原城。南城墙中部开一城门,门宽约3米。墙外有一条壕沟,宽约5~8米。

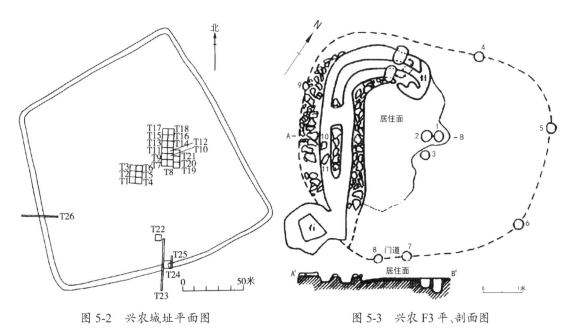

图 5-2　兴农城址平面图　　　　　图 5-3　兴农 F3 平、剖面图

城址内发现房址3座,灰坑89个,沟1条。

房址均为地面式建筑,以F3为例,房址破坏严重,从发现的柱洞看,应为圆角方形,共发现9个柱洞,未发现墙迹。房址西侧发现曲尺形双烟道火炕,居住面上发现有陶网坠、骨器、角器等少量遗物。

灰坑平面形状有圆形、椭圆形、方形和不规则形四种,大小深浅不一。多为随意挖成,坑壁、坑底未经修整,有的坑内未见任何遗物。以H44为例,呈圆形口,略呈袋状,坑壁略经加工,有烧痕,填土中发现"开元通宝"铜钱及钻孔羊距骨饰等少量遗物。

出土遗物陶器数量较多,其次为铜器、铁器、石器、骨角牙蚌器等。

陶器质地以夹砂陶为主,泥质陶次之。绝大多数为手制,部分器物有轮修痕迹。陶器以素面为主,有少量装饰刻划纹、附加堆纹、弦纹、按捺纹、压印纹等。器类以罐居多,有碗、盅以及纺轮、网坠等。此外还发现少量布纹瓦。

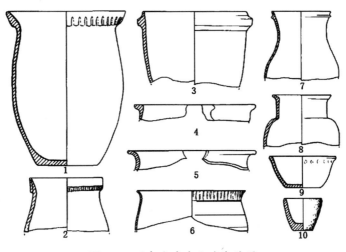

图 5-4　兴农古城出土晚期陶器

石器原料主要为玄武岩、砂岩等,大型石器经琢制加工,其余都为磨制,种类有磨盘、磨棒、臼、凿等,骨器有镞、锥、匕、笄等,磨制精致。铁器种类主要是兵器和工具,有镞、刀、凿、环、甲片等。铜器有环和牌饰,并发现两枚"开元通宝"铜钱。

根据对兴农城址的调查发掘,基本了解了兴农城址的布局。兴农城址的中部和北部是房址等建筑分布较为密集的区域。房址内多数带有曲尺形双烟道火炕,这种室内布局体现了这一时期的居住特点。

通过对城内地层堆积、遗迹以及城墙的解剖情况综合分析,该城址建于渤海中期以后,延续使用至渤海晚期。结合城址所处的地理环境及形制特征看,兴农城址应是渤海国北部交通道上一处凸显防御功能的重要关隘。

（2）大城子古城

城址位于东宁县城东4公里大城子村、绥芬河南岸的冲积盆地之中。1972年夏黑龙江省博物馆派人调查,同年秋进行复查和实测。城址呈东西长方形,城墙夯土板筑,城四隅各有角楼遗迹,西墙北段有瓮城遗迹,城外尚有护城壕旧迹。城内正中偏北留有土台,曾出土带具、铺首、绞链等铜器,有的鎏金,还有唐瑞兽鸾鸟铜镜残片、铁门枢和唇部带波浪纹的布纹板瓦、莲花瓦当,土台南100米处出土过铜盒、东南150米处出土过铜舍利函。

大城子古城的形制略与渤海国上京城相似。城中所出铜佛、铜建筑饰件、铁门枢、半月形铜带銙、灰板瓦、筒瓦、莲花瓦当,与渤海国上京龙泉府遗址及海林山嘴子渤海时期墓群中出土的相同,可证大城子古城是渤海时期所建。绥芬河流域是渤海率宾府所在地区,以往认为率宾府治在绥芬河下游的乌苏里斯克,但是在那里迄今并没有发现确切的渤海遗存,因此认为东宁大城子应为率宾府故址[1]。

（3）南城子古城

南城子遗址位于牡丹江市郊桦林镇南城子村南,西距牡丹江5公里,北距板院河3公里。古城坐落在沿江小盆地中。城址基本呈方形,城墙大部分夯筑,个别部分土石混筑。东墙外是牡丹江一小支流勒勒河,其他三面外侧仍可看出城壕遗迹。城内散落各种建筑构件,采集到的有莲花瓦当、布纹瓦和不同的陶片。在城外东南方是石场沟墓群,已经进行了清理,西南方向也有渤海墓群。与南城子相对的牡丹江左岸,还发现一道就地取土采石修筑的边墙,长约百里,现称"牡丹江边墙"。调查者认为该边墙是渤海初期为防御黑水靺鞨而修。

南城子是该地区牡丹江两岸发现的最大的渤海古城,南距渤海上京90公里,其所处地理位置正值上京沿牡丹江北去通道之上,调查者推断它是上京龙泉府所领龙、湖、勃三州中的勃州。

（4）大牡丹古城[2]

城址位于宁安西南20公里大牡丹屯,地处牡丹江北岸。城址北高南低,近长方形,北城墙长约240、东城墙约220、西城墙约200、南城墙弯曲,长约280米。该城在东南角设有三道环套城墙,东城墙外附设三道

---

[1] 张泰湘:《太城子古城调查记》,《文物资料丛刊》4,文物出版社,1981年;张泰湘:《唐代渤海率宾府辨》,《历史地理》第2辑,1982年。

[2] 黑龙江省博物馆:《牡丹江中下游考古调查简报》,《考古》1960年第4期。

城墙。北墙外有护城壕。发现4处门址。城址地表有散落的渤海时期布纹瓦、筒瓦等建筑材料。

（5）牛场古城①

位于上京城遗址北2公里。古城呈长方形，北墙长约160、东墙长约100米，北墙发现3处门址。遗址表面发现渤海的砖瓦与玄武岩建筑材料。

（6）五道河子古城②

位于林口县五道河子屯东南，牡丹江左岸。城址一大一小，均呈方形，相互衔接，二城共有墙7面，周长397米。墙由夯土筑成。地表发现较多建筑材料。

渤海时期的山城主要有城墙砬子山城、城子后山城、小四方山城和红石砬子山城、重唇河山城。

（7）城墙砬子山城③

城墙砬子山城位于宁安县城西南30公里、镜泊湖中部西岸高山之间。1958年、1959年、1964年和1981年，黑龙江省博物馆和考古工作队等单位曾多次进行调查。山城坐落在两山之间，墙依山势走向而筑。东、南、北三面被湖水环绕，西侧为悬崖峭壁。山城的东南隔湖对岸是古城墙址，与山城遥相呼应。山城呈不规则的长方形，周长约为3100米。北墙为土筑，修造比较坚固厚重，现存高3～4米，中间有一门，门外附筑一瓮城，墙的西段有马面，城墙外有城壕。西墙利用山石，并在较低处筑石墙和土石混筑墙，墙外有马面。南墙为石砌筑，正中有一门，门外附筑一瓮城。东墙为石筑墙，石墙大部保存完好，墙以大小相等石块叠砌而成。

（8）城子后山城④

位于宁安市镜泊湖发电厂西2公里处、牡丹江右岸高出水面50余米的山顶上，西南距镜泊湖瀑布3公里。当地居民称此城所在地为"城子后"。山城的东、西、北三面为陡坡和峭壁，山下被牡丹江环绕，南面为深谷和起伏的山峦。城墙依山势走向修筑，用土石混筑而成。城筑3道土墙，其中有2道墙将整个山城分割为北、中、南3个城区。有门址

3 处,马面 15 个,中墙外有护城壕。城呈不规则的多边形,周长约 3590 米。山城的南城墙修在深谷的崖顶边缘上,墙体高大厚重,从墙外沟底至城墙顶部,一般高度为 15～25 米,南城墙全长 255 米。东、西、北三面均借助险要地势为凭,仅在缓坡处有选择地筑些短墙。

城子后山城始建于渤海时期,后被金代末年的东夏国所沿用。据《宁安县志》记载,"曾有人在该城中获得一颗古铜印,印背所刻年款为'天泰十八年造'字样"。"天泰"是蒲鲜万奴所建东夏国的年号。铜印当为东夏国遗物。

(9)小四方山城[①]

位于穆棱县福禄乡高峰新村北部小四方山山顶上,西距亮子河 500 米。1982 年牡丹江地区文物管理站在穆棱县进行文物普查时发现。山城由石城和土城组成,周长 880 米,东墙的中间有一门址,城内有居住址和小广场遗迹。土城修筑在小四方山东侧山腰处,与山顶的小石城毗连相通,平面呈不规则形,周长 1342 米,城内可分为南北两个城区。

城内出土的遗物年代跨度较长,从发现的遗物来看年代较早,渤海、辽金时期继续沿用。

(10)红石砬子山城[②]

位于东宁县道河乡西南 5 公里处,东距小地营村 5 公里,大绥芬河右岸的山顶上。绥芬河在山城下流过,山城与对岸红石垃子村隔水相望。城墙依山势走向而筑,周长 2000 余米,墙以石块叠砌而成,保存较好。城内临近山顶处有一座小方城。在山城南墙外与大山之间的沟谷中,又修有 3 道墙,目的为加强山城的防御,并在墙外侧沟口处构筑 3 个防御掩体,均为圆形。山城地处险要,扼守绥芬河水陆要冲,地理位置非常重要。

(11)重唇河城址[③]

位于宁安市渤海镇西南约 21 公里,镜泊湖北端西岸的一个东西向半岛上。城址东南北三面环水,半岛南侧的重唇河由此注入镜泊湖。1960 年首次对该城进行调查,1985 年,黑龙江省博物馆和宁安县文物管

---

①② 黑龙江省地方志编纂委员会:《黑龙江省志·文物志》,黑龙江人民出版社,1994 年。
③ 吕遵禄:《镜泊湖周围山城遗址的调查》,《北方文物》1989 年第 1 期。

理所进行联合复查。从1986年开始,牡丹江市文物管理站和宁安市文物管理所不定期地对重唇河城址复查。

重唇河城址是依山就地取材修筑在山脊顶部、边缘和山坡上。城平面呈不规则形,周长1838米。设三处门址,各门均有山路通往城外山下。城址结构比较单一,未见瓮城、马面等设施,符合唐代渤海时期的建城特点,该城应当是渤海国一处军事重镇所在。

(二)墓葬

渤海的墓葬在黑龙江省已发现34处,主要分布在牡丹江·绥芬河流域。已探明和发掘的渤海墓葬,主要有萝北团结墓群、牡丹江桦林石场沟墓群、海林头道河子墓群、山嘴子墓群、宁安虹鳟鱼场墓群、大朱屯墓群和三灵坟、东宁县大城子墓群等。这些墓葬可以分为王室贵族墓和平民墓葬两大类别。

1. 渤海王室贵族墓葬

黑龙江地区的渤海王室贵族墓葬,主要分布在宁安县东京城三陵乡三星村东,南隔牡丹江与渤海上京城相望,当地俗称三陵坟,或作"三灵坟"。该名始见于《宁安县志》。墓葬布局包括石围墙、墓葬和神道等。

1991年春,在宁安市三陵坟一带开展了地球物理勘探工作,发现地下有墓葬群,其中有三座较大的坟墓,其余为小墓,按勘探编号,以三陵3号墓为最大。

三陵屯1号墓位于上京城北边的牡丹江对岸的三陵屯东北侧。墓室四壁用工整的玄武岩大条石砌成,墓顶为叠涩起盝顶。墓顶地表留有石柱础和残瓦片,四周原有南北长约500米的方形围墙残迹,应是陵园设施。古墓早年被人凿开,墓内细部装饰和随葬器物已消失殆尽,只留下陵盖结构及陵园建制。

三陵屯2号墓于1991~1992年进行发掘,它在三座墓中规模较小。墓葬位于1号墓东侧略偏北30米处,是一座渤海时期的壁画墓。整个墓室建在地下,地面之上略有凸起,似原有封土。地面上没有发现建筑遗迹,现已辟为耕地,耕土之下为夯土,夯土层下、墓室上部用一层白灰封护。该墓由墓道、甬道和墓室三部分组成,墓的四壁用工整的玄武岩石块砌成,室顶做抹角叠涩。墓门开于南壁,外接斜坡阶梯式墓道,墓道外还有十几米长的黄土垫道。室内摆放 10 余具人骨,为多人合葬,所出骨骼既有成年人的,也有儿童的。墓室四壁、顶部和甬道两侧都抹有较厚的白灰层,在白灰层上面均绘有精美的壁画。壁画内容分花卉、人物两类,墓室上部抹角叠涩藻井部分的壁画全部为花卉,多见二方连续的色泽艳丽的团花。墓室四壁和甬道两侧绘制人物形象,画面多已剥落,但仍然依稀可辨人物的姿态和服饰。墓室内壁画人物多为女性形象,人物姿态生动,面部丰腴,颇具唐风。在甬道南端,东西两壁的人物为武士形象,人物造型生动、传神。墓室内没有发现随葬品,墓道填土中出土了陶兽头、铁镞、蚌壳、兽足、陶盆等物品。此次发掘被评为 1991 年全国十大考古发现之一,将对渤海史研究的深入开展产生重大影响。

三陵屯 1 号墓没有出土文字资料,但据其规模、修筑技术和地面设施等推测,应是渤海王室贵族墓。2 号墓的发现进一步做了证明。2 号墓是多人葬,而墓葬的建筑和设施很讲究,推测它为王陵区的陪葬墓。

1996 年在 2 号墓西北 150 米处发现了 4 号墓,清理出土了渤海三彩薰炉和铜制棺环以及人体碎骨等。出土的三彩薰炉是渤海三彩的代表作。

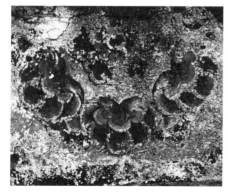

图 5-5　三陵 2 号墓壁画

图 5-6　三陵 2 号墓墓道及墓门

2. 渤海平民墓葬

渤海平民墓葬在牡丹江中下游和绥芬河流域都有发现,以牡丹江流域为多。

（1）山咀子墓地

墓地位于海林市新安镇山咀子火车站东侧黄土岗上,有墓葬 130 余座[①]。1966 年海林县新安公社兴修水利时发现,黑龙江省博物馆考古部与海林县相关部门前往调查并发掘 13 座墓葬。1967 年黑龙江省博物馆再次进行发掘,清理墓葬 16 座。两次共清理了 29 座墓葬,墓葬多数保存尚好,发现时多数墓葬可见封土堆,骨架有些也较完整。

墓葬形制均为封土积石墓,可分为两类,一类是封土石室墓,有 22座,一类是石棺墓,有 7 座。

封土石室墓的墓葬石材均采自附近山上的玄武岩和海浪河中的大块河卵石。石室墓略呈长方形,边缘严整,墓门在墓室南壁中部,从遗物判断,入葬时应有木棺。以 66HSM1 为例,墓室四壁石块已被取走,唯存中间骨架和填土。墓内葬有 8 个成年个体,为单人一次葬和多人二次葬。M29 是该墓地规模最大的一座墓,被盗,墓室、墓道的地面及墓壁基

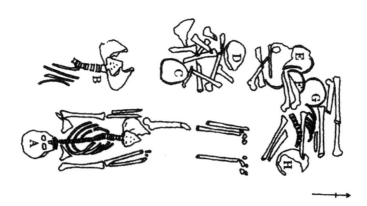

图 5-7　山咀子 M1 平面图

① 黑龙江省文物考古研究所:《黑龙江省海林市山咀子渤海墓葬》,《北方文物》2012 年第 1期。孙秀仁:《略论海林山咀子渤海墓葬的形制、传统和文物特征》,《中国考古学会第一次年会论文集》,文物出版社,1979 年。

部保存尚好,原形制依然可辨。墓为板石砌成的大型石室墓,外廓平面近正方形,南北长6.6米,东西宽6.5米。墓室修整极整齐精致,四壁采用平整的石板和条石,墓壁表面涂白垩土,墓底铺鹅卵石,墓道在南壁中央,墓道两壁涂白垩土。墓道中和墓门外有乱石,应是封石。墓葬破坏严重,墓中仅见一陶罐和墓道中一件铁镞,骨骼散失殆尽。该墓建筑宏阔,结构形制与墓地一般石室不同,与渤海上京三陵坟和风水崴子石室墓有较多相似之处。

石棺墓规模较小,一般用于埋葬儿童,石棺中未见其他葬具。这类墓葬是先在地表挖一长方形小坑,或在地表上用石材砌筑四壁,葬人之后封顶,均没有墓门和墓道。

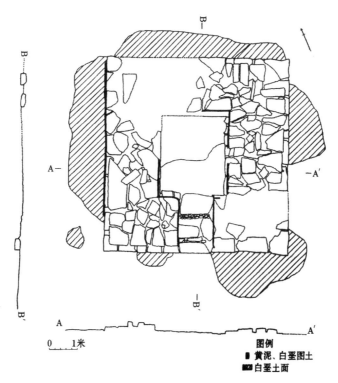

图5-8 山咀子M29平剖面图

墓地出土的随葬品有陶器、铜器、铁器和漆器残片等。

陶器完整和大体完整的共发现4件,其余为陶片。器形均为平底器,器物口沿多为"重唇"。种类有罐、盒。

　　铜器发现66件,其中29件为征集或采集品。种类有带銙、鎏金带饰、鎏金腕饰、镯等。以带銙数量最多,共四组38件,最珍贵的一组为鎏金带銙。

　　铁器共有27件,多数为铁钉,其他的有带銙、镯、镞等。多锈蚀严重。

　　山咀子墓地出土的精美铜器和铜鎏金器都是具有唐代风格的典型渤海文物。陶器也与渤海上京内外的同类遗物相同,其中一件陶器遍体饰唐三彩式的绿釉,因此推断山咀子墓葬应归于渤海时期,属于渤海晚期遗存。

　　（2）北站墓葬

　　墓地位于海林市柴河镇北站村西1.5公里的西山东南脚下①。1958年黑龙江省博物馆在牡丹江下游进行考古调查时发现。墓葬分布较密集,共有50余座。所有墓均高于地表约1米左右,当地居民在此取石,

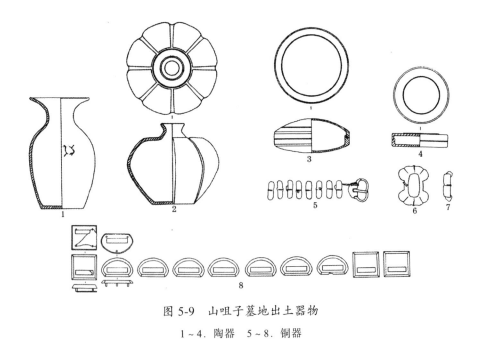

图5-9　山咀子墓地出土器物

1~4.陶器　5~8.铜器

────────────

① 黑龙江省文物考古研究所:《黑龙江海林北站渤海墓试掘》,《北方文物》1987年第1期。

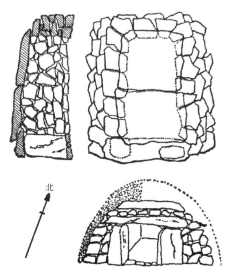

图 5-10 北站墓地 M1 复原示意图

致使墓葬均受到不同程度的破坏。1983 年黑龙江省文物考古工作队试掘了其中的三座墓。

三座墓形制均为长方形垒石平顶封土墓,所用石材为当地所产花岗岩。其构筑方法是先挖一个略低于地面的长方形土坑,然后以石块垒砌四壁,用长条形或方形石板盖顶,最后以土封墓。以 M1 为例,墓口长 2.45 米、宽 1.3 米,墓顶盖石为两块形状不规则的方形大石板,墓门设在南壁正中。墓底发现散乱的木炭和人骨。随葬品有 4 件铁器,1 件陶罐。M3 东北角、西北角、西壁内侧和北壁内侧各发现一堆腐朽的人骨,分属 4 个个体,推断为二次迁葬。人骨中有一些烧骨,旁边有零碎的木炭。随葬品有夹砂黑褐陶罐和铜、银耳环及玛瑙珠饰等。

三座墓共出土器物 11 件,种类有陶罐、铁刀、铁镞、铁锥、铜耳环、银耳环和玛瑙珠等。1996 年黑龙江省文物考古研究所在进行莲花水电站淹没区文物普查时,又征集到与墓葬相关的铜带饰、铜铃等文物。

三座墓均无纪年,但从墓葬的形制来看,与敦化六顶山、宁安大朱屯、海林头道河子等处的渤海墓葬相同,因此应为渤海时期墓葬。

（3）二道河子墓地

墓地位于海林市东北约 60 公里的牡丹江左岸,二道河子中学附

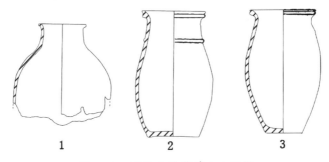

图 5-11　海林北站墓葬出土陶器

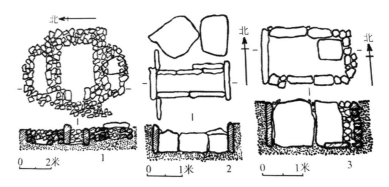

图 5-12　二道河子墓葬平、剖面图

1. M4　2. M3　3. M1

近[①],1979年全省文物普查时发现,约有渤海时期封土积石墓葬20余座。墓区范围南北长250米、东西宽100米。墓葬破坏较严重,地表可见散落的不规则的石头堆。1983年黑龙江省文物考古工作队在对莲花水库淹没区进行考古调查时又作了复查,并抢救性地清理发掘了其中的4座墓葬。

清理的四座墓有三种不同的形制,M1、M2为平顶石室封土墓,以M1为例,发掘前墓的地表有直径约3米、高0.4米的土丘,上面堆覆乱石。墓的北、南、西三壁有大长条石板竖立,东壁和南北壁的东端用石块叠砌封堵,墓深1.1米,墓底东西长1.95米、南北宽1米。墓底东端靠北壁有一石板,上面放3件陶盅,墓底中部有火烧痕迹,所出人头骨碎片和

---

① 黑龙江省文物考古研究所:《黑龙江省海林二道河子渤海墓葬》,《北方文物》1987年第1期。

肢骨也有火烧痕迹。墓葬共出土 5 件陶器,6 件铁甲片。M3 为单人石棺封土墓,平面呈长方形,墓四壁是经加工的石板竖立而成,墓顶用两块大石板封盖,不见尸骨,仅出 3 片夹砂红褐陶片。M4 是一座较大型的多室石圹封土墓,有一个主室,两个耳室。墓壁是由形状不规则的石块垒砌,主室呈长方形,墓门在西壁正中位置,门两侧各竖一块大石条,墓门外用乱石封堵。耳室在主室的南北两侧,与主室不相通,主室发现人骨一块,出土随葬品有泥质灰陶盘口长颈壶、夹砂红褐陶重唇深腹罐各 1 件,另有铁器 3 件,耳室只出少量陶片。

出土遗物有盘口长颈壶、深腹罐、鼓腹罐、陶盅、陶钵、陶纺轮、铁甲片、铁镯等。

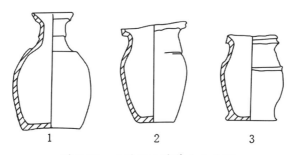

图 5-13 二道河子墓葬出土陶器

墓葬形制与以往发现的渤海墓葬比较相似,年代也应相近,应在渤海时期。

(4)羊草沟墓地

墓地位于海林市柴河镇头道河子东南约 3 公里,羊草沟屯东北约 1 公里处,牡丹江左岸的阶地上[1]。1996 年,黑龙江省文物考古研究所为配合莲花水库工程建设,对羊草沟墓地进行了发掘,共清理墓葬 26 座。墓地的范围,东西长约 300 米,南北宽约 100 米。墓葬排列较为有序,已揭露的墓葬基本分为南北两区,北区墓葬濒临江边,东南方分布的是南区墓葬,两区墓葬相隔约 100 余米。南区清理墓葬 19 座,分东西两侧,分

---

[1] 黑龙江省文物考古研究所:《黑龙江省海林市羊草沟墓地的发掘》,《北方文物》1998 年第 3 期。

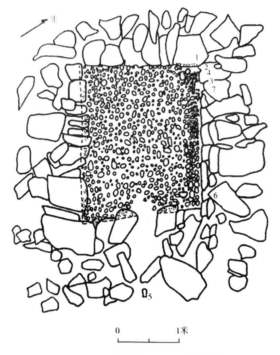

0　　　　1米

图 5-14　羊草沟 M108 平面图

1～5. 陶罐　6. 颅骨残片　7. 肢骨

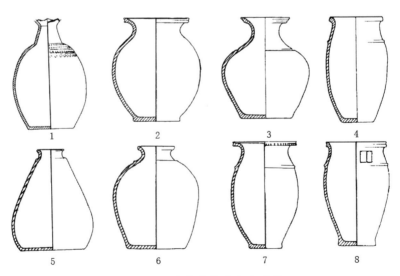

图 5-15　羊草沟墓地出土陶器

别有不同的墓向,西侧一组墓有11座,为东南向,东侧一组墓有8座,为西南向。北区清理墓葬7座,墓向西南向。

墓葬的形制均为封土平顶石室墓,在低于地面的土坑内以石块垒砌四壁,一侧壁中部留有墓门,门外接墓道,门和墓道用碎石封堵。墓底多用河卵石或碎石铺砌,有的用页岩或青砖拼砌,个别的墓底直接利用黄土或沙土。葬式皆为二次葬,且多被扰乱。

大多数墓中都有随葬品,种类有陶器、铁器、铜器等,多是一些生活器皿和兵器及装饰品。

陶器出土及复原的完整器51件。陶器质地有夹砂和泥质两类。绝大多数是夹砂陶,占总数90%,夹砂陶器均为手制,大多有烟炱,烧制火候低,陶色不匀。泥质陶多为轮制,烧制火候高,质地坚硬。陶器多为素面,仅少量有纹饰。器类有陶壶、鼓腹罐、筒形罐、钵,以夹砂筒形罐占多数。铁器有刀、镞、环、矛、剪刀、棺环、凿、钉、带銙、甲片等,铜器有带銙、带卡、环、扣等。

根据墓葬形制及随葬品特征分析,羊草沟墓地的年代大致应为渤海中期前后。

(5)石场沟墓地

石场沟墓地位于牡丹江市郊桦林镇石场沟村西南0.5公里处的山坡上[①]。1982年和1984年黑龙江省文物考古工作队等两次发掘了该墓地,共发掘墓葬18座。墓葬分为相对独立的三个墓区。墓葬形制和出土器物大致相同,应该是一处由不同家族墓地构成的氏族部落的公共墓地。

墓葬形制可分为四类:有墓门墓道;有墓门无墓道;无墓门无墓道;特殊形制。特殊形制的墓即M8、M9,是双室墓,M8的东壁也是M9的西壁,用两块大石板立砌。两墓均无墓门和墓道。除此之外,余皆为石筑单室封土墓,均南北向。以M16为例,该墓有墓门墓道,墓室南北长2.3米、东西宽1.3米,北、东、西三壁用未加工料石叠砌,南壁中部在东西两侧各立1块大石板作为墓道,南端有一块石板挡住。墓道长0.6

---

① 黑龙江省文物考古研究所:《黑龙江省牡丹江桦林石场沟墓地》,《北方文物》1991年第4期。

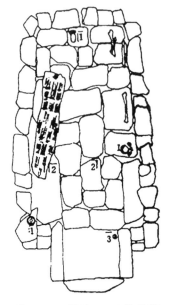

图 5-16 石场沟 M16 平面图

1. 陶罐　2. 铁钉　3. 开元通宝

米、宽 0.7 米、深 0.62 米。墓顶封盖用 4 块大石板，墓底铺不规则页岩石板。在墓道口处的东、西两侧铺上下两层石板。根据墓内人骨放置情况，应为二次迁葬。靠西壁有一炭化板，在南端有一棺钉，因此该炭板应是葬具残部。墓内随葬 2 件陶器，墓道东北角出 1 枚"开元通宝"钱。

墓地共出土各种随葬品 64 件。有生产工具、生活用具、兵器和装饰品等。陶器有夹砂陶和泥质陶两种，大多数是夹砂陶，色泽不一，以黑褐色陶为主。火候较低。器型有罐、壶，其中夹砂罐占全部陶器的 80% 以上。铁器锈蚀严重，能辨出器形的有铁片、铁镞、铁镰、铁钳等，多为小型器。装饰品有银耳环、玛瑙珠、铜耳环、铜带饰、铜镯和铜铃等。

石场沟墓地形成的年代，从 M16 出土了 1 枚"开元通宝"推断，应为公元 7 世纪末到 8 世纪中叶。发掘者认为该墓地与其附近的南城子

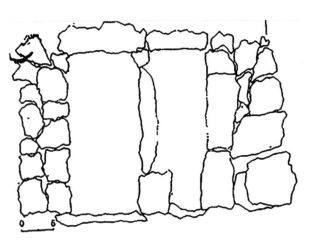

图 5-17　石场沟 M8、M9 平面图

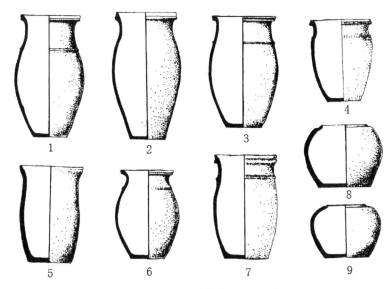

图 5-18 石场沟墓地出土陶器

墓地关系密切,二者均有黑水靺鞨和渤海文化因素,因此该墓地应属南城子居民的公共家族墓地。

（6）虹鳟鱼场墓地

虹鳟鱼场位于宁安市渤海镇西安村西北 2 公里,是黑龙江水产研究所渤海冷水性鱼试验站(俗称"虹鳟鱼场")[①]。墓群位于鱼场北 1 公里处小芹菜河南岸的沙丘上。因常年的水土流失和当地居民取沙烧砖,使墓地的东、西、北三面受到严重破坏。1990 年因取沙发现部分文物,被渤海上京遗址博物馆征集。1992～1995 年,黑龙江省文物考古研究所会同牡丹江市文物管理站等单位连续 4 年对虹鳟鱼场墓群进行抢救性发掘,发掘面积达 4 万余平方米,共清理墓葬 323 座,方坛 7 座,房址 1 座。出土文物 2000 余件。

墓群建在熔岩台地的沙丘中,发掘之前多数墓葬在地面之上略有凸起,基本保持完好状态,只是原有封土多已不存。墓葬形制复杂,按其建筑材料可分为石墓、砖墓、砖石混筑墓三个大类,其中以石墓数量居多,

---

① 黑龙江省文物考古研究所:《黑龙江省宁安市虹鳟鱼场墓地的发掘》,《考古》1997 年第 2 期。黑龙江省文物考古研究所:《宁安虹鳟鱼场》,文物出版社,2009 年。

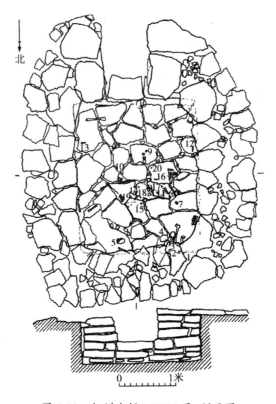

图 5-19 虹鳟鱼场 M2124 平、剖面图

有 320 座。石墓又可分为封土石室墓、石圹墓、石棺墓。以封土石室墓
数量最多,有 248 座,形制也比较复杂,可分单室墓和双室墓,形状有铲
形、刀形、长方形。以 M2124 为例,该墓为封土石室墓,铲形,地面有封
土,直径约 2.6 米,高出地表 0.75 米。墓室半地穴式,建造方式为先在地
表挖一长方形坑,用玄武岩石板在坑壁四周平砌,墓底用石板拼缝铺成。
墓道位于南壁中央。墓内仅存 2 具头骨和部分肢骨,随葬品有陶罐、铁
刀、铜、银耳环,各种装饰品等。石棺墓 26 座、石圹墓 30 座,二者墓的
形状均为长方形。墓室规模可分大、中、小三种,大型墓葬墓室一般为
3.5×4 米,中型墓为 2×3 米,小型墓为 0.5×1 米左右,墓道宽 0.3～1.5
米,长 0.5～2.8 米左右。墓底大致有四种情况,即铺原生沙土层、铺一层
白浆土、铺一层砖和铺一层石板或鹅卵石。另有 2 座砖室墓,1 座砖石
混筑墓。

虹鳟鱼场墓地葬俗较复杂,多人二次葬比较流行,个别为单人葬和火葬。单人葬多为一次葬,葬式为仰身直肢葬。

出土的随葬品有生活用具、生产工具、兵器、马具、装饰品等,其中陶器占多数,其次为铜器、铁器、金银器、玉器、玛瑙饰件等。随葬品中尤以大量的陶器最为珍贵,陶器种类较多,有各种形式的壶、罐及碗、盅、器盖等,有的器物上刻划汉字和符号,为研究渤海国历史和分期提供了重要资料。出土器物中的金银饰品、铜镜、铜牌饰等具有重要的文物价值和艺术价值。

虹鳟鱼场墓群的发掘为我国迄今渤海墓群发掘中清理墓葬数量最多,墓地延续时间最长、形制最复杂、出土文物最丰富的一次,并且首次发现与墓葬有关的祭祀坛等重要遗迹。这一发现被评为1995年全国十

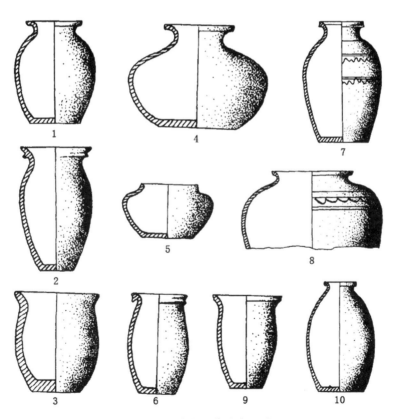

图 5-20 虹鳟鱼场墓地出土陶器

大考古发现之一。墓葬的年代自靺鞨晚期约至渤海中期,呈现出连续不断的发展过程,通过对该墓群的发掘及研究,可以为渤海时期文化分期树立一个可靠的标尺。

(7)大城子墓葬

大城子墓葬位于东宁县城西4公里大城子古城西北[①]。1977年黑龙江省文物考古工作队与吉林大学历史系考古专业发掘了其中的4座墓。墓葬形制有石室墓和土坑石盖墓两种,其葬俗为多人葬和二次葬。

M1保存情况比较好,发现的时候还有高出地表的土包。该墓为用河卵石垒砌的方形石室墓,上部已被扰乱。墓室基本呈方形,东壁长3.02、南壁长2.94、西壁长3.12、北壁长3米。石壁内侧均有宽20厘米左右的土墙。在土墙内侧表面涂有白灰皮,厚2~3毫米。北壁土墙南

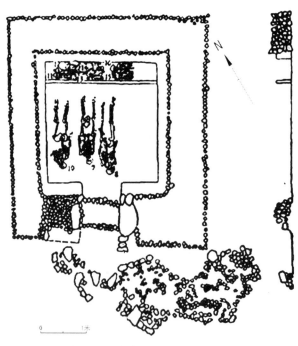

图 5-21　大城子 M1 平、剖面图

(8~16. 骨架)

① 黑龙江省文物考古工作队、吉林大学历史系考古专业:《黑龙江东宁县大城子渤海墓发掘简报》,《考古》1982 年第 3 期。

边40厘米处有一道宽10厘米左右的东西向土墙,用黄沙土和黏土混合筑成,形成墓室北部宽40厘米的横槽。墓内共发现16具人骨架,根据出土情况推测,16具骨架不是一次埋入,而是持续了相当长的时间,多为二次葬。

出土的随葬品有长腹陶罐、铁器等。

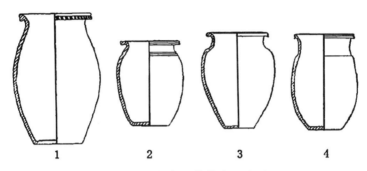

图 5-22　大城子墓葬出土陶器

四座墓除了M4外,其余三座皆属石室封土墓,且葬式为多人和二次葬,M1还发现了尸骨和木棺被火焚烧的现象。

墓地距大城子渤海古城不远,应是大城子渤海古城居民的墓葬区。

（8）东莲花村墓葬

墓葬位于东莲花村东部玄武岩台地的西坡上,往东约12公里即宁安市渤海镇,东边约3公里是渤海上京龙泉府遗址,西北4公里是虹鳟鱼场墓地。1993年5月,村民在此地开荒时发现,随后宁安文物管理所的工作人员对墓葬采取了保护措施。1995年10月,黑龙江省文物考古研究所对该墓葬进行了发掘①。

该墓葬为石室墓,平面呈铲形,有墓室和墓道。墓室是在地表挖掘一个长方形土坑,然后用玄武岩的石块从底往上砌。墓室墙壁最底层是用大石板紧靠坑边砌筑,整齐石面朝里,第二层和第三层用石条横砌两层,这种构造可以对最底层立砌石板起到加固作用。西壁最上层的石条已经移位,无法了解其原貌。

---

① 黑龙江省文物考古研究所:《黑龙江省宁安市东莲花村渤海墓葬》,《北方文物》2003年第2期。

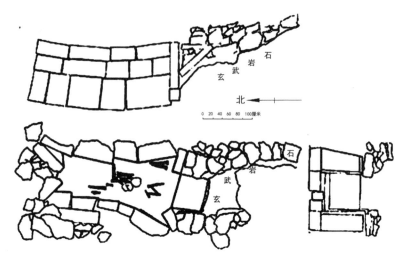

图 5-23 东莲花村墓葬平剖面图

墓葬破坏较严重。墓中尸骨皆为成年男性,二次葬。骨架已朽,仅残存有 3 具头骨和部分肢骨,肢骨包含 4 个个体。

从墓葬结构和所用石料的加工程度和方式上看,比较接近宁安渤海三陵一号墓。在当地采集到与渤海上京遗址皇城内出土的同类灰陶轮制器盖。因此这座墓的年代应为渤海晚期的墓葬。尽管墓葬已遭破坏,随葬品几乎殆尽,但仍可以从墓中残留的鎏金铜饰片、较大的墓葬规模以及精致的石材等,推测出墓主生前具有较高的身份地位。

(三)遗址

除了城址、墓葬外,还有一些其他类别的遗址。如聚落、窑场、边墙等。

1. 海林细鳞河遗址

遗址位于海林市东北,距离牡丹江左岸约 67.5 公里,北边即二道河子镇细鳞河村。遗址就坐落在牡丹江与细鳞河交汇处西北的漫岗地上,面积约 1 万平方米。为配合莲花水库工程建设,1983 年在水库淹没区进行考古调查时发现该遗址,现已被莲花水库淹没①。1995年黑龙江省文物考古研究所对该遗址进行了试掘,试掘面积100平方米,清理房址1座,灰坑2个。1996年黑龙江省文物考古研究所与吉林大学考古学系对遗址进行了再次发掘,揭露面积805平方米,清理房址7座,灰坑40个,井1口,出土各类遗物200多件。

房址均为半地穴式,平面长方形或接近方形,每面墙长宽在4.5~7米,房子的朝向有呈南—北向或东南—西北向。室内中部有灶址,居住面平整坚硬,有的房址在四个角落有础石。无门道。

灰坑多为直壁平底的竖穴,平面形状比较多样,有圆形、椭圆形或圆角长方形。从迹象观察,有的灰坑内有用火的痕迹。有在灰坑坑壁用石块垒砌,或者在坑口部砌石的现象,这类灰坑的性质与贮藏和祭祀有关。

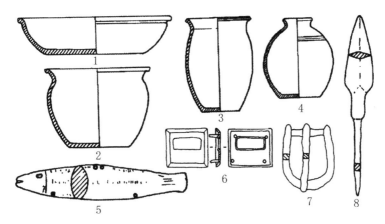

图 5-24 细鳞河遗址出土遗物

1~4.陶器 5.骨器 6.铜器 7、8.铁器

遗址出土遗物丰富,有陶器、石器、骨器、角器、铜器、铁器。陶器质地分为夹砂和泥质两类,种类有罐、壶、甑、盆、瓶、碗、杯、器盖等。器形以重唇筒形为主。

铁器数量较多,多数锈蚀严重,较大型的器物为铸造,如锅、铧等,锻

① 黑龙江省文物考古研究所、吉林大学考古学系:《1996年海林细鳞河遗址发掘的主要收获》,《北方文物》1997年第4期。

造的主要是小件的工具和武器,如镞、刀、甲片等。骨角器发达,有工具和饰品。

该遗址为渤海时期的一座普通村落遗址,这里的出土遗物与渤海上京城址所出接近,推测年代也大体相同。

2. 海林振兴遗址

遗址位于海林市三道河乡,距振兴村西约1公里,牡丹江右岸。遗址分四期,第四期遗存为渤海时期遗存。发现的遗迹有9处,分别为灰坑7个、灰沟1条和房址1座[①]。灰坑有圆形、长方形和椭圆形三种形状,房址破坏较严重,仅存南部的烟道和残灶。出土的陶器可分为泥质陶与夹砂陶两系。陶器基本颜色是灰色,部分陶器腹部饰横桥状板耳。陶器以素面为主,几乎所有的陶器外壁均经过磨光处理。纹饰除凹弦纹以外,还可见由于抹压而有意形成的暗纹。陶器种类有罐、盆、壶、钵等,其中翻沿曲腹盆等颇具特点。另外还出土有石器、铁器等。

根据出土的遗物推断,其时代为渤海时期。

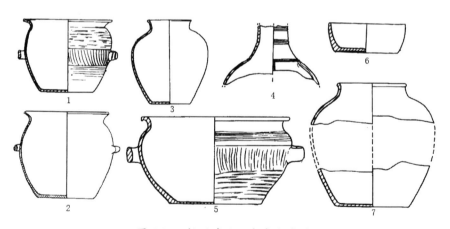

图 5-25　振兴遗址四期出土陶器

---

① 黑龙江省文物考古研究所、吉林大学考古学系:《黑龙江省海林县振兴遗址发掘简报》,《北方文物》1997年第3期。

3. 海林渡口遗址 [①]

渡口遗址位于牡丹江中下游左岸的台地上,属海林市三道河子乡河口村。该遗址因紧临河口村和振兴村的过江左岸渡口,故称为渡口遗址。遗址堆积分四期,第三期遗存为渤海时期遗存。

发现的遗迹有房址4座、灰坑15个。

房址破坏比较严重,仅个别房址保留了有石块垒砌的双烟道曲尺形火炕。房子为地面建筑。

遗物种类有陶器、石器、铁器等。陶器质地以泥质陶为主,夹砂陶次之。陶色呈灰色、灰褐色等,陶器制法均为轮制,在许多器物内外壁都有轮制留下的圆形条痕。陶器大多数为素面,仅个别器物在颈部以下或腹部施纹,纹饰种类有弦纹、刻划纹、拍印方格纹等。陶器中罐的数量最多。铁器和石器数量少,有石刀、穿孔石器、铁镞。

渡口三期文化遗存的年代,测年标本采自2号、3号房址居住面上木炭,测年得到的数据为公元972~1037年(树轮校正)、公元898~1028年。因此遗址的年代应为渤海中晚期。

4. 小地营遗址

遗址位于东宁县道河镇小地营村东,处于绥芬河左岸一级台地上[②]。因多年雨水冲刷,遗址破坏严重。1990年9~10月,黑龙江省文物考古研究所和牡丹江市文物管理站对遗址进行了抢救性发掘,发掘面积300余平方米,清理3座房址,出土陶、铜、铁、骨角器等各类遗物124件。房址中F1保存相对较好,从中可以大概了解房址的面貌。

F1位于遗址最东边,面积45平方米。房址为半地穴式,穴壁微倾斜,现存穴壁深约0.7米,靠近房址西壁有较窄的火炕,是用河卵石堆砌出两道墙壁,石墙中间即为烟道。灶址在火炕南侧,火膛凹入居住面以下0.2米,灶与火炕烟道相连。在北边火炕尾部设较窄的烟道,与烟筒相连。烟筒残存河卵石堆砌的础石。房址西、北及部分东墙保存完好,紧

[①] 黑龙江省文物考古研究所、吉林大学考古学系:《黑龙江省海林市渡口遗址的发掘》,《考古》1997年第7期。

[②] 黑龙江省文物考古研究所:《黑龙江省东宁县小地营遗址渤海房址》,《考古》2003年第3期。

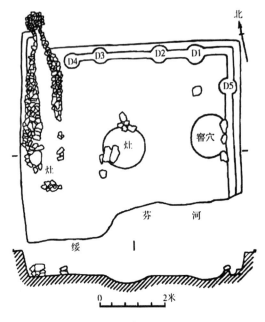

图 5-26　小地营遗址 F1 平、剖面图

靠穴壁 0.15 米处有宽、深各 0.2 米的基槽。房址内有 5 个圆形柱洞,靠北墙有 4 个,东壁 1 个。室内中央有一个灶址,灶呈瓢形,用石板和石块砌壁,灶底为红烧土硬面。靠东壁有一椭圆形窖穴,底呈锅底状。

出土陶器完整和可复原的较多,分夹砂和泥质两类,以夹砂陶为多,均手制,个别器物口沿有轮修痕迹。流行素面,少数器物饰弦纹、几何纹、水波纹。陶器种类比较多样,有釜、盆、甑、罐、盘、碗等。

铁器主要是兵器和生产工具,有 21 件。骨角器 14 件,制作很精美,有工具,也有装饰品。

出土的各类人工制品有的制作工艺精湛,装饰品较多,反映出当时手工业的发达程度。

小地营的年代,从其所出的陶器、铁器、骨角器来看,都很接近海林河口遗址四、五期的同类器,它们大体上应处于同时,应在渤海时期早期阶段。

5. 宁安杏山砖瓦窑址

杏山窑址是唐代渤海时期的一处重要窑址,位于宁安市西南 50

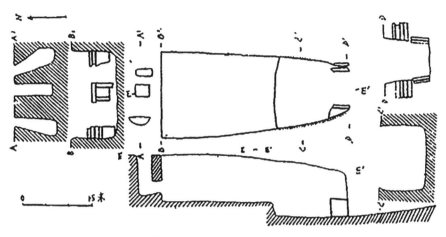

图 5-27 杏山 Y2 平剖面图

公里的杏山乡梁家大队西北 0.5 公里处,分布面积 1000 平方米左右。1963 年宁安县文物管理所调查发现,经钻探得知约有十几座窑址。方位基本为南北向,即火口在南,烟道在北,并列成排。1980 年黑龙江省文物考古工作队发掘了其中的 4 座窑址。

从发掘的窑址 y2 来看,窑平面呈平底袋状,长条形,窑室由火膛、窑床和烟筒组成。窑址出土大量的砖瓦等建筑材料,其中有大型筒瓦、小型筒瓦、板瓦、条状瓦、鞍状瓦和莲花纹瓦当等。砖有长方形砖、宝相花纹方砖。其中有一块宝相花纹砖上有"典和毛"三个字。根据窑址结构和出土砖瓦分析,其年代为渤海中晚期。从窑址的密集程度和分布面积及散存着大量砖瓦看,这里曾是渤海时期官府经营的重要窑场。窑的构造、分布规律与洛阳隋唐宫城内的烧瓦窑基本相同,说明当时渤海与唐的密切关系。渤海上京龙泉府遗址出土的砖瓦与杏山窑址出土的砖瓦完全相同,因此可证明当时营建上京宫殿所用的大量砖、瓦等建筑材料是由杏山窑场所提供。

杏山窑址的发掘,为研究当时窑的形制、烧造工艺、唐代渤海国与中原地区的关系,以及上京龙泉府城建中砖瓦的来源问题,提供了宝贵的实物资料和确凿的证据。

6. 东宁团结遗址

东宁团结遗址上层为渤海时期文化遗存,发现的遗迹有房址 4 座,灰坑20个,灰沟1条。房址为长方形半地穴式。出土的遗物有刻花骨雕片饰、三彩残片、陶兽头、筒瓦、板瓦、三角瓦、铁镞和铁刀等。团结遗址的发现对研究渤海时期平民居住址的结构、布局以及取暖设备等方面的内容均有重要价值。

7. 牡丹江边墙

牡丹江边墙位于牡丹江和宁安市境内,起建于牡丹江两岸的张广才岭和老爷岭山脉间,整体呈西北—东南走向,共分三段,分别为牡丹江北郊段、江东段和镜泊湖段,总长度约66公里[①]。单体建筑设有马面和关堡,墙体根据地质和天然筑材有土墙、石墙、山险墙和山险四种形式。

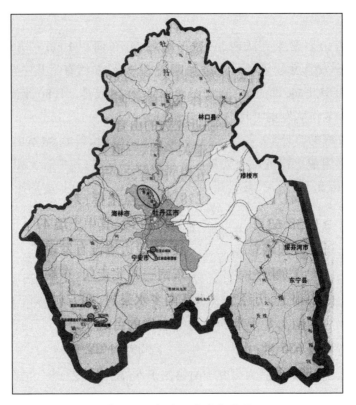

图 5-28 牡丹江边墙位置图

---

① 黑龙江省地方志编纂委员会:《黑龙江省志·文物志》,黑龙江人民出版社,2020年。

牡丹江段边墙：不见我国史料记载,由俄国学者包诺索夫于 1932 年调查时发现,1979 年 7 月,牡丹江市文物管理站首次进行调查。1980～1984 年,黑龙江省文物管理委员会等相关单位连续进行为期五年的考古调查[①],1986 年进行了全面复查。

该段边墙位于牡丹江市北郊山区,当地称"边墙岭"。边墙自江西村西沟北山主峰起,蜿蜒起伏向西北伸展,终止于西大砬子北坡,墙垣长近 39 公里。边墙系就地取土采石修筑,东西两端多为土筑墙,石筑墙较少,中部石筑墙较多,与土筑墙相间。墙上有马面,共 13 个。牡丹江段边墙是渤海时期为防御北方黑水靺鞨南犯而修筑的。后来东夏为防御蒙古军的进犯在镜泊湖中部又修筑了一道边墙,并将牡丹江北郊边墙加以修缮和利用。

江东段边墙：不见我国史料记载,1992 年牡丹江市文物管理站会同宁安市文物管理所首次发现。1993 年对宁安市境内进行了调查,发现边墙残段。

该段边墙位于宁安市江南乡,东起山区顶坡,西止牡丹江右岸台地,墙垣全长 22 公里有余。边墙分土、石两种,东西向的多土筑,东南向的多石筑,总体保存情况较差。在墙内侧发现一些圆形居住坑,周围有一座岱王山山城关堡建筑。此段边墙的作用是与岱王山山城共同构成了渤海国第二道军事防线,封锁了牡丹江右岸的交通。

镜泊湖段边墙：首见于《宁安县志·古城》中记载,1964 年黑龙江省博物馆对其进行了首次调查,1982 年黑龙江省文物考古工作队又进行了全面复查。1988 年牡丹江市文物管理站等相关县、市单位完成了对边墙的测绘工作。

该段边墙位于宁安市江山娇林场,东起大清沟北侧的山顶,向西穿梭于林场的山壑中,直至镜泊湖右岸岸边,墙垣全长约 5 公里。墙体有土墙、石墙两种,总体保存一般。另发现 38 座马面及 2 座山城关堡,分别为城墙砬子山城和重唇河山城。镜泊湖边墙及其 2 座关堡共同形成了渤海国第三道军事防线,扼守水路交通。

三段边墙构筑起渤海国境内具有古长城性质的重要军事设施,在现

---

① 牡丹江市文物管理站:《牡丹江边墙调查简报》,《北方文物》1986 年第 3 期。

今东北亚地区的渤海国及其范围内具有唯一性。牡丹江边墙始建于渤海时期,突出反映了民族和区域特点,金代以后即废止不用,原貌保存状况良好,具有鲜明的原真性和完整性。它为研究当时中原王朝与周边少数民族地方政权的战争、发展、融合关系,防御体系的构筑形式以及中国长城在东北地区的分布等问题提供了宝贵的实物资料,具有十分重大的历史和科学价值。

8. 弯沟二十四块石遗址

弯沟二十四块石遗址位于宁安县镜泊乡东南约12.5公里的松乙沟内,在山谷北坡的向阳山麓处。1960年黑龙江省博物馆对镜泊湖周围进行考古调查时发现。

弯沟二十四块石遗址长9.6米、宽7.8米,是用短矮的石柱排列而成。共分3行,每行8块,间距3米左右。由地表算起平均高度65厘米左右。石料采用不同质地的玄武岩石,经凿刻而成。遗迹附近的遗物非常稀少,在附近采集到少量残瓦片。关于二十四块石当时的用途,因其位于古代交通路线附近,有学者认为或是古驿道上的驿站建筑遗存。

三、渤海考古的成就

渤海考古一直是我国东北考古的一个重点,它对于渤海历史研究的重要性是不言而喻的。通过考古工作者几十年的辛勤工作,获得了大量的资料,使渤海时期的研究得以深入开展。有学者指出,通过考古资料的对比研究,可以明显看出渤海国的政治体制及其城市建制等基本是以隋唐王朝制度为蓝本,即从侧面展示了汉唐文化风采。换言之,渤海文化是唐文化在东北地区的分支,是唐文化的重要组成部分[①]。20世纪渤海考古在城址和墓葬等方面的研究都取得了突破性的进展,成为复原渤海历史最珍贵的资料。

---

① 李陈奇、赵虹光:《渤海上京城考古的四个阶段》,《北方文物》2004年第2期。

1. 城址考古的重要收获

20 世纪渤海城址的考古发掘和研究工作,已经取得了相当丰硕的成果。渤海城址已经发现 36 处,主要分布在牡丹江、海林、东宁、宁安、穆棱、林口等市县。渤海的城址平面一般呈长方形或方形,城墙多以土夯筑,其构筑方法是先挖基槽然后筑夯墙,建筑风格和唐代的城址颇为一致。城门多开在各墙中间或一角。有的在城门处修建瓮城,城墙外多建有护城壕。据考古调查和发掘材料,渤海城址依其性质和规模可分为都、府、州、县四级。

都城级的在黑龙江境内以上京龙泉府故城遗址为代表。它是唐代渤海国从鼎盛直至灭亡的都城,居渤海五京之首,是渤海国的政治、经济、文化中心。它不仅是很早就被发现并见于著录的一处渤海京城遗存,而且还是我国东北地区最大的、保存最好的一座中世纪重要城址。上京城的建设经历了始建、扩建和最后完善三个过程。现存郭城的布局大体上在大彝震世时完成,宫城规模应是文王大钦茂中期的建筑。经过几十年的工作,目前基本上探明了渤海上京城的形制与格局,对城内街道里坊以及宫殿、官衙、佛寺等分布及建筑形式也有了相当程度的了解。特别是在 90 年代以后对宫城中心区域科学发掘,搞清了宫殿建筑形制及特点,并纠正了当年日本人的一些失误。

府一级的城规模低于都城,一般城墙周长 2000 米以上、面积 30 万平方米以上的属"府"城,如东宁大城子古城被考订为渤海率宾府故城。

州城的规模又低于府城,一般的规模在城墙周长 1000～2000 米,面积 10～30 万平方米的城应属"州"城,如牡丹江南城子古城被考订为渤州。

县是四级城中规模最小的,周长 1000 米以下、面积 10 万平方米以下的应为"县"城或"县"以下城,如宁安大牡丹城址应属这类城。

此外,与上述平原城址建置密切相关的还有一类山城址,它们常选择平原城所在周围的山岭或山岗上兴建,所处地势险要,易守难攻,其主要功能是起防御作用。如城墙砬子山城、城子后山城等。

2. 墓葬考古取得重大进展

黑龙江地区的渤海墓葬有贵族墓和平民墓,它们在形制和规模以及随葬品等诸多方面都表现出明显的等级差别。

渤海王室贵族墓葬主要在宁安东京城渤海镇。贵族墓葬具有自己的明显特征,但也受到中原唐朝的很大影响。墓葬的形制结构很明显是仿自中原的作法。在渤海王室贵族墓葬的内壁上,多半涂有白灰或绘有壁画,唐代中原地区较高等级的墓葬在墓室四壁、顶部、甬道等处也都绘有壁画。壁画内容的相似,表明渤海王室墓不仅在陵墓制度、丧葬礼仪,而且在绘画艺术及其内容上都与唐代中原地区非常相似。1991 年发掘的三陵 2 号墓是我国正式发掘的渤海大型石室墓,为渤海史研究提供了葬俗、人种学、建筑艺术、服饰、礼制等方面的实物资料。

平民墓葬的研究以 1992～1995 年发掘的宁安渤海虹鳟鱼场墓葬群最为重要,它是我国迄今渤海墓群发掘中清理墓葬数量最多、延续时间最长、形制最复杂、出土文物最丰富的一次,并且首次发现与墓葬有关的祭祀坛等重要遗迹。墓葬的年代自靺鞨晚期约至渤海中期,呈现出连续不断的发展过程,通过对该墓群的发掘及研究,为渤海文化的分期提供了可靠的标尺。分散坐落在各地的渤海墓葬在形制、葬式及随葬器物等方面都有鲜明的共性。以黑龙江省海林县山咀子墓群为例,墓葬大多是石椁、石室结构,极少用砖。较考究的墓室内涂漫白垩土,石椁上再封土。依然普遍盛行二次葬,在海林山咀子、东宁大城子等墓群中都有二次葬的现象。渤海的墓葬都是封土墓,这是不同于高句丽墓葬的一个显著特点。

渤海墓葬中显现的习俗表明它与靺鞨葬俗关系密切,或者说其有承续关系。如渤海早、中期的墓葬中所见的土坑竖穴墓的习俗源于靺鞨古老葬俗。封土石室墓的葬俗与高句丽的积石墓有同有异。高句丽的封土石室墓的墓室大多修在地表上,而渤海的封土石室墓的墓室则是修在预先挖好的土坑之内,因此整个墓室基本处于地表之下。在随葬陶器上,被学者们公认的具有靺鞨传统的"重唇罐",在渤海时期自始至终均有发现。

此外,渤海墓中二人以上合葬、迁葬、衬葬等习俗,也是渤海粟末靺鞨族葬俗的重要特点之一,与高句丽时期的墓葬有别。这些特点,为渤海以靺鞨人为主体创立政权之说提供了实物证据。

进入 21 世纪后,对渤海的考古工作继续持续开展,1998～2007 年对上京城的发掘基本廓清了上京城五座宫殿的形制及风格。

第六章　弓马天下——辽金时代的遗存

辽金时代是我国东北少数民族建立的地方政权,在它们最强盛的时期,一度曾进入中原地区,成为统治半个中国的强大王朝。他们或起于黑龙江,或发达于黑龙江,在黑龙江留下了丰富的遗迹和遗物。

一、辽代遗存

辽代是我国东北的地方区域性政权,以契丹族为主体,与中原的北宋王朝并存了 160 余年,因此辽是中国历史发展中一个重要的不可或缺的环节,它也是黑龙江地区古代历史极其重要的组成部分。早期契丹族的活动范围主要在今内蒙古昭乌达盟地域内,但在其政权建立后不久,便统辖了黑龙江流域的广大地区,黑龙江成为其重要的活动区域之一。继唐和渤海之后,辽在黑龙江地区设立了若干行政机构,在黑龙江、松花江、乌苏里江之间设置五国部节度使,加强了辽朝对东北边疆地区的控制。五国部的地理位置已经基本得到了确认。根据史籍中对黑龙江的记载来进行辽代的古代遗迹的寻找,成为我们开展历史时期考古的一个重要手段,五国城地理位置的确认,是成功的例证。

(一)考古发现与重要活动

辽在黑龙江西部设泰州,泰来、龙江等,这些地方发现辽代遗存较多。如有人考证泰来塔子城古城就是辽泰州故址,是辽代主要控扼室韦诸部的北方军事重镇,出土的辽代文物具有鲜明的辽代契丹文化的特征。

辽在黑龙江地区留下了比较丰富的遗迹和遗物,为研究辽代黑龙江地区的历史提供了许多实物资料。正因为如此,辽代历史与考古方面的研究,一直是黑龙江省考古学界十分重视和长期耕耘的学术领域之一。

在辽代考古遗存研究上,已经取得了丰硕的成果。

对辽代在黑龙江地区的古代遗存的探索开展的比较早,在 20 世纪 20～40 年代,日俄学者曾对黑龙江省境内的辽代遗迹(主要是城址)、遗物进行过调查和搜集的活动,但并没有系统地开展过工作。

辽代文化遗存科学的调查活动都是在新中国成立以后展开的,辽代考古工作开展的不多,但其中也有一些重要的调查与发掘活动,并且获得了很重要的发现,对辽代考古的后续发展提供了有益的基础。

1956 年泰来县塔子城内出土了辽代大安残石碑。1960 年谔士撰写《跋黑龙江泰来县塔子城出土的辽大安残刻》一文,文中提出因有"大安刻石的出土","可证泰来县在辽时为泰州辖境"。

1956～1957 年,黑龙江省文化局对泰来县塔子城镇西南的平等村①、平安乡后窝堡②等地的辽墓进行了清理发掘工作。

1974 年黑龙江省博物馆发掘了绥滨永生墓地③。该墓地的文化面貌与绥滨三号墓地相似,应为辽代女真人墓地。

1975 年黑龙江省博物馆对绥滨县三号墓地进行了发掘。据墓地的地理位置和出土遗物特征,并结合有关文献,首次提出了"绥滨三号辽代女真墓地在文化类型上应属辽五国部文化"④。

1979 年和 1980 年,嫩江地区文物管理部门对龙江县进行两次考古调查,在广厚乡二村共发现十余座墓葬⑤,这是一处辽代贫民墓葬群。

1982 年齐齐哈尔市文物管理站清理了三合砖厂的一座辽墓⑥。

1985 年齐齐哈尔市文物管理站清理龙江合山乡石室墓⑦,认为这是一座辽代早期女真人墓葬。同年,黑龙江省文物考古工作队对黑河卡伦

① 丹化沙:《黑龙江泰来辽墓清理》,《考古》1960 年第 4 期。
② 丹化沙:《黑龙江泰来后窝堡辽墓》,《考古》1962 年第 3 期。
③ 孙秀仁、干志耿:《论辽代五国部及其物质文化特征——辽代五国部文化类型的提出与研究》,《东北考古与历史》1982 年第 1 辑。
④ 干志耿、魏国忠:《绥滨三号辽代女真墓群清理与五国部文化探索》,《考古与文物》1984 年第 2 期。
⑤ 金铸:《黑龙江省龙江县二村古墓群调查》,《北方文物》1987 年第 1 期。
⑥ 辛建、崔福来:《齐齐哈尔市梅里斯三合砖厂辽代砖室墓清理简报》,《北方文物》1991 年第 2 期。
⑦ 傅惟光、金铸:《黑龙江省龙江县合山乡的辽代石室墓》,《北方文物》1989 年第 4 期。

山墓地进行了发掘①。从出土的遗物和墓葬排列有序的情况推断,该墓地应为辽代女真人的一个氏族墓地。

1987年黑龙江省文物考古研究所等单位清理了富拉尔基的两座辽墓②。

1990年5月,龙江县文物管理所对鲁河新丰砖厂辽墓进行了清理,出土了一些珍贵文物③。

1993年黑龙江省文物考古研究所和吉林大学考古学系对海林渡口遗址进行发掘,确认该遗址第四期的文化遗存为辽金时期。

(二)主要遗存

黑龙江省的辽代考古活动主要在松嫩平原和三江平原进行,所发现的辽代遗存主要有城址和墓葬。

1. 城址

黑龙江境内可确认的辽代城址共6处。

(1)塔子城古城址

塔子城遗址位于齐齐哈尔市泰来县城西北45公里塔子城镇,是黑龙江省西南部规模最大的古城④。塔子城地处嫩江以西平原区,嫩江支流绰尔河由西向东南流来,在塔子城东北10余公里处折而东流,注入嫩江。

塔子城古城是座正南北向的方形城址,主城墙周长4563米。城墙由夯土筑成,顶宽1～1.25、底宽20～30、残高5米。古城共有四门,每面墙各有一座,门外围筑有与城垣相接的弧形土筑瓮城,用来卫护城门,在短垣左侧开一瓮门,构成相互呼应的外门。城墙设有马面,城的四角各设一个角楼,城外四周又有深阔的两条护城壕和两道副墙环卫,城内南北五条街道纵横相通。由此构成了我国辽金时期以方城、墙壕、雉堞、瓮门为主要特征的古城形制。

---

① 郝思德、李陈奇:《黑河卡伦山古墓葬发掘的主要收获》,《黑河学刊》1986年第1期。
② 许继生:《黑龙江省齐齐哈尔富拉尔基辽墓清理简报》,《北方文物》1999年第3期。
③ 邹向前:《黑龙江省龙江县鲁河新丰砖厂辽墓》,《北方文物》1995年第2期。
④ 朱国忱:《塔子城调查记略》,《辽海文物学刊》1987年第2期。

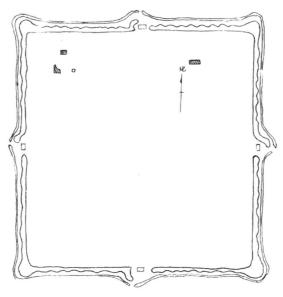

图 6-1　塔子城古城平面图

　　城内地面散见辽、金、元时期著名窑口的砖、瓦、陶、瓷残片。其中也有些当地烧造的仿定白瓷和杂色瓷片。城内的西北、西南两区散布着红、黄、绿、蓝等釉色的琉璃瓦。城内西北隅分布着大规模古建筑群基址,其上仍可见残留的大型汉白玉柱础石,础石整齐排列,地面堆积厚厚的各种建筑材料,各种瓦及方砖等层层叠压。有的建筑材料上有华丽的装饰,可见到饰有龙、凤、云和水波的砖、瓦等建筑构件。几十年来塔子城内外陆续出土了珍贵的历史文物。城内所出印文为"匡义军节度使之印"的铜印,应是辽代的遗物。城内还出有"大安七年"(1091年)刻残碑,碑系用青灰岩石刻成,残断,原碑正文已失,只剩下碑记16行文字,文字中刻有"泰州河堤"、"同建办塔事"、"提点塔事"等文字和47个汉人姓氏,证明在公元11世纪末,已有大量汉人聚居于黑龙江地区。此外还发现过金代、元代常用的带沿铁锅和三足铁锅,城东门处也曾发现过刻有"清酒肥羊"、"内府"等文字的元代大型瓷瓶和瓷罐。

　　从城址形制和出土物结合文献等考察,塔子城古城始建于辽代,为辽泰州属上京道辖,隶兴宗延庆宫,兵事属东北统军司,控制大兴安岭东西地区的少数民族。金灭辽后,仍称泰州。元代塔子城为"斡赤尔斤分地"。明代在此处设福余卫。清代称绰尔城,各代一直延用,均为北方重镇。塔子城为研究辽金时期的行政建置、历史地理奠定了一定基础,并对元、明时期的历史研究有一定的参考价值。

（2）五国部和五国城

公元10世纪,约在今依兰县附近的松花江下游至黑龙江下游南北两岸地区居住的生女真分为五大部落,史称"五国部"。五国部族源自于黑水靺鞨,其以狩猎、捕鱼为业,也饲养马等家畜。

五国城即辽代契丹人对剖阿里、盆奴里、奥里米、越里笃、越里吉等五国(即五部)的统称。最早对五国城进行考证的是清末学者曹廷杰,他所著《五国城考》对五国部所属的城址进行了地理考证和记述,其中涉及九城,有四城基本吻合。

目前考古成果与文献中基本对应的五国部和五国城主要是以下几处:

越里吉:今依兰县城,为五国城之首,有五国头城之称。地理位置在松花江右岸[①]。城址为东北—西南走向,呈四方形,周长约2600米,面积

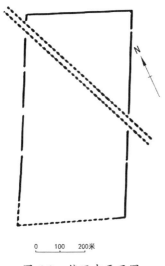

图6-2　越里吉平面图

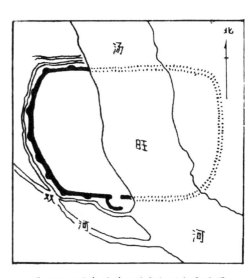

图6-3　固木纳城址(盆奴里)平面图

① 于庆东:《五国部越里吉地望考》,《北方文物》2008年第1期。

近38万平方米。现存南、北、东三段各自独立的城墙最高可达4米。

盆奴里:今汤原县西南固木纳城址。城址位于汤原县香兰镇双河村东南1公里处,松花江左岸,汤旺河右岸,也称双河城址①。城址呈长方形,南北长750米,东西宽500米,周长2500米,面积约37万余平方米。城墙高约3米,基宽5米,夯土板筑。现存北墙100米(附马面1个)、西墙全部500米(附马面5个)、西北角楼一个,以及北墙外侧的双道护城河,面积约13万平方米。南城墙因河水改道已被洪水冲毁。城址内出土有铜权、六耳铁锅、勾当公事天字号之印、三足平底铁锅及瓦当等。

越里笃:今桦川县东北瓦里霍吞城址。城址位于桦川县悦来镇东北20公里处的万里河村,松花江右岸。城址依土岗走向筑成,平面呈不规则形,掘土起墙,夯土板筑,周长约3500米,面积约80万平方米。城墙残高4米,最高处10米,底宽9米,上宽2.8米。城东、西、南三面在城垣中间各设一门,东、南两瓮城保存完好。城内西偏北为圆形土台,俗称"点将台",周长40米,中间呈凹形,内径3米,深2米。

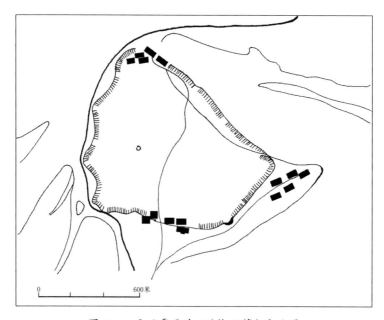

图6-4 瓦里霍吞城址(越里笃)平面图

---

① 黑龙江省地方志编纂委员会:《黑龙江省志·文物志》,黑龙江人民出版社,1994年。

城内曾出土金代铜印"恼温必罕合扎谋克印"及金代、明代铜钱等。

　　奥里米：城址位于绥滨县北岗乡永泰村东敖来河畔，南濒松花江。1964 年和 1973 年黑龙江省考古工作者对古城进行了调查，又在 1974 年进行实测，进一步确定该古城即为辽五国部之一奥里米部故城遗址。城址平面大致为圆角长方形，城墙夯土版筑，以现存的北墙与东墙计，城址周长约 3224 米，北墙相对规整且保存状况较好，长 912 米、残高 3 ~ 4 米，东、西两墙共残存 18 个马面，东墙中部偏北设一瓮城及城门。城外有护城壕，深约 1 ~ 2 米。城内发现有建筑遗址，表现为排列有序、高低起伏的土丘，土丘表面遍布瓦砾和陶瓷碎片。

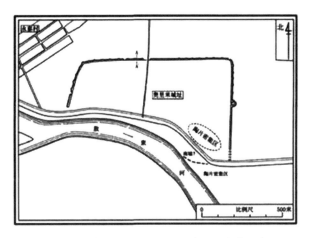

图 6-5　奥里米城址平面图（依卫片摹绘）

（图片来源于赵里萌《中国东北地区辽金元城址的考古学研究》图 3-4①）

　　该城址地理位置重要，是通往黑龙江下游的水上交通要冲。清代学者屠寄在《黑龙江舆图说》中，将该城考证为辽代五国部的"奥里迷"部治所，今考古调查证明了屠寄的考证。这对研究辽代五国部以及女真族的历史沿革和文化遗存都有重要意义。

　　图斯克城址：图斯克城位于同江市乐业镇团结村西南 7.5 公里处，又名"团结小城子古城"。1982 年调查时发现，1986 年后多次调查，

---

① 赵里萌：《中国东北地区辽金元城址的考古学研究》，吉林大学博士学位论文，2019 年。下同。

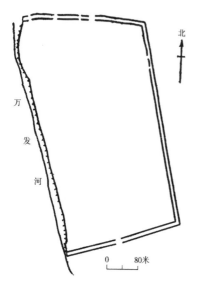

图6-6　图斯克城址平面图

1991年佳木斯市文物管理站与同江市文管所对古城进行了实测①。古城平面呈梯形，南、北长488～570米，东、西宽284～304米，周长1646米。城墙为外返土夯筑，无瓮城、马面、角楼等设施，城门位于南墙中部。古城内采集到的遗物主要有陶、瓷残片以及铜、铁器等，主要有陶质罐、甑、雕塑、网坠，铜鐎斗、三足器、佛像、钱币和铁削等。图斯克城址与依兰五国城在形制和构筑方法上极为相似，应系辽代所建，明时成为连接松花江下游与黑龙江中下游的重要城站，在"海西女真""野人女真"与内地联系中起到了重要作用，其对于研究辽金、明、清时期的经济、军事、政治、行政建制、交通路线、城址建制等方面具有重要的价值。

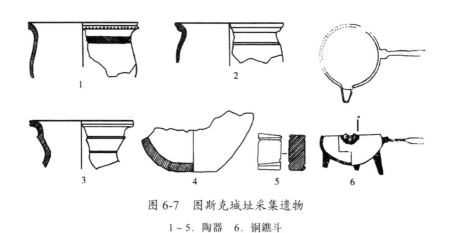

图6-7　图斯克城址采集遗物

1～5.陶器　6.铜鐎斗

剖阿里：在今俄罗斯哈巴罗夫斯克（伯利）域内。

---

① 鄂善君：《黑龙江省同江市团结古城调查》，《北方文物》1994年第4期。

（3）郎君东、西古城

郎君古城为一对东、西分布的"对子城"，分别称之为"郎君东古城"
和"郎君西古城"，是一处辽金时期的猛安或谋克城址[①]。

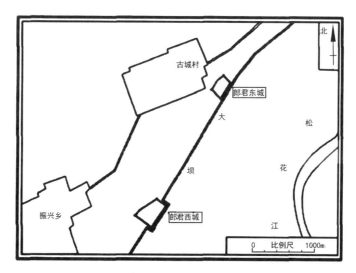

图 6-8　郎君东、西古城城址位置图

（图片来源于赵里萌《中国东北地区辽金元城址的考古学研究》图 3-21）

东古城位于汤原县振兴乡古城村东南，与村相距约 100 米。平面略
呈东—西向长方形，城墙为夯土版筑，东西长 200 米，南北宽 150 米，周
长 700 米。现存墙垣 1.5 米高，上口宽 1.5 米、基部宽 6 米，墙垣外设马
面，南、北墙各有一座平面呈菱形的子城，子城墙残高 1 米。城内地表散
布陶片等遗物。

西古城位于汤原县振兴乡古城村东北 1 公里处，城内地势较为平
坦。平面呈不规则长方形，城墙夯土版筑，南北长 450～470 米、东西宽
200～250 米，周长约 1370 米。南墙及部分西墙和东墙叠压于临江堤坝
之下。墙垣存高 2 米，基部宽 9 米，上口宽 2 米。城墙的防御设施有部
分保存比较完好，墙外现存 9 处马面（北墙 5 个、西墙 3 个、东墙北段 1
个），2 处角楼（东北角、西北角各有角楼 1 座），带瓮城门址 1 座（西墙南

---

① 黑龙江省地方志编纂委员会：《黑龙江省志·文物志》，黑龙江人民出版社，2020 年。

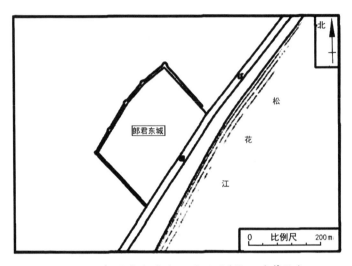

图 6-9　郎君东古城城址平面图（依卫片摹绘）

（图片来源于赵里萌《中国东北地区辽金元城址的考古学研究》图 3-22）

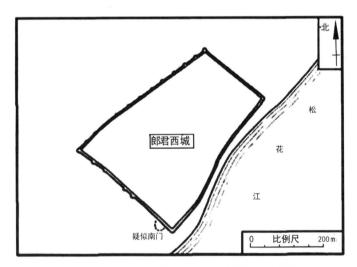

图 6-10　郎君西古城城址平面图（依卫片摹绘）

（图片来源于赵里萌《中国东北地区辽金元城址的考古学研究》图 3-23）

段）和护城壕遗迹①。

两座城内分布着大量的布纹瓦和轮制灰陶器。曾出土三足平底铁锅、三足环耳铁锅、铁锹、铁车辖、"崇宁重宝""熙宁重宝""开元通宝""皇宋通宝"铜钱，金钗、金耳坠、石门枢、磉石、定瓷片、仿定瓷片、北宋铜钱等。

（4）河西城址

河西城址位于逊克县干岔乡河西村西约 15 公里的山岭上，依山势修建，是一处保存较完好的辽金时期城址。1976 年发现并调查，1990 年第一次复查，1992 年黑龙江省文物考古研究所联同地方相关单位进行了调查测绘工作②。

古城平面不规则，近似倒三角形，东西最长处约 480 米，东北至西南最宽处约 250 米。城依地势而建，在城的东、南、北三面依山势筑垣，城西部马鞍形缓坡处自内向外依次建筑四道城墙，垣高现存 2～3 米、底宽 8 米、顶宽 1 米。城东南分布着两级天然形成的台阶，台阶边缘各筑一道城墙，城外东北角有一条通山下的山脊。城内分布着 209 个方形坑，出土有铁链、少量灰陶片、陶罐、铁镞、铁渣等遗物。

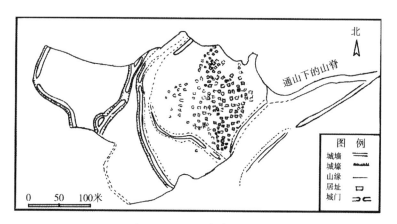

图 6-11　河西古城平面图

① 刘阳、赵永军：《黑龙江汤原发掘辽金时期郎君西古城》，《中国文物报》2016 年 11 月 8 日第 8 版。
② 张鹏、于生：《黑龙江省逊克县河西古城第三次调查简报》，《北方文物》1995 年第 3 期。

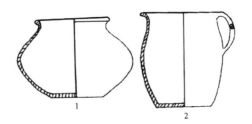

图 6-12　河西古城出土陶器

　　黑龙江沿岸类似规模、形制的城址很少见,该城的发现与发掘对研究辽代五国部的历史、军事、建筑等诸方面均有很高价值。

　　（5）蒙古尔山寨

　　蒙古尔山寨属于辽代城址,金元明代沿用。古城因蒙古尔山得名,又称“蒙古山寨”,蒙古尔山位于松花江中游左岸的木兰县西部,东距县城 35 公里,古城位于山南一处较孤立而又平坦的山丘之上,环山而筑,平面呈不规则圆形,东部为峭壁。1997 年调查时发现,翌年春进行抢救性清理[①]。

　　该城垣为掘土堆筑,周长约 1150 米,内有深约 0.5 米的堑壕。在正南、北各开一处城门,南城门外有一道瓮城,另在两处城门外各加筑一道城垣,形制相似,呈对耳状对称。整座山城似簸箕形,城内有窑址 1 处,半地穴式房址 200 余座。房址平面有方形、长方形,面积在 16-30 平方米不等,房址内可采集到夹砂陶片、木炭、兽骨、铁链等遗物。城内出土铁箭头、铁犁、铁铧、手摇磨石、鸡腿瓶、雕刻器等辽金时期遗物。

　　（6）望海屯城址

　　城址位于大庆市肇源县三站镇宏达村西南岗地南部,东北距三站镇 5 公里。

　　城址略呈长方形,周长约 3000 米。城墙破坏比较严重,仅西墙北段和南墙保存较好,南墙东南部 100 米处有一小城,略呈方形,周长约 720 米。

　　城内地表散布有陶片、瓷片等。陶片多为泥质灰陶、黄褐陶和红胎黄釉陶,瓷器有仿定瓷缸胎三彩瓷片和酱彩壶嘴残片,多为辽金时期遗物,据此推定望海屯城址属于辽金时期城址。

---

① 李彦君、刘展、姜占忠:《“蒙古山寨”古城调查简报》,《北方文物》2000 年第 4 期。

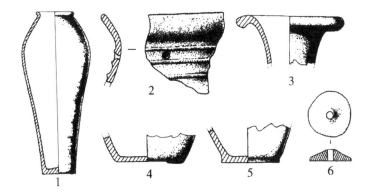

图 6-13　蒙古尔山寨发现的陶器

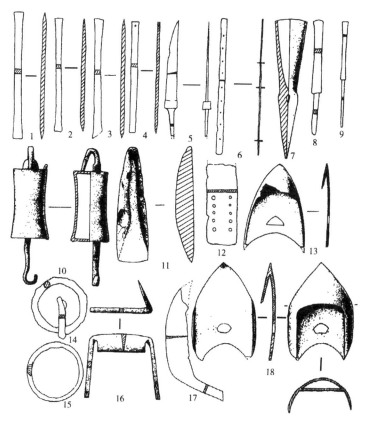

图 6-14　蒙古尔山寨发现的铁器、石器

1～10、12～17. 铁器　11. 石器

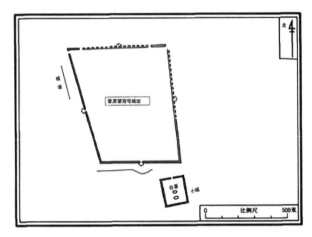

图 6-15　望海屯城址平面图(依卫片摹绘)

(图片来源于赵里萌《中国东北地区辽金元城址的考古学研究》图 3-223)

2. 墓葬

辽代墓葬在嫩江中下游地区、三江平原和黑龙江中游等地都有所发现。

(1)绥滨三号墓地

墓地位于绥滨县高力河注入黑龙江以东 1 公里的沿江沙丘地带,因地处三号边防哨所而得名。整个墓群分布在东西相距约 50 米的两座沙丘上。1975 年当地农场修江堤推土时发现,同年,黑龙江省博物馆和绥滨县文化馆对墓地进行了抢救性清理发掘[①]。墓地分东、西两区,东区破坏严重,只采集到少量文物。清理墓葬主要集中在西区,共清理了 14 座,其中 5 座保存较完整。三号墓群共出土随葬品 150 余件。这批出土遗物具有明显的地区性特点和较重要的历史价值,为此类墓葬断代和了解该地区的历史提供了可靠的实物资料。

墓地的墓葬呈南北方向分排排列,排列比较有规律。墓葬均为长方形土坑竖穴墓,以尸骨葬为主,仅见 5 号墓 1 个陶罐中盛有骨灰,表明当时存在火葬习俗。多数墓穴有烧烤过的迹象,推测是把尸体放入墓穴中再烧,这是女真民族的一种特殊葬俗。未见木棺葬具。

[①] 干志耿、魏国忠:《绥滨三号辽代女真墓群清理与五国部文化探索》,《考古与文物》1984 年第 2 期。

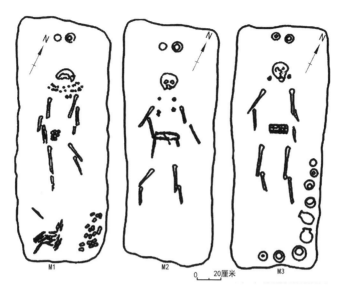

图 6-16 绥滨三号墓地西区墓葬平面图

墓中随葬品的位置摆放清晰。出土随葬品主要有陶器、铁器、铜器，并有少量的石器和玉器。陶器出土数量较大，基本完整或可以复原的共32件。从质地、形制、用途上看，可以分两类，一类是手制的侈口重唇深腹夹粗砂罐，间或饰以弦纹和拍印小方格纹。另一类是细泥灰陶罐，有的是盘口罐（壶），素面或饰以瓜棱纹，轮制。在西区5座保存较完好的墓中都有这两种类型的陶罐。整个墓区出土陶罐大多数都是死者生前的生活用具。铁器在随葬品中占很大比重，有小铁削、匕首、镞、环、腰带等。小铁削出土较多，式样雷同，大小相仿，均是墓主人生前用过的，表明当时此地流行这种铁削。铜器有腰带、带銙、铃、纽扣、环、胸饰等。牌饰中最具特色的是长方形几何纹镂孔悬铃铜牌，以十字镂孔多见。M3出土一条完整的腰带，以猪皮作衬底，上面缀有19块青铜铸造的镂空带銙，并附有铜铃15枚，是同类器物中的珍品。其他器物有玉璧、耳环、料珠、玛瑙珠等。

依据墓葬形制结构、出土遗物特征等，推定墓地的年代为辽代，并结合历史地理文献等，推断该墓地属辽代五国部女真遗存。

（2）卡伦山墓地

卡伦山墓地位于黑河市东南四家子乡卡伦村北约1.5公里，黑龙江

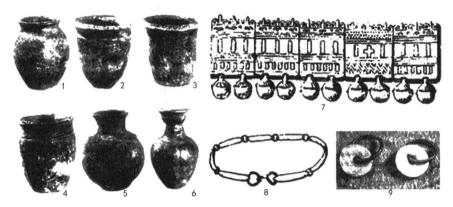

图 6-17　绥滨三号墓地出土器物

右岸的二级阶地上^①。墓葬分布于东西走向的卡伦山坡上,面积约 6000
平方米。地表暴露出约有 30 余座墓葬,分布集中,排列有序,间距 2～5
米。1985 年 6 月由黑龙江省文物考古研究所发掘 19 座。

墓葬类型分为长方形竖穴土坑墓和土坑木棺墓。方向均为东北—
西南向。墓葬规格有大小两种,大的长 3 米、宽 1.3 米,小的长 1.6 米、宽
0.8 米。土坑木棺墓的木棺呈长方形,结构特殊,为紧贴墓圹四边置立木
板,无盖无底,个别木棺上铺置桦树皮。以二次迁葬和火葬为主,多数墓
中随葬有马、猪等动物骨骼,发现一处殉马坑。随葬品以陶器、铜铁器、
石器为主,有少量骨器、银器。陶器分泥质和夹砂两类,前者为轮制,后
者为手制。素面居多,个别有纹饰,纹饰种类有刻划纹、弦纹等。陶器基
本器类为罐和壶,代表性器物为泥质鼓腹瓜棱壶,盘口高领壶和夹砂素
面罐。铜铁器多为马具。有用玛瑙、绿松石、料珠等材料制作的装饰品。

卡伦山墓葬的文化特征同三江平原已发现的女真墓葬有诸多相似
之处,二者所在同属女真居住地域,因此推定卡伦山墓葬为女真墓葬,从
墓中出土的陶器等遗物的形态看,其相对年代应属辽代中晚期,也即相
当于苏联科尔萨科沃墓地分期中的晚期^②。

① 郝思德、李陈奇:《黑河卡伦山古墓葬发掘的主要收获》,《黑河学刊》1986 年第 1 期。
② 谭英杰、赵虹光:《再论黑龙江中游铁器时代文化晚期遗存的分期——科尔萨科沃墓地试
析》,《中苏考古学论文集》1990 年。

（3）永生墓地

墓地位于绥滨县北岗乡永生村北,松花江左岸的漫岗上,是一处地面没有封土痕迹的墓群。1974 年在基建施工时发现,黑龙江省考古工作队对墓地进行了清理发掘。墓地共有 26 座墓葬。

墓地中墓葬分布密集,排列有序。墓葬形制均为长方形土坑竖穴木棺葬,墓圹较小,墓葬结构简单,木棺采用榫结构的方法组合而成。已清理的 12 座墓中,仰身直肢葬 7 座,二次葬 4 座,火葬 1 座。

随葬品多是死者生前所用。种类以陶器、铁器为主,玉器和金银器极少。陶器分泥质和夹砂陶两种,泥质陶多为轮制。器形简单,主要为陶罐、钵,体形较大,多为实用器。陶器多为素面,纹饰简单,以拍印几何纹居多,偶见瓜棱装饰,有的陶器底部有模印的符记。金、玉制品仅见 1 只曲柄金耳坠、几颗玉坠、玉珠,但以铜、铁、石、高岭土为原料做成的饰品却有相当数量的发现。铁器有小刀、衔镳、镞等。铜器多为佩饰,并有少量石质佩饰。有 3 座墓中出土有北宋时期的"景祐元宝"、"咸平通宝"、"祥符元宝"等铜钱。关于墓地的年代,从

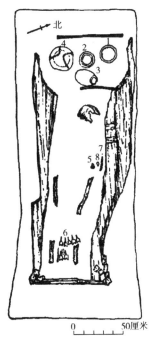

图 6-18　永生 M12 平面图

所出的铜钱的纪年,并结合遗物特征,推断墓地年代约属辽代中叶。

从墓地中出土的侈口深腹平底、周身饰拍印小方格纹的夹粗砂陶罐,兼有细泥灰陶罐、瓜棱罐等,均与绥滨 3 号墓地出土的同类器物相似,因此判断永生墓地应属辽代五国部遗存[1]。

（4）平等墓地

平等墓地位于泰来县塔子城镇平等村西南 150 米处[2]。1956 年当地

① 孙秀仁、干志耿:《论辽代五国部及其物质文化特征——辽代五国部文化类型的提出与研究》,《东北考古与历史》1982 年第 1 辑。
② 丹化沙:《黑龙江泰来辽墓清理》,《考古》1960 年第 4 期。

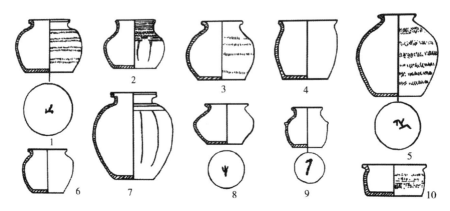

图 6-19　永生墓群出土陶器

图 6-20　平等墓地出土器物

1、3. 铁器　2. 铜器

农民在耕地时发现,黑龙江省博物馆进行了现场调查清理。墓葬已遭破坏,墓顶塌陷,墓室用大小不等颜色不同的砖砌成,呈槽斗状,口宽底窄。墓中的人骨架已被破坏。随葬器物有铜马镫、铁矛、铁环、铜钱等。铜钱为北宋时期所铸的"元丰通宝"、"治平通宝",各出 1 枚。残陶罐腹大底小,肩部有弦纹。用砖砌墓壁的墓葬在黑龙江省其他地点发现的不多,但在泰来却很常见。在附近的永安、英山、后窝堡等地也有这种墓葬发现。根据墓葬形制及出土遗物判断,应是辽墓。

（5）平安后窝堡墓葬

平安后窝堡墓葬位于泰来县平安乡后窝堡屯[①]。墓葬保存较好,为长方形竖穴砖壁墓。砖砌只限于四壁和墓底,无墓道、墓门及券顶。随葬品较完整的有7件,分别为带鹿角柄的铁匕首、铁马镫、铁锅、陶瓮、陶罐、琥珀制品,另有一些残铁器。陶瓮灰陶轮制,口缘卷曲,火候高,质地硬。陶罐2件,一件为灰陶,小口鼓腹缘外卷,另一件残,长颈。马镫铸铁制成,与泰来县其他地点辽墓出土的大致一样。根据这座墓葬的形制和墓壁的砖筑结构以及出土遗物的某些特征看,它同泰来县境内其他地点发现的辽墓相近似,应为辽代墓葬。

1　　　　2　　　　　　　　3

图 6-21　后窝堡墓葬出土铁器

（6）鲁河新丰砖厂辽墓

新丰砖厂辽墓位于龙江县鲁河乡新丰砖厂厂部东50米[②]。1990年5月砖厂取土时发现,龙江县文物管理所随即前往并先后两次进行清理。墓葬为长方形土坑竖穴墓,单人仰身直肢葬。墓主人原身着五层绸缎锦服,出土后即褪色风化为碎片。共清理出随葬品50余件,出土有瓜棱罐、泥质灰陶罐、铁短剑、银剑鞘、银饰件,骨鸣镝等文物。其中一件六瓣圆盖形点堞花纹饰件较为精美。该墓的发现,对于研究嫩江西部辽代契丹文化有着重要的意义。

（7）广厚二村墓群

广厚二村墓群位于龙江县东南,雅鲁河左岸广厚乡二村后偏东侧的土丘上[③]。1979和1980年嫩江地区文物管理部门进行了两次调查,共发

① 丹化沙:《黑龙江泰来后窝堡辽墓》,《考古》1962年第3期。
② 邹向前:《黑龙江省龙江县鲁河新丰砖厂辽墓》,《北方文物》1995年第2期。
③ 金铸:《黑龙江省龙江县二村古墓群调查》,《北方文物》1987年第1期。

现十余座墓葬,出土文物有陶器、瓷器等。陶器大多数为轮制泥质灰陶,器形只有陶罐一种,分为高领罐、矮领罐和无领罐三种。瓷器完整的只有一件白瓷小碗。据发掘者认为这是一处辽代贫民墓葬。

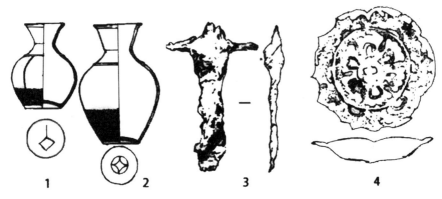

图 6-22　新丰砖厂辽墓出土遗物

1、2. 陶器　3. 铁器　4. 银饰

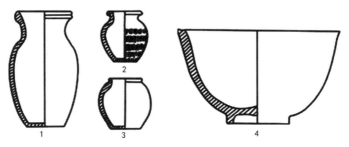

图 6-23　二村墓群出土陶瓷器

1～3. 陶器　4. 瓷器

（8）合山乡石室墓

合山乡墓葬位于龙江县合山乡西甸子村东沙丘中部,取土时被破坏①。1985 年 4 月,齐齐哈尔市文物管理站派人清理。墓葬的墓室为不规则方形,以天然页岩块砌筑,有墓门、墓道。出土的随葬品有陶器、铜器、铁器、骨器、石器等。

---

① 傅惟光、金铸:《黑龙江省龙江县合山乡的辽代石室墓》,《北方文物》1989 年第 4 期。

图 6-24　西甸子石室墓平面图

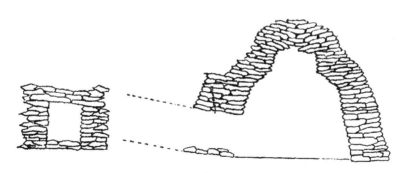

图 6-25　西甸子石室墓剖面及墓道口示意图

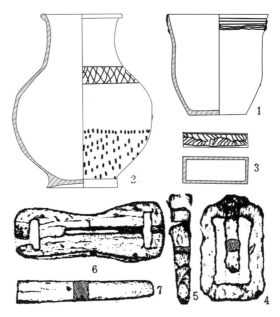

图 6-26　西甸子石室墓出土器物

1、2. 陶器　3. 铜饰件　4、5. 铁器

6. 骨带卡　7. 砺石

发掘者认为该墓为嫩江流域辽代早期女真人的墓葬。

（9）三合砖厂墓葬

三合砖厂墓葬位于齐齐哈尔市梅里斯区三合砖厂西南 100 米处的土岗东南坡[①]。由于砖厂取土,墓葬被破坏。1982 年 10 月,齐齐哈尔市文物管理站及时调查并进行了清理。墓葬为小型竖穴砖室墓,长方形,用素面青砖砌成四壁。

随葬品均出于墓室西侧,横向双行排列,前行为瓷器,后行为陶器。瓷器有葫芦瓶、小开片瓷罐、白釉圈足碗、白釉圈足盘等。陶器为轮制灰褐陶,器形有壶、罐、瓶等。瓷器中葫芦瓶施灰白釉,上小下大的束腰式,造型新颖,为辽瓷中稀有的珍品。

---

① 辛建、崔福来:《齐齐哈尔市梅里斯三合砖厂辽代砖室墓清理简报》,《北方文物》1991 年第 2 期。

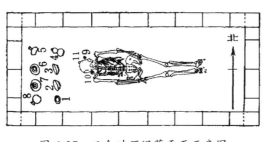

图 6-27 三合砖厂辽墓平面示意图

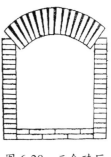

图 6-28 三合砖厂
辽墓剖面示意图

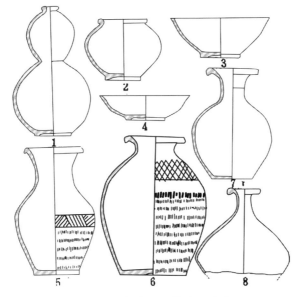

图 6-29 三合砖厂辽墓出土陶瓷器

1～4. 瓷器 5～8. 陶器

（10）富拉尔基武装部北侧辽墓

墓葬位于齐齐哈尔市富拉尔基区武装部北侧,1987 年 9 月挖下水管道时发现[1]。黑龙江省文物考古研究所、齐齐哈尔市文物管理站和富拉尔基区文物管理所等单位进行了清理,共清理了两座墓葬,出土随葬品种类多样,包括陶、瓷、金、铜、骨、玉石等多种质地器物。该墓葬的墓主

———————————

[1] 许继生:《黑龙江省齐齐哈尔富拉尔基辽墓清理简报》,《北方文物》1999 年第 3 期。

人应是具有一定社会地位的辽代中上层人士。

（11）富拉尔基永青村辽墓

墓葬位于齐齐哈尔市富拉尔基区长青乡永青村,1998 年由当地村民挖菜窖时发现[1]。随后由齐齐哈尔市文物管理站进行清理。该墓葬为

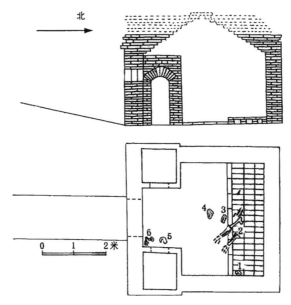

图 6-30　永青村基辽代墓葬平、剖面图

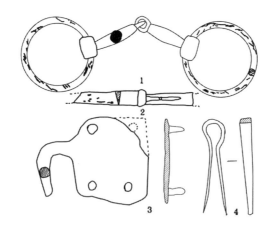

图 6-31　永青村辽代墓葬出土随葬品

① 齐齐哈尔市文物管理站:《齐齐哈尔富拉尔基辽代砖室墓》,《北方文物》2003 年第 3 期。

砖室墓,由墓室、墓门、东西耳室和墓道组成,出土随葬品有马衔、铁刀和破碎的布纹瓦等。

（12）长岗墓葬

长岗墓葬位于齐齐哈尔市梅里斯区达斡尔族区共和乡长岗村东100米处。1984年10月,该地村民挖地时发现一些马骨和马具饰件,齐齐哈尔市文物管理站派人进行了清理[①]。出土随葬品较为丰富,多为铁器和铜器,其中鎏金铜、铁马具占有一定比例,银器和骨器各1件,此外,还出土了3枚"崇宁重宝"铜钱。该墓随葬丰富的马具及武器,但墓葬却较简陋,且无葬具和生活用品,墓葬可能属于辽末战乱期间的一员武将。

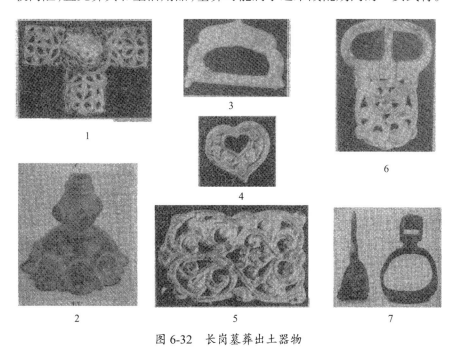

图 6-32　长岗墓葬出土器物

3. 遗址

辽金时期比较有代表性的遗址是海林渡口遗址。1993年黑龙江省文物考古研究所和吉林大学考古学系对该遗址共同进行发掘。遗址的第四期为辽金时期。发现的遗迹有房址、石墙、沟、灰坑。遗物有陶器、石器及铁器。陶器以泥质陶为主,有少量夹砂陶,泥质陶分灰色、灰褐色

① 崔福来、新建:《齐齐哈尔市梅里斯长岗辽墓清理简报》,《北方文物》1993年第1期。

两种。夹砂陶多为灰褐色,绝大多数为素面陶,个别有弦纹、附加堆纹、刻划格纹等。陶器多为轮制,泥质陶表面多经磨光处理,器形较大而厚,皆为平底器,常见器形有罐、钵、甑等。铁器有矛、镞等。在遗迹中发现的由河卵石垒制的石墙在牡丹江流域尚属首次发现,可能是用来防水御兽之用。

(三)辽代考古的收获

黑龙江省辽代遗存的考古研究成果,对于研究黑龙江地区辽代的历史状况以及社会生产力的发展具有重要的意义。辽代为增强对黑龙江等边疆地区的控制,在黑龙江当地下设诸多行政机构,留下了丰富的遗迹和遗物,对黑龙江地区的发展有着重要而深刻的影响。在新中国成立以后,黑龙江省考古与历史学界十分重视对辽代的考古,在对黑龙江地区的辽代考古遗存研究上取得了较丰硕的成果。

从所发现的考古材料来看,辽在建国后对黑龙江流域广大地区内的各个民族和部落的控制,尤其是对女真族的长期管辖,对女真诸部的社会经济、氏族制度以及文化等方面的发展有着明显的影响,相对来说起到了积极的促进作用。但是由于地域的不同,它又与典型的辽文化有某些不同之处。黑龙江省辽代的代表性遗存主要是城址与墓葬。黑龙江省辽代考古所取得的成果,也主要体现在这两个方面。

1. 墓葬

20世纪下半叶,嫩江下游地区陆续发现一批辽代的墓葬,这些墓葬的年代在时间上涵盖了整个辽代,成为了解辽代墓葬制度的珍贵材料。辽代墓葬形制结构多样,有石室墓、砖室墓、砖椁墓、土坑木棺墓、土坑墓等,埋葬方式有单人葬,也有合葬,合葬中有双人合葬和多人合葬。在随葬品中常见有锻铁制成的铁锅、瓷器,铸铁或黄铜铸成的马镫等遗物。多种多样的墓葬形制、随葬器物及埋葬习俗,表明该聚居区内居民成分复杂。我们能够发现不同的地域辽代的墓葬在葬制与葬俗方面存在着某些区域性的差别。

嫩江流域,在泰来平等村、后窝堡屯等地的辽墓,墓穴四壁均用青砖砌成,这种用砖砌筑墓室的墓葬在黑龙江省其他地区发现较少,目前只在泰来县等地有发现。辽代曾在嫩江流域设置泰州,泰来县属泰州辖地,也是契丹二十部族放牧之地,在泰来塔子城曾发现大安七年刻石所记47个汉人姓氏[①]。这种用砖砌筑墓室是典型辽代契丹人的做法,它与内蒙古、辽宁、吉林等地所出的辽墓形制一致或相近[②]。因此,在泰来县发现的这种砖砌墓也应视为黑龙江地区的典型辽代墓葬,它与黑龙江中下游的辽代女真墓截然不同。

70年代在松花江与黑龙江之间发现了以绥滨三号墓群为代表的辽代遗存,包括绥滨永生墓地、黑河卡伦山墓地及俄境的科尔萨科沃墓地、纳杰日金斯科耶墓地,它们之间有很多相同点,如在墓地里墓葬排列有序,无打破关系;各墓地均有二次迁葬、火葬等习俗;墓葬形制均为土坑竖穴墓,有少数有木棺葬具,随葬品较少等。这些都说明生活在这个地区的女真人虽然在行政上受辽的统辖,但仍然较多地保留了生女真氏族部落的埋葬习俗。绥滨三号墓群的发现在研究辽代墓葬上有重要的意义,为厘清靺鞨文化与辽代五国部及金代女真文化的源流关系,研究者据此提出了"五国部文化"的命题,这是黑龙江省在辽代考古与历史研究方面取得的一项新成果。另有学者提出,辽代五国部文化是黑龙江地区南北朝时期同仁文化的发展和继续,属于受契丹文化影响的辽代北方的女真人文化,俄罗斯科尔萨柯沃墓地、纳杰日金斯科耶墓地的文化性质与此相同[③]。

2. 城址

黑龙江省境内发现的古城遗址较多,但大多数城内遗物较少,判定年代比较困难。辽代城址内很少会发现带有明确纪年的遗物,而较多的辽代始建的古城到了金代以至于元代仍在继续沿用,难以树立一个与金代城址形制上有明确区分的标准,使辽、金时期的城址很难明确加以区分,所以一般见到此类城址,大多统称为"辽、金古城"。

辽代的城址,目前可以确认的有塔子城古城。塔子城的考证,是结合文献以及城内出土的、有明确纪年的"大安七年"刻石等遗物,来确定

---

① 乔梁、杨晶:《黑龙江省西部的辽代墓葬》,《北方文物》2001年第4期。
② 哲里木盟博物馆:《内蒙古哲里木盟发现的几座契丹墓》,《考古》1984年第2期。
③ 孙秀仁、干志耿:《论辽代五国部及其物质文化特征——辽代五国部文化类型的提出与研究》,《东北考古与历史》1982年第1辑。

塔子城古城应为辽泰州治地。另外据其石刻上的纪年，可以断定此城的建筑年代应早于"大安七年"，所以它应是典型的辽代城址。由此，我们可以确知典型的辽代城的建筑形制特点，并以此为标准，与其他无明确纪年的城址加以对比，来确定其他城址的相对年代。

二、金代遗存

金代的开创者是女真人完颜阿骨打，在全盛时期疆域南达淮北一带。黑龙江地区是女真族的发源地、金朝的肇兴之地。金代前期的首都上京会宁府就位于阿城市南郊（俗称白城）。《金史·地理志·上京路》："上京路即海古之地，金之旧土也。国言'金'曰'按出虎'，以按出虎水源于此，故名金源，建国之号盖取诸此，国初称内地。"[①]黑龙江一带也因此得名"金源内地"、"金源故都"。因金朝的建立，拉近了东北边疆与中原地区的距离，促使继唐代渤海之后的黑龙江地区古代历史文明迎来新的发展高峰。所以，寻找和发现黑龙江地区金代遗存这项工作，成为紧迫并重要的任务。金朝末年，蒲鲜万奴在今黑龙江和吉林两省东部建立了东夏国。经考证，宁安城子后山城即为东夏国城址。

黑龙江地区是金朝崛起和强大的地方，作为"金源内地"，不仅有辽阔的领地，还有着比比皆是的遗迹和遗物。

（一）考古发现与重要活动

黑龙江省金代考古工作开展的比较早，19世纪末，清代学者曹廷杰亲历阿城，首先考证"白城"即金上京会宁府故址。

现代意义的金代考古工作，起步于20世纪20年代[②]。最早对金代考古的工作主要是由日、俄学者进行的，考古活动只限于局部的调查，开展的工作重点是围绕上京城及其周边的一些遗存进行考察研究。白鸟库吉曾于1909年调查过时称"白城"的金上京会宁府旧址[③]。1928年托尔

① （元）脱脱：《金史》，中华书局，1975年。
② 谭英杰等：《黑龙江区域考古学》，中国社会科学出版社，1991年。
③ 秦大树：《宋元明考古》，文物出版社，2004年。

马乔夫在白城进行小规模考古发掘,并将此次所获编纂报告为《败城》。日伪时期,阿城县长周家璧、鸟居龙藏等人曾在金上京城址及其附近地区做过一系列系统调查,并将调查结果编著成《阿城县白城考略》《阿什河与金上京》《金之上京》《金上京之遗迹》《金上京佛寺考》《金上京城及其文化》等一系列文章。园田龟一则在以往调查结果的基础上,对上京会宁府城址进行了发掘,并出版名为《吉林滨江两省的金代史迹》①的报告。1937年斯塔里科夫调查了拉林河沿岸的4座古城,进行了绘图实测,在《拉林河沿岸的古城遗址》简报中作了报导。1940年他又调查了呼兰河口的古城,同样进行了实测绘图②,并于1950年在《松江省呼兰河口的古城》简报中作了介绍。同年秋,他调查了尚志县冲河镇的北城子和大石头河入黄泥河处的古城。1939年包诺索夫调查了"乌尔科边墙",1940年他又调查了肇东八里城。1946年雅科甫列夫在《阿什河流域的金代历史遗迹》简报中,介绍了调查金上京的情况,记录了白城的形制、布局以及附近的金代遗迹的情况。此外,他还详尽记录了墨里街古城遗址,并记了四方台金代古城的情况。这些报导材料至今仍有参考价值。1940年斯塔里科夫在伪《大陆科学院汇报》卷4第33号,发表了《哈尔滨附近金代墓地的最初发现》的简报。文中介绍了宾县石人沟金墓调查情况,记录了在阿城车站、玉泉车站、平山车站附近发现的4座小型石棺墓,同时还介绍了1936年发现的金代《宝严大师塔铭志》和《道士曹道清碑》的情况等③。

中华人民共和国成立后,考古工作逐步进入有序轨道,并取得令人瞩目的成绩。

1958年在肇东县八里城出土了近千件金代铁器④,引起了学术界的重视,这批铁器就种类和数量看,不仅在黑龙江省而且在全国都属罕见。

1959~1960年,黑龙江省考古工作者对金代东北路边堡界壕北段进行调查,并将调查及研究结果撰写了《金东北路界壕边堡调查》⑤。

---

① 三宅俊成:《满洲考古学概说》,满洲事情案内所,1945年。
② 谭英杰:《解放前俄国人在黑龙江的学术团体及其考古活动简述》,《北方文物》1986年第2期。
③ 转引自李陈奇:《黑龙江金代考古述论》,《北方文物》2011年第3期。
④ 肇东县博物馆:《黑龙江肇东县八里城清理简报》,《考古》1960年第2期。
⑤ 黑龙江省博物馆:《金东北路界壕边堡调查》,《考古》1961年第5期。

1961～1962年,由黑龙江省博物馆组成的考古调查小组,在金上京会宁府附近阿城境内的小岭地区发现了金代早期冶铁遗址,还在堆积古代矿渣的地点发现了3座炼炉①。1964年阿城县文物管理所对金上京遗址进行了实地勘探,摸清了上京城形制,并准确测量出城址数据。

1973年9月,黑龙江省文物考古工作队对中兴古城址和墓群进行了调查,并于同年发掘了绥滨中兴金墓②,该墓地是金代早、中期的一处重要墓地。1974年在肇源县新站、民意、富强等乡镇,农民耕地和修水利时发现了6件瓷器,其中有辽代白瓷2件、金代黑釉瓷4件。瓷器制作精美,为辽瓷中的珍品,现藏黑龙江省博物馆。1974年黑龙江省博物馆对绥滨奥里米等金代墓群进行了发掘工作③,出土了一批精美的金银器、玉器、丝织品和铜、铁、陶器等。1975年发掘金代北方重镇蒲峪路故城和绥滨三号早期女真墓地④。1975～1976年,黑龙江省博物馆试掘金蒲峪路故城南门,基本获悉城门和周围建筑结构,出土一批重要遗物。1978年在金上京故城内出土一批金银器,据研究者考证为金朝皇家用物。

1980年阿城市文物管理所对阿什河乡双城村农民挖沙时破坏的墓葬中的随葬品进行了征集,其中有史书上所载的"春水之饰"的玉器。1981年在金上京附近的杨树乡北马神庙村北出土了一件金"承安宝货"银锭,在我国尚属首次发现。

1981年的全省文物普查中,有了一些新的发现。其内容既有遗址,也有重要文物。兰西县境内发现郝家城子古城,城址周长近4000米,有马面、护城河等相关建筑遗迹。青冈县发现通泉古城,周长约5000米,城内有大型建筑址。甘南县对境内的金代东北路界壕边堡作了详细的复查勘测。重要遗物有桦川县发现金代铜灯、绥棱县发现双鱼人物故事铜镜、海伦县发现金代舞乐优人铜镜等。

1984年黑龙江省博物馆发掘哈尔滨东南郊金墓⑤,墓葬和遗物具有辽、金两代特点,大体相当于辽末金初阶段。1985年黑龙江省文物考古

① 黑龙江省博物馆:《黑龙江阿城县小岭地区金代冶铁遗址》,《考古》1965年第3期。
② 黑龙江省文物考古工作队:《黑龙江畔绥滨中兴古城和金代墓群》,《文物》1977年第4期。
③ 黑龙江省文物考古工作队:《松花江下游奥里米古城及其周围的金代墓群》,《文物》1977年第4期。
④ 黑龙江省文物考古工作队:《黑龙江克东县金代蒲峪路故城发掘》,《考古》1987年第2期。
⑤ 安路:《哈尔滨新香坊金墓发掘综述》,《黑龙江史志》1984年第2期。

研究所发掘卡伦山墓葬[①]。1988年黑龙江省文物考古研究所发掘了阿城巨源金墓[②]，墓葬保存状况完好，随葬品中发现大量罕见的丝织品，系国内金代考古重要发现。

进入90年代后，金代考古的工作重点是配合基本建设工程和对金代遗存制订保护规划等工作，进入为金代考古的进一步开展夯实基础阶段。直至2000年，这个期间考古发掘工作并不多。

1994年在宾县光恩乡长兴村让子山屯东南孤札子河左岸田间发现"承安宝货"银铤7枚，据考证，为金章宗时期所铸，历代罕见，为稀世珍品，为研究金代的货币制度提供了珍贵的实物资料。

1999年黑龙江省文物考古研究所为配合公路基建工程，抢救性发掘了双城市兰棱镇车家城子城址[③]，该城址的发掘对研究金代早期中小城址的结构、布局及社会历史状况等提供了新的资料。

（二）主要遗存

黑龙江省的金代遗存主要有城址、墓葬和其他类型的遗存。

1. 城址

金代城址以阿什河畔的金上京为中心，周围城址林立，构成放射状的布局，越远离上京，城址越稀疏。

（1）上京会宁府故城址

上京会宁府遗址位于哈尔滨市阿城区城南的阿什河西岸，俗称白城，是金朝的早期都城[④]。

会宁府由南、北两城及皇城组成。两城平面均为长方形，南城东西横长，面积较大；北城南北纵长，面积略小。二城衔接紧密，合为一体，整座城的周长约为11公里。城高现存3~5米，夯土板筑，墙基宽7~10米。城墙外附筑马面，各马面之间隔约70~120米，大部分保存较好，总

① 郝思德、李陈奇：《黑河卡伦山古墓葬发掘的主要收获》，《黑河学刊》1986年第1期。
② 黑龙江省文物考古研究所：《黑龙江阿城巨源金代齐国王墓发掘简报》，《文物》1989年第10期。
③ 黑龙江省文物考古研究所：《黑龙江双城市车家城子金代城址发掘简报》，《考古》2003年第2期。
④ 许子荣：《金上京会宁府遗址》，《黑龙江文物丛刊》1982年第1期。

计现有马面 89 个。全城 5 个城角上各有一角楼,为城墙上的重点防御工事。整座城共 9 个城门,仅有 2 个无瓮城。城外及二城间的腰垣南侧均筑有护城壕。

皇城位于南城内西部偏北处,平面亦呈长方形,南北长 645 米、东西宽 500 米。城内的南北中轴线上,自南向北建有五重宫殿基址,整体俯视呈"工"字形,东西两侧有回廊。皇城南门现存高约 7 米的阙址。整个皇城布局严谨、规整。

上京城是模仿北宋都城汴京(今开封)、辽中京(今内蒙古宁城县大名城)形制,逐渐完善起来的,同时在风格上则保持着金代城址建筑特点。

上京会宁府遗址以南、北二城的城墙和皇城内的建筑基址保存较好。1964 年对遗址进行过实测。皇城位于南城内偏西处,今存宫殿基址多处,据 1975 年探查,在前四重正殿两侧有左右廊基址。在皇城内殿基址发现有种类繁多的建筑构件,可见当时宫殿建筑的宏伟和华丽。

从金太祖到海陵王,金上京先后历经四帝都城,历时 38 年。金灭辽、灭北宋时所掠获的大量战利品,多运往上京会宁府。在上京会宁府

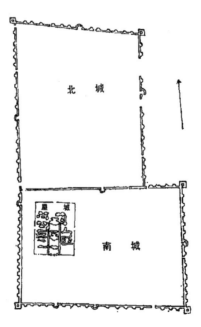

图 6-33　金上京会宁府遗址图

遗址内不断零星发现铜器、陶瓷器、铁器、金银器以及建筑材料等。1978年以来在金上京北城南偏东出土的一批窖藏银器，是较为集中的一次。这次发现的银器，主要有银锭，其表面有"伍拾俩文"、"库使"、"库副"、"库子"、"行人王林"等字样，还有撮形银器、六曲葵瓣式银杯、如意纹银盘、龙头衔香炉、八曲瓣式龙纹器盖、扁圆形浅盘和大量银片等。

（2）中小城址

按金朝行政建制，都城以下设路府城、州城和县城三级管辖。当时金上京路下辖四路，其中三路的辖区在黑龙江境内。现在发现的一些城址，已经能确认其在金代所属的治所。从目前调查情况看，黑龙江省境内共发现约 300 处金代城址，几乎涵盖了府、州、县、镇及驿站等不同等级城的建制。

①奥里米城址

奥里米古城俗称西古城[①]。该城处于通往黑龙江下游的咽喉要道，学界一般考证其为辽代五国部之一。但该城也具有明显的金代特点，其形制与金上京会宁府故城遗址类似，如均有瓮城、马面，城墙也为夯筑。在古城中征得了一批文物，包括常见于中兴金代墓群的陶钵、短颈瓜棱罐等是该城址的典型金代遗物。因此该城应自辽代初建后继续沿用至金代。

②中兴古城

城址位于绥滨县忠仁镇高力村西，东距黑龙江与松花江汇合口 20 公里[②]。1973 年黑龙江省博物馆在对黑龙江右岸进行考古调查时发现该城址[③]。古城坐落在江汊阶地上，城址平面近方形，周长 1460 米，城墙不直，北墙弯曲明显。在南墙和北墙中间各设 1 门，筑有瓮城，城墙设有马面，现存 14 个。共 3 道城墙，一主墙，两副墙，各墙外有壕，构成三条护城壕。在城外西北、西南、东南三面各筑一周长约 200 米的方形城堡环护，黑龙江在北形成天然屏障。此城尚未经正式发掘，仅在城址及周围零星出土铜印、铜镜、铜饰件和玉马等特点鲜明的金代遗物。中兴城址

---

① 黑龙江省文物考古工作队：《松花江下游奥里米古城及其周围的金代墓群》，《文物》1977年第 4 期。

② 黑龙江省文物考古工作队：《黑龙江畔绥滨中兴古城和金代墓群》，《文物》1977 年第 4 期。

③ 林秀贞：《绥滨中兴金代古城和墓葬》，《黑龙江古代文物》，黑龙江人民出版社，1979 年。

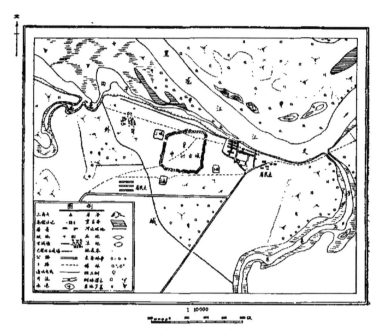

图 6-34　中兴古城及墓群位置图

地理位置重要,城的三面环水,有瓮城、马面、多重城墙和城壕,并加筑小方城,防卫设施严密,应是当时金代北方的军事重镇。调查者认为,此城与奥里米古城相距较近,推测应是奥里米部所辖的一个重要城镇。

③蒲峪路故城址

城址位于克东县金城乡古城村西约 300 米,北邻乌裕尔河。1949年前日本学者曾在此调查。中华人民共和国成立后,黑龙江省博物馆对乌裕尔河沿岸的古城进行文物普查。在 1975 年和 1979 年,黑龙江省文物考古工作队对城址进行了两次发掘,共计揭露约 700 平方米,清理出城门和城内遗存。

城址平面略呈椭圆形,城内地势北高南低,南北宽 700 米,东西长1100 米,周长 2850 米。城墙残高 3～4 米,夯土板筑,墙外附筑马面 40个,每个马面间距约 70 米。全城在南北墙中间各设城门 1 座,门外筑瓮城。城外 10 米处有护城壕遗迹。发掘到大量的瓦当、筒瓦、板瓦、脊兽、鸱吻等建筑饰件,基本搞清了城门及其连接建筑的结构。两次发掘获得较多的文物,主要有陶器、瓷器、骨器、铁器及各种建筑构件。陶器主要

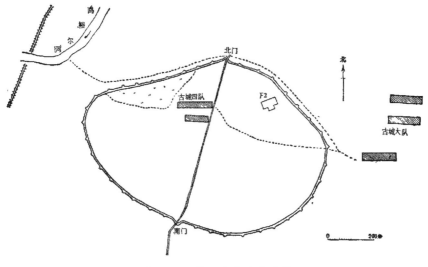

图 6-35　蒲峪路城址平面图

有罐、盆、瓮、灯、纺轮等，瓷器有碗、盘、坛等，还发现较多瓷片，以定窑居多。

1956 年在该城曾发现 1 方镌铸有"蒲峪路印"的铜印，确定了该城的年代，也为定名提供了主要依据。从《金史》："蒲与路，国初置万户，海陵例罢万户，乃改置节度使"，可知海陵王为改革地方行政制度，采用弃万户置节度使的办法。文献资料记载，金初该城已初具成形，规模上属于金代中型城址，为金代上京路下辖三路之一蒲峪路治所[①]。该城是金代上京以北地区的军政重镇之一，从城门处堆积中发现的大量铁甲片、马镫和铁镞等可以推断，蒲峪路古城应毁于一场战乱。

④八里城城址

城址位于肇东市东八里村东八里屯西北 300 米，松花江左岸台地上[②]。

城址平面近方形，周长 3681 米，东墙 964 米，南墙 903 米，北墙 891 米，西墙 923 米。城墙残高 4～5 米，墙基宽 12 米，夯土板筑。墙外 10 米处有一道护城壕。城壕外有土堤环护全城，高出地面 1～1.5 米，宽约

① 黑龙江文物考古研究所：《黑龙江克东县金代蒲峪路古城发掘简报》，《考古》1987 年第 2 期。
② 肇东县博物馆：《黑龙江肇东县八里城清理简报》，《考古》1960 年第 2 期。

12米。有四门,门皆有瓮城。沿墙外缘有马面,四角设角楼。八里城现存状况良好,城内出土遗物较多,有石器、骨器、铜器和大量铁器。发现了唐、北宋、金代的"大定通宝"、"正隆元宝"铜钱,陶器主要有陶罐、陶杯,建筑构件有砖、瓦当,瓷器有黑釉罐、定瓷碗等,还出土有铁质兵器、车马器及生产、生活用具。

根据城内出土遗物特征,推测该城即金代肇州,隶属上京路统辖。

⑤车家城子城址

城址位于双城市兰陵镇车家城子村西北,拉林河右岸二级台地上。1981年文物普查时发现,1999年为配合基建工程建设,黑龙江省文物考古研究所对城址进行了发掘,对城门址、城墙、城壕、城外遗存等做了揭露和解剖,面积千余平方米[①]。

城址平面近方形,周长约828米,东西长约209米,南北长约205米。城墙夯土板筑,现存最高处达4.5米。各墙均设马面,西墙和东墙各有1个,北墙有2个,南墙已毁,推测也应有2个马面。四角有角楼。北墙正中有1座城门,城外两道宽护城壕。城内地表可见瓦片和青砖残块等建筑构件,出土陶、骨、石、铁、铜等材质遗物,还发现有唐、宋时期

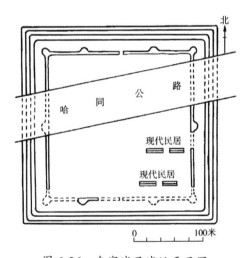

图6-36　车家城子城址平面图

---

① 李砚铁等:《黑龙江双城市车家城子金代城址发掘简报》,《考古》2003年第2期。

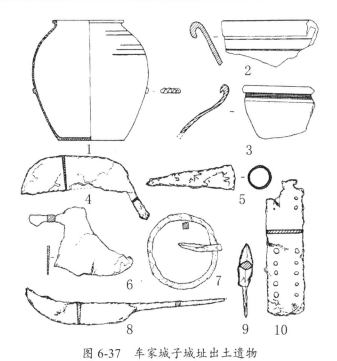

图 6-37　车家城子城址出土遗物

1~3. 陶器(罐、盆、瓮)　4~10. 铁器(铲刀、斧、刀、穿、带扣、镞、铠甲片)

铜钱。

该城址规模较小,一般认为该城是金代早期连接东北与中原的一处"驿站"性质的城址。

⑥方台穆昆城址

城址位于哈尔滨市呼兰区方台镇三家村南 100 米处(现呼兰区金山良种场内)[①]。城址平面近方形,南北长 240 米、东西宽 250 米。城东、西墙有城门遗迹,城址周围残存角楼和马面堆积,但未见护城河遗址。城内出土大量的布纹瓦、灰陶片、红陶片和釉陶片。

穆昆城属金代初期的政治、军事、文化和经济中心,城址四周保存完整,城郭清晰,是呼兰境内多处残存的金代古城址中最有代表性而又相对完整的一个古城。

---

① 黑龙江省地方志编纂委员会:《黑龙江省志·文物志》,黑龙江人民出版社,2020 年。

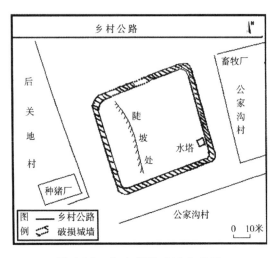

图 6-38　方台穆昆城址平面图

⑦龙河城址

城址位于讷河市龙河镇勇进村南 1 公里处讷谟尔河右岸的二级台地上。1960 年 7 月发现,1982 年进行了复查[①]。

城址平面呈长方形,东西长 527 米、南北宽约 400 米,周长 1850 米。挖壕筑墙,夯土版筑。古城破坏较为严重,仅存残垣断壁,但西墙、壕遗存仍很明显。西墙、北墙共有角楼 3 座、马面 8 个,城壕宽约 10 米,深 2～3 米。

南墙处开两门(可能是瓮城,现已无从考证)。城内距北墙约 300 米处还有 1 道内墙遗迹,墙中部似有门址,东部南侧有座外凸半环形土堆,当地人称“古炮台”。

城内地表分布大量青灰色轮制陶片、布纹瓦、残砖和仿定窑白瓷片等。从口沿及腹底残片观察,陶器主要有壶、罐、盆、瓮等。瓷片釉色多不纯净,底部露胎处有化妆土。采集有少量铁质武器、车器、农具以及铜器和石器等遗物。

根据古城形制以及出土遗物的特点推断,该城为金代一处城址。古城面积较大、遗迹明显、遗物丰富,为研究辽金时期我国北方地区农业、

① 石砚:《黑龙江省讷河县龙河古城考略》,《北方文物》1989 年第 4 期。

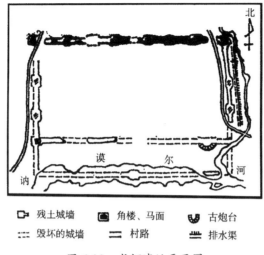

图 6-39 龙河城址平面图

渔业、手工业发展以及古城的沿用、中央政府对北方地区的管辖设置等
提供了实物资料。

⑧希尔哈城址

城址位于桦川县城东北 57.5 公里处,依地势筑成,东、南、西三面为
水田区,北面与古城泡相连,平面呈不规则形,周长 3200 米[①]。

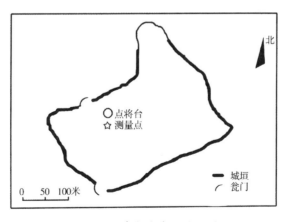

图 6-40 希尔哈城址平面图

① 黑龙江省地方志编纂委员会:《黑龙江省志·文物志》,黑龙江人民出版社,2020 年。

　　修筑方式为外返土,城墙夯土版筑,城外有护城壕。除北墙外,其余三墙各有10个马面,南墙东段和西墙西南转角楼外各有一瓮城。城内西北处有一圆形土台,城内出土大批铁箭头,并采集有陶罐、布纹瓦、轮制泥质灰陶片、陶网坠、铁镞和石臼等。

　　希尔哈古城形制及城墙的建筑方式均具有金代城特点,对研究女真族的历史及金代城址建筑、军政建制都有重要的研究价值。

　　⑨乌斯浑河口古城址

　　古城址位于牡丹江市林口县刁翎镇东岗子村西南约2公里处,乌斯浑河与牡丹江汇合口南侧冲击台地中,俗称"小城子"。1979年黑龙江省文物考古工作队调查时发现①。

　　古城平面呈不规则五边形,长、宽均500米,周长约2000米。城墙修筑方式为夯土垒筑。西、南两侧城墙保存较好,东、南城墙外侧有马面痕迹,在西墙北端和东、南城墙转角处有角楼遗迹,西、南两墙外侧有一条与江河相通的护城壕。城有二门,正门临河位于城东,门外有瓮城遗迹。

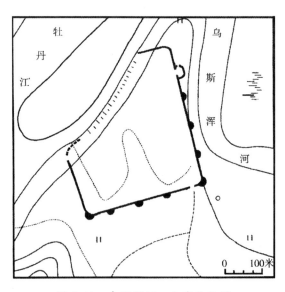

图6-41　乌斯浑河口古城平面图

---

① 黑龙江省博物馆:《牡丹江中下游考古调查简报》,《考古》1960年第4期。

城内凸起的30米见方处应为建筑遗址[①]。曾出土花边沿瓦、筒瓦、板瓦、牛头兽面瓦当等建筑构件和陶片遗物。1991年经洪水冲击,当地农民曾采集到铁叉、铁锅和"乾隆通宝"、"崇祯元宝"的铜钱,根据临江断层出土遗物判断,古城上层出土的轮制泥质灰陶年代应与古城年代相当,结合筑城方式、城址结构等方面综合分析,乌斯浑河古城应为金代女真人修建的"卡伦古城",是牡丹江下游三大金代古城之一,并一直为后代沿用。

⑩永宁城址

城址位于哈尔滨市宾县满井镇永宁村古城屯。1981年松花江地区文物管理站进行文物普查时发现,又名佛答迷古城[②]。

城址平面近似正方形,东西长350米、南北宽300米,周长1300米。城墙夯土版筑,除西墙中部和角楼被破坏,其余各城墙保存尚好,马面分布不明显。城四角各筑有角楼,南、北各一门,南门位于南墙中间,北门位于北墙偏东处,尚存城门遗迹。

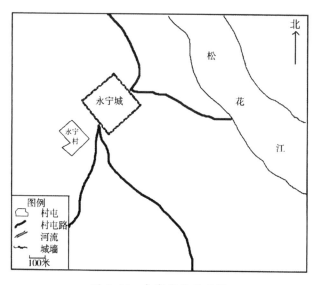

图6-42 永宁城址平面图

① 申佐军:《牡丹江地区金代古城述略》,《北方文物》2006年第2期。
② 黑龙江省地方志编纂委员会:《黑龙江省志·文物志》,黑龙江人民出版社,2020年。

　　城内有古建筑遗址隆起于地面,地表散布大量布纹瓦片、板瓦、筒瓦、瓦当和滴水等建筑构件,泥质灰陶瓮、罐、盆、钵等器形残片,碗、钵及碟、盏、杯等仿定瓷和定瓷瓷器残片。还出土有铜钱、铜头盔和铁器等。城外也曾出土铁锅、铁鼎等遗物。

　　⑪小城子城址

　　城址位于哈尔滨市阿城区济河乡群英村西南10公里处①。

图 6-43　小城子遗址东瓮门

　　城址平面呈长方形,东西长280米、南北宽228米。城墙夯筑,有角楼、马面设置,南墙中有一门,设有瓮城,城外有护城壕。城内有柱础,出土陶片以泥质灰陶为主,纹饰有按压纹,器形有罐。

　　小城子城址是金上京会宁府遗址的附属城址,对研究当时政治、经济面貌与金上京的关系和了解金代早期历史有重要的作用。

　　⑫西营城子城址

　　城址位于宁安市沙兰镇二道沟村西营城子林场西北约1公里处、军马场十九连南约500米的山坡上。1981年5～6月,黑龙江省文物考古工作队在宁安县镜泊湖周围进行文物普查时,对西营城子古城进行了普

① 黑龙江省地方志编纂委员会:《黑龙江省志·文物志》,黑龙江人民出版社,2020年。

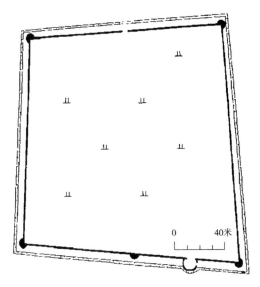

图 6-44　西营城子城址平面图

查,1982 年宁安市文物管理所对西营城子古城进行了复查[1]。

城址平面近似梯形。夯土筑城,南北长 154～171 米,东西宽 134～152 米,周长 611 米。整个城池保存完好,城四角均有角楼向外凸出,在南墙中部有 1 个半径约为 10 米的马面,南墙偏东部有一门址,门址外有一直径为 40 米的瓮城,北墙有一处大豁口。城墙外有双重护城壕,中间设土堤相隔。

城内发现有成排柱洞的建筑址,采集到兽面瓦当、残断布纹瓦、石臼、门转石、轮制灰陶片等遗物。从该城址所设瓮城、马面和护城壕等性质特点看,为金代城址。

⑬娄富屯古城

城址位于哈尔滨市延寿县寿山乡复兴村娄富屯北 150 米,蚂蜒河右岸的二级台地上。1983 年 4 月文物普查时发现,1990 年 6 月黑龙江省文物管理委员会对娄富屯古城遗址进行了复查,同年 10 月黑龙江省文化厅联合黑龙江省文物考古研究所对该城进行了考察[2]。

① 黑龙江省文物考古工作队:《镜泊湖周围山城遗址的调查》,《黑龙江文物丛刊》1983 年第 3 期。
② 黑龙江省地方志编纂委员会:《黑龙江省志·文物志》,黑龙江人民出版社,2020 年。

遗址平面呈长方形,南北长 1000 米,东西宽 300 米,周长 2600 米。城址破坏严重,城内建筑与街道遗迹清晰可见,有一眼古井遗迹仍很明显。采集到石臼、布纹瓦、仿定瓷片、铁盔、铁镞、唐“开元通宝”铜钱等遗物。通过地表遗物可知当时女真人在此活动频繁,娄富屯古城当属金代城址。

2. 墓葬

金代墓葬的研究是金代考古学的一个重要内容,目前黑龙江省发现的金代墓地有 10 余处。墓葬形制可分为三大类,即土坑墓、棺椁类墓和室类墓。因为墓葬在发现时多数受到破坏扰乱,保留下完整信息的很少,其中以绥滨县中兴金代墓群、绥滨县奥里米金墓群、哈尔滨新香坊金代早期墓葬、阿城巨源齐国王夫妻合葬墓的发掘最为重要。

（1）中兴墓群

墓群位于黑龙江右岸,与东南方中兴古城一起被一道外墙围绕①。1973 年黑龙江省博物馆在此发掘了 12 座墓葬,出土了相当丰富的遗物。

墓葬形制有三种,分别为土坑墓、土坑木椁墓、土坑木棺墓。墓葬规模可分为大型墓和小型墓,两者区别明显。大型墓随葬品丰富,小型墓随葬品极为贫乏,说明墓主的身份相差悬殊。有的是几座墓共用一个封土,如 3、4、5 号墓和 6、7、8 号墓分别在两个大的封土堆下,其他小墓分散于它们的东南侧。3 号墓是墓地最大的一座土葬墓,有棺有椁,棺外壁用描金和红、黑、蓝彩绘成图案花纹,从墓中出土遗物可以看出墓主人是金代这一地区的显赫贵族。

墓地的葬式土葬（尸骨葬）和火葬并存。发掘的 12 座墓中,有 8 座属火葬墓。火葬墓有有棺和无棺两种:有棺火葬墓当属其特殊葬俗,是结合土葬和火葬两种葬制,先将尸体火化后把骨灰和随葬品装入木棺下葬,再在墓穴内用火烧。7 号墓为火葬墓,墓穴内填满了红烧土和木炭,随葬器物较丰富,有成组的陶罐、铁锅、瓷器和金银器及工艺品。

墓地的出土器物丰富,共出土各类文物 300 多件,种类有陶器、瓷器

① 黑龙江省文物考古工作队:《黑龙江畔绥滨中兴古城和金代墓葬》,《文物》1977 年第 4 期;
胡秀杰:《黑龙江省绥滨中兴墓群出土的文物》,《北方文物》1991 年第 4 期。

和桦皮器,以及金、银、铜、铁、玉、水晶等质地的器物。

陶器是随葬品中的主要器物,出土数量多,无论大墓小墓,多以成组陶器随葬,常见组合为壶、罐、钵,以陶罐为主,多泥质灰陶,有1件在腹部绘有褐红色8株小树的图案。瓷器也是墓葬中的基本随葬品,出土数量较多,以金代定窑产品最多,其次是耀州、磁州窑产品,还有北方产地不明的白瓷。

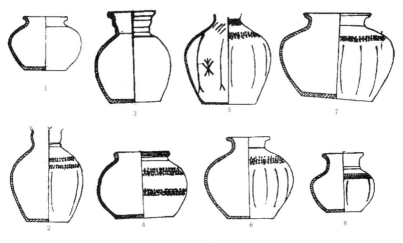

图 6-45 中兴墓地出土陶器

金银器有金花、金列鞴和鎏金银鞍饰、鎏金银盒和其他银饰,以及制作精美的食具——银碗。墓中出土的金银饰物制作工艺精湛,有的可称为黑龙江考古史上不可多得的艺术珍品。玉器有玉人、玉鱼、玉飞天,雕琢精美,技艺精湛。还出有水晶制作的"嘎拉哈"。

铜器有铜锅、铜鞍饰,上面有精美的莲花图案。铜镜带柄,背面饰有人物故事为内容的浅浮雕图案。

铁器有铁锅、铁斧、铁刀、铁马衔等。

中兴墓群的发掘,为研究黑龙江地区金代历史、女真族历史、辽金考古学均提供了一批重要的实物资料。墓群与中兴古城址为同时期遗存,推断墓群年代为金代早中期。

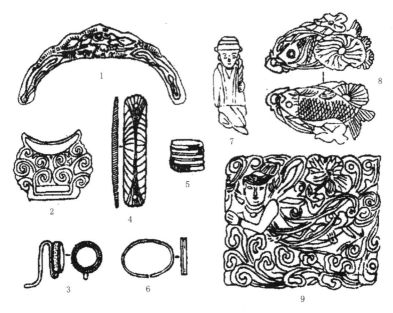

图 6-46　中兴墓地出土玉器、金银器

1~3、5、6. 金银器　4、7~9. 玉器

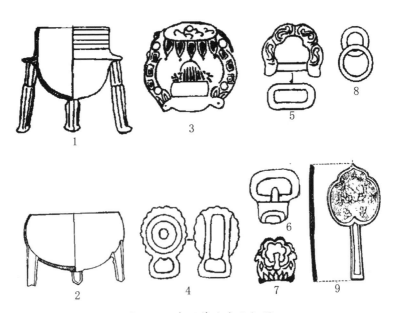

图 6-47　中兴墓地出土铜器

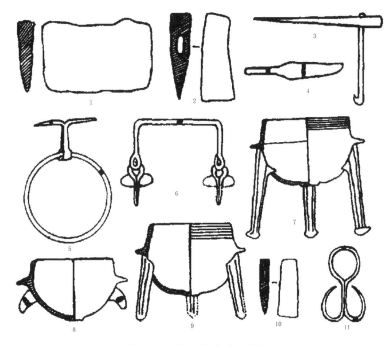

图 6-48　中兴墓地出土铁器

（2）奥里米墓群

墓群位于绥滨县城西 9 公里奥里米古城北 1 公里的岗阜上[①]。1974 年 7～10 月，黑龙江省博物馆对墓地进行了发掘，共清理墓葬 25 座。1998 年又清理了 8 座。

墓葬形制分为土坑墓、土坑木棺墓、土坑木椁墓、土坑石椁墓。以土坑木棺墓数量最多。有的墓葬为多座墓共用一个封土。葬式以土葬为主，少见火葬。土葬又包括一次葬和二次葬两种。

墓葬多被盗扰，出土的随葬品数量较少，主要有陶器、瓷器、金银器、玉器、铁器、铜器、玛瑙等。陶器有罐、壶。陶罐小口，重唇，短颈，平底，陶壶喇叭口，长颈，深腹。瓷器有大碗、盘，大碗形式为宋代中原地区的典型器形。

金器有曲柄金耳坠、金饰片。玉器有玉牌饰、佩饰、嘎拉哈等，值得

---

① 黑龙江省文物考古工作队：《松花江下游奥里米古城及其周围的金代墓群》，《文物》1977 年第 4 期。

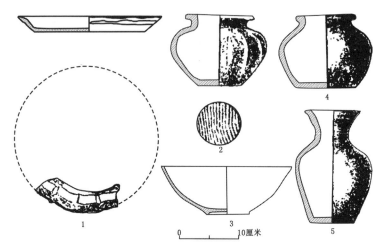

图 6-49　奥里米墓地出土陶瓷器

1、3. 瓷器　2、4、5. 陶器

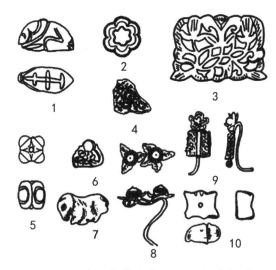

图 6-50　奥里米墓地出土玉石器、金银器

特别提及的是墓地中出土一件双鹿纹玉透雕牌饰,系用白色软玉雕成,雕刻精美,构图奇特,是目前国内惟一一件考古发掘出土的金代"春水秋山"玉中的秋山玉。

奥里米墓地出土的小口重唇平底罐、细泥灰陶罐、数量较多的瓜棱罐以及小铁削等均与"绥滨三号文化类型"同类器物相似。而出土的瓷器、玉器、金器等又属金代的风格。同时还出土了"正隆元宝"、"政和通宝"等铜钱,因此该墓地既有辽代五国部文化因素,也有金代文化的因素。

墓地的年代发掘者认为1998M5~M8年代可早到辽代,其余墓葬年代大致为金代早中期。

(3)阿城巨源齐国王墓

金齐国王墓位于哈尔滨市阿城区巨源乡城子村西,北距松花江约10公里,阿什河右岸的二级阶地上[①]。村北有一座金代城址。1988年村民在村内建房挖地基时发现该墓葬,黑龙江省文物考古研究所立即组织人员清理发掘了该墓。

墓的形制为土坑竖穴石椁木棺墓,墓圹呈凸字形,圹内南北并列一大一小两具长方形石椁。大石椁四壁由4块含有河卵石的砂岩石板组成,盖、底各由3块石板平铺,共10块石板。石椁长2.8、宽1.9、高1.5米。小石椁四壁、盖、底共由6块石板组成。石椁长1.78、宽1.17、高1.22米。大石椁内有木棺,葬有男女2人合葬,葬式仰身直肢。小石椁

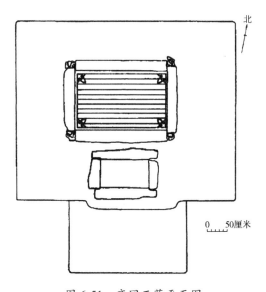

图 6-51 齐国王墓平面图

① 黑龙江省文物考古研究所:《"金源故地"发现金齐国王墓》,《北方文物》1989年第1期;《黑龙江阿城巨源金代齐国王墓发掘简报》,《文物》1989年第10期。

为附葬墓,内有碎骨,可能为迁葬。

　　墓中二人着多层各式服装,男性着服饰8层17件,女性着9层16件。墓中出土遗物多为丝织品,主要是男女服饰,共计30余件,服饰种

图 6-52　齐国王墓石椁内侧

1. 北壁　2. 西壁

图 6-53　齐国王墓石棺椁

类有袍、衫、裙、裤、冠、靴、鞋、袜等,多为织金丝织品,质地有绢、绫、罗、绸、纱、锦等。衣物质地好,织工精湛,颜色丰富多彩,花纹图案精美繁缛,服饰制作考究,样式雍容华贵,新颖独特,富有古代北方民族的特色。这批出土服饰为研究金代丧服穿着习俗和常服穿着方式,以及金代的服装文化史等方面,提供了至为珍贵的实物资料。其他随葬品除了木棺上的银质冥牌和木棺内木质房券外,基本上是墓主人生前随身使用的物品,主要是佩用之物,质地多样,有玉、铁矿石、金、骨、玛瑙、竹等。

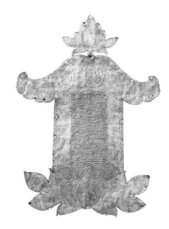

图 6-54　齐国王墓出土冥牌

墓中随葬有錾凿"太尉开府仪同三司事齐国王"字的银质冥牌和墨书"太尉仪同三司事齐国王"字的木牌,结合墓葬形制结构、出土遗物等情况分析,该墓为金代齐国王完颜晏之墓。完颜晏,女真名"斡伦",是金太祖完颜阿骨打的堂弟,为太尉、齐国王,年代为金代中期(约公元1162年)。

(4)新香坊墓地

墓地位于哈尔滨市香坊区幸福乡东南,阿什河左岸的二级阶地上[1]。1983、1984年黑龙江省博物馆连续两年对墓地进行勘探和发掘,共清理出墓葬16座。

从已发掘的墓葬来看,这是一处墓葬类型比较丰富的墓地,墓葬形制、葬俗、随葬遗物等都呈现不同的特点。墓葬形制为土坑竖穴墓,可分为木椁木棺墓、石椁木棺墓、砖室墓等。有的木棺还配置袱套。葬式有土葬(尸骨葬)和火葬。

整个墓地共出土铁器、铜器、金银器、玉器、玛瑙、陶器等随葬品300余件[2],包括生产生活用具、马具、武器、装饰品和铜钱等。其中金银装饰品有佩铃、耳坠、钏,还有玉雕凤佩和金镶玉耳饰,以及龙凤纹图案镶银边鎏金

① 安路:《哈尔滨新香坊金墓发掘综述》,《黑龙江史志》1984年第2期。
② 黑龙江省博物馆:《哈尔滨新香坊墓地出土的金代文物》,《北方文物》2007年第3期。

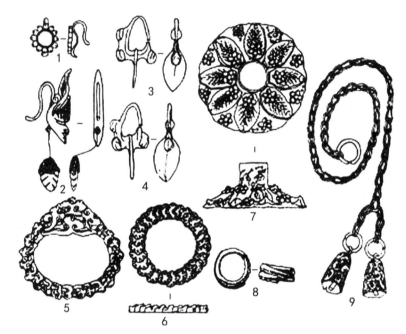

图 6-55　新香坊金墓出土金器

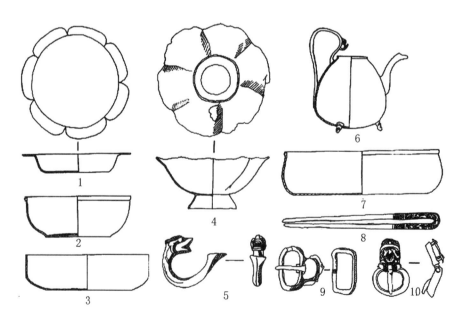

图 6-56　新香坊金墓出土铜器

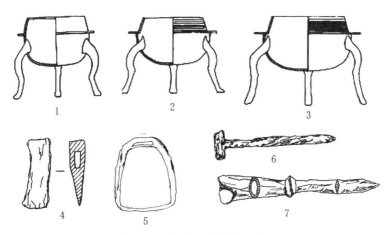

图 6-57　新香坊金墓出土铁器

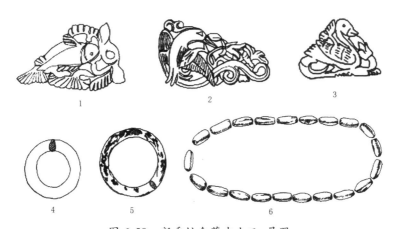

图 6-58　新香坊金墓出土玉、骨器

1. 骨器　2、3、5. 玉器　4. 玻璃　6. 白料珠

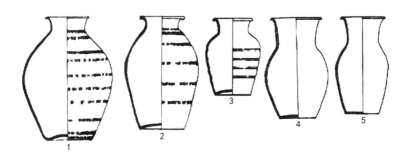

图 6-59　新香坊金墓出土陶器

铜、银鞍桥饰、铁柲银骨朵等,为黑龙江地区发现的辽金时期文物精品。

关于该墓的性质及年代,根据早年地表的石象生表明墓地设有地面神道。据此推断该处应为一贵族家族墓地。墓地中的墓葬多数为金代中期前后。

（5）阿城双城村墓群

墓群位于阿城市阿什河乡双城村,1980年农民在挖沙时发现,阿城市文物管理所前往进行了清理,并对发现的随葬品进行了征集[①]。该墓群分为两处,一处在阿什河西1公里,一处在金上京会宁府遗址东1.5公

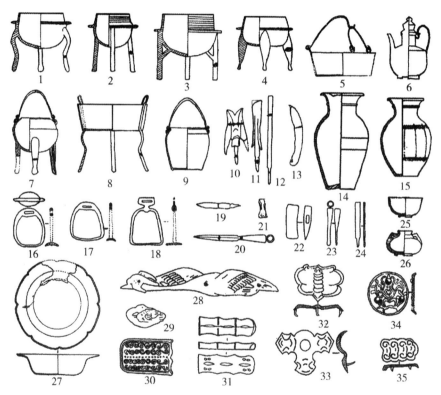

图6-60　双城墓群第一墓区出土器物

1～7、10～16.铁器　2、26.银器　8、9.陶罐

17、18.瓷器　19～22、24、25、27.24　22、27.铜器　23.玉器

① 阎景泉:《黑龙江省阿城市双城村金墓群出土文物整理报告》,《北方文物》1990年第2期。

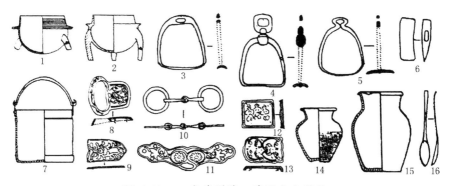

图 6-61　双城墓群第二墓区出土器物

1～7、10. 铁器　8、9、11. 鎏金铜器　12. 铜器　13. 包银铜器

里处。两墓群被一条现代水沟分隔,南北相距约 200 米。

墓葬破坏严重,从残留迹象分析属土圹墓,多数墓穴较小,难于置棺,且多出陶罐,其中少数罐内还可见小块人骨,可能与火葬有关。少数墓穴略大,见有头骨、胫骨,从所出的棺钉、棺环来看应当有棺。

阿城市文物管理所共征集文物 101 件,种类有铁器、陶器、瓷器、铜器和银器、玉器等。铁器有锅、提梁罐、马具、武器、工具等计 55 件。陶器分罐、瓶 2 类,共 12 件。瓷器有碗和瓶,共 5 件。铜器包括日常生活用具、带銙及马具等共 20 件。银器 5 件,此外还有蝶形白玉带銙、竹节形玉带銙等。

墓群的年代,发掘者认为属金代初期。

（6）横山墓群

墓群位于伊春市金山屯区横山经营所北山的山坡中,覆盖面积约 3 万平方米,共有 40 余座墓葬,分布在马蹄形谷地中①。

该墓群自 1965 年首次发现后又进行了 4 次考古工作。1966 年黑龙江省博物馆对其中 1 座墓葬进行了试掘。1968 年对该墓群进行复查。1976 年黑龙江省文物考古工作队再次进行发掘,共清理出 6 座墓葬。1978 年伊春市文物管理站成立后,又多次对墓群进行调查,确定保护范围为南北 500 米、东西 200 米。墓葬形制因早期发掘没有报告,后期也未进行科学发掘,至今不甚明了,现只通过当初已发掘还未回填的

---

① 黑龙江省地方志编纂委员会:《黑龙江省志·文物志》,黑龙江省人民出版社,1994 年。

墓葬,清晰可见长方形墓室与残留的木炭,初步推断应为砖室墓。

在墓群及周边先后出土和征集有汉白玉八面乐舞浮雕石幢、石盖盒、陶罐、小木鞋、玉石鸟、铁矛、铜镜、铜钱等遗物。根据遗物特征分析,确定该墓群为金代女真人墓葬。

3. 其他

除了上述城址和墓葬之外,在黑龙江境内还有较多数量的各类遗迹。

（1）小岭冶铁遗址

遗址位于阿城县[①]东南35公里小岭镇五道岭一带,地处张广才岭西麓,东、南、西三面的山脚下有阿什河流淌,其支流大、小石头河贯穿山间平地。冶铁遗址以五道岭矿坑为中心,其分布范围西北至玉泉镇的长山屯,西南至五常县的道平岭、石嘴沟,南达阿什河边的泉阳河屯,东北抵小岭车站附近的山地。1961 年 3 ~ 4 月间,黑龙江省博物馆在阿什河流域进行考古调查时发现,1962 年黑龙江省博物馆曾先后 4 次对五道岭周围地区进行复查,除发现五道岭古代铁矿遗址外,还新发现古代冶铁遗址 50 余处、建筑址 10 余处和古矿坑 1 处。同年,黑龙江省博物馆会同阿城县博物馆共同发掘了已暴露在地面的冶铁炉遗迹 7 处和古矿洞的采矿作业区 1 处。

五道岭有矿坑 1 处,现残存有 10 余个古洞。矿坑可区分为采矿和选矿不同作业区。在矿洞中发现有铁钎、铁锤。炼铁炉址分布在山脚下的黄土岗上。在东川屯发掘炼铁遗址 1 处,炼铁炉遗址保存完好。各炼铁遗址均有炼铁渣、铁矿石、储炭坑、木炭及海绵铁等遗物,但未见铁范和铁的铸成品,说明当时冶铁和铸造业有了分工。在小岭地区专门进行开采和冶炼矿石,而炼成的铸铁可通过阿什河水路运往外地进行锻铸和加工。

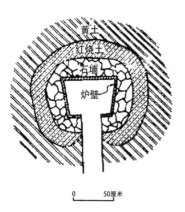

图 6-62　五道岭炼炉址平面图

---

① 1987 年前称阿城县。1987 年 2 月,设立阿城市(县级)。2006 年 8 月撤市设区,阿城区直属哈尔滨市。

小岭冶铁遗址分布范围很广,以五道岭为中心形成一个从开采、选矿到冶炼的生产过程相互衔接的冶铁基地,是金代早期的重要遗存[1]。

（2）东北路界壕边堡北段

即金界壕,又称金长城,为抵御西部蒙古诸部族的侵扰所建,是金代规模宏大的军事防御工程。兴建年代大约在金太宗天会元年（1123 年）开始至金章宗承安三年（1198）前后完工,历时共计 70 余年,筑成全长约 5500 公里的漫长的军事防御工程——界壕边堡。其中在我国境内长约 4600 公里。所谓界壕与边堡,它的直接用途是"界壕者,掘地为沟堑以限戎马之足;边堡者,于要害处筑城堡以居成人"[2]。

《金史》记载,界壕边堡分为东北、临潢、西北、西南四路。黑龙江省境内的属于东北路界壕北段,它的范围北起内蒙古自治区莫力达瓦达斡

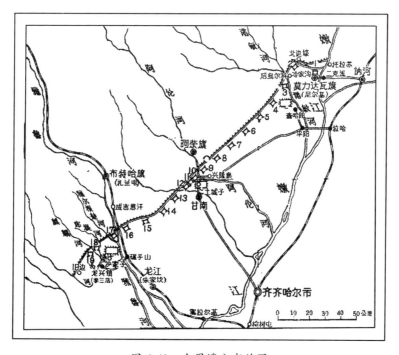

图 6-63　金界壕分布总图

① 王永祥:《黑龙江阿城县小岭地区金代冶铁遗址》,《考古》1965 年第 3 期。
② 王国维:《金界壕考》,《观堂林集》卷十五,中华书局,2004 年。

尔族自治旗尼尔基镇,绵亘200余公里,终止于黑龙江省龙江县雅鲁河、济沁河交汇处。当地称"乌尔科"、"老边"、"旧边"、"边墙"、"边壕"等。1959年3月、11月和1960年9月,黑龙江省博物馆先后3次对界壕边堡进行考古调查[①]。

　　界壕包括壕堑、主(副)墙、土堡等设施。经过调查,一般壕堑宽8~10米,深4~5米,主墙高6~8米。各种设施的建筑均为就地取材,平地处采用挖土夯筑的方法,山地则用石料垒砌。界壕依不同地段有单线和复线,在重要地方分出支线,建成双墙双壕。在界壕内侧每隔一段距离便有一处小型土城的遗址,就是《金史》多处提及的"边堡"。在东北路北段共发现边堡19座,这些边堡有不同的类型和功能,每堡之间的距离长短不等,选择的位置多选在利于观察敌情和地形条件优越之处设房舍和营库,能够屯驻少数守备部队及储备作战武器。在边堡、古城中出土金代遗物陶瓷片、各种铁器、石器等。

　　(3)碑刻

　　碑刻包括石刻和碑铭两种。黑龙江地区发现的比较重要的碑刻有亚沟石刻、道士曹道清碑、宝严大师塔铭志等。

图6-64　亚沟石刻像

　　亚沟石刻像[②]:位于哈尔滨市阿城区亚沟镇东5公里处石人山南麓的崖壁上。共左、右两幅摩崖刻画像,分别为武士装束、妇人装束。两幅画像均采用雕刻技法线刻法雕于天然花岗岩面,人物的衣饰具有女真人风格。学术界认为两幅画像属金代早期石雕艺术。

　　宝严大师塔铭志刻石[③]:1908年出土于阿城区金上京会宁府故城的西部。刻石材料为花岗岩,造型是石幢,

①　黑龙江省博物馆:《金东北路界壕边堡调查》,《考古》1961年第5期。
②　张连峰:《亚沟石刻图像》,《黑龙江文物丛刊》1983年第4期。
③　丹化沙:《宝严大师塔铭志》,《学习与探索》1980年第6期;里壤:《金宝严大师塔铭志》,《黑龙江文物丛刊》1982年第1期。

来源于佛教建筑。石幢由塔盖、塔身和底座三部分构成,塔盖和底座呈六角形,塔盖为仿古建形式,檐部雕出檩、椽的形状。

　　塔身呈六棱柱形。塔通高92厘米、上宽56厘米、底宽62厘米,塔身六面刻铭文,全文646字。宝严大师是当时上京名僧之一,有很高的威望,纪念塔为他死后所建,墓塔已不可寻,唯留此塔铭志。铭文内容分三部分,第一部分是记述宝严大师生平,第二部分是对他的赞美歌颂之词,第三部分是刻铭年代及建塔者姓氏。刻石的年代为大定二十八年(1188年),由宝严大师的弟子门人为其所立,它是黑龙江地区发现的金代唯一一件佛教碑刻,为研究金代上京城及周围地区佛教文化历史提供了重要实物资料。

图 6-65　宝严大师塔铭志

　　曹道士碑①:位于阿城区山河镇松峰山的太虚洞内,1962年黑龙江文物考古人员在调查时发现了此碑。碑体分三部分,采用不同石材制作,碑首和碑身用汉白玉,碑座则采用花岗岩。碑通高102厘米、宽65厘米、厚13厘米。碑文字体为楷书,约450字,主要内容是记录曹道清

① 丹化沙:《金代曹道士碑之调查与初步研究》,《求是学刊》1980年第3期。

的生平。曹道清是金代黑龙江地区道教发展及传播的主要代表人物,后在乳峰山羽化。此石碑即其弟子在金章宗承安四年(1199 年)为纪念他而立。曹道士碑是黑龙江地区发现的金代唯一一块有关道教的刻石,已成为研究金代道教文化的珍贵资料。

(4)特殊遗物

金代遗存中有一些重要而常见的遗物,在金代考古学的断代、分期研究,以及探讨金代的社会、政治、经济制度等方面都具有重要的学术价值和意义。主要有铜镜、铜印、玉器等。

铜镜:铜镜是金代一种重要的文物。在经历了几代之后,金代铜镜从比较贵重的物品逐渐成为人们日常生活中的用品。以前所见大部分是传世品,1949 年以后一些金代遗存的考古发掘也有铜镜陆续出土,数量可观。金代的铜镜有几个特点,一是金代禁铜,所以铜镜的制造以及买卖都要经过官府的验记,因此在铜镜的边缘錾刻验记的文字及符号押记成为金代铜镜的重要特点之一。其二,造型美观多样,一部分继承了宋镜的形制,镜多为无柄,形状以圆形镜为主,还有方形、亚字形、菱花形、葵花形等。纹饰题材活泼广泛,花卉、动物、人物等皆可入画,其中以鱼纹、龙纹等是最受欢迎的纹饰。1949 年后黑龙江省出土的铜镜主要集中在上京城及其周边地区。在金上京历史博物馆集中收藏了数百面该地区出土的铜镜。此外,《阿城县出土铜镜》[①]、《金上京百面铜镜图录》[②] 等图录,汇集了自上京城出土的金代铜镜的精华,为金代铜镜的深入研究提供了有益的资料。

铜印:黑龙江省发现的铜印大多为官印。据统计,发现的金代官印有数十方。目前对于金代官印的研究已取得了一定成果,代表性论著有《黑龙江古代官印集》[③] 和《金代官印集》[④]。两部著作都汇集了大量印文,详细介绍了印章的出土地点、尺寸大小等信息,并结合文献就印文所反映的官署机构及官吏性质等方面作出了考证和探讨。

玉器:黑龙江省出土金代玉器的地点主要为中兴古城和奥里米古城

① 阿城县文物管理所编:《阿城县出土铜镜》,1974 年。
② 那国安、王禹浪编著:《金上京百面铜镜图录》,哈尔滨出版社,1994 年。
③ 黑龙江文物考古工作队:《黑龙江古代官印集》,黑龙江人民出版社,1981 年。
④ 景爱:《金代官印集》,文物出版社,1991 年。

及其附近的墓葬、阿城齐国王墓、哈尔滨新香坊墓葬、阿城双城村墓葬等。玉器的类别主要有春水秋山玉、佩玉、肖生玉以及镶嵌在服饰和用具上的嵌饰玉,其中以反映女真人传统的"虎鹿山林、鹰鹘捕鹅雁"题材最具特色。从玉器发展的总的特征来看,金代玉器工艺既有本民族的特征,又吸纳了辽代玉器和宋代玉雕的工艺,形成了颇具特色的风格。有的墓葬中出土的玉器已成为金代同类题材玉器的标准器,具有重要学术价值。

金银器:黑龙江出土的金代金银器,大多以随葬品形式发现,少见于窖藏遗迹。出土的金银器大致可分两类,一类是各类的佩饰,一类是生活用具和马具,也有少量的具有仪仗功能的器具,无论形式上还是装饰的图案题材,大多数反映了女真族的民族特点。一般认为出土金银器的墓葬是贵族墓,这些贵重的金银器是女真贵族才能够拥有的特殊物品。

(三)金代考古的成就

20 世纪金代考古在多方面都取得了重大的收获。

1. 城址

金代在古城研究方面取得很大的成绩。金代的城市建设是黑龙江古代城市发展的一个重要阶段。经过数十年的考察,已经基本上理清了金代城址在黑龙江的分布情况及城址的基本布局。城的建制沿袭和仿照辽宋,在布局上则形成了金代自己的城址特征,如夯筑城墙,增设的附属马面、角楼、瓮城及护城壕和多重护城壕等带有朝代特征的建筑等。已经发现的金代城址约 193 座,依照城的性质可分为都城、路府、州、县四个等级。

基本搞清了金上京会宁府城址的布局。金上京是金代初期的都城,城址由南、北二城组成,中间以腰垣为限,南城内有皇城。它是模仿北宋都城汴京(今开封)、辽中京(今内蒙古宁城县大名城)形制,逐渐完善起来的,同时在风格上则保持着金代城址建筑的特点。该城在金太宗时称会宁府,熙宗天眷元年(1138 年)称上京。贞元元年(1153 年)海陵王迁都于金中都燕京(今北京),削上京之号。正隆二年(1157 年)《金史·地理》记载海陵王"命吏部郎中萧彦良尽毁宫殿、宗庙、诸大族邸第及储庆寺,夷其址,耕垦之"。上京被夷为平地。世宗时期,为了保持女

真文化传统,又曾致力于恢复"金源内地"——上京城,在大定十三年
(1173 年)复称上京,大定二十一年陆续修复宫殿、城垣。先后两个时期
的大规模营建和复建,使上京地区保留了一大批重要的金代城址、宫殿
及其贵族墓葬等遗存。

金代的古城遍布黑龙江省全境,其数量之多是前所不及的。金上京
路管辖范围甚广,下辖蒲峪、速频、胡里改和曷懒四路,涵盖了黑龙江及
乌苏里江流域的广大地区。除了曷懒路治所,其余三路治所均在黑龙江
省的境内或附近,目前基本明确克东县蒲峪路故城遗址为金代的蒲峪路
治所,依兰县土城子遗址为胡里改路治所,从此向东北,管辖兀的改、吉
里米之境。蒲峪路故城遗址和依兰土城子城址是确定金朝北部壤地封
疆的地理坐标。速频路治所在今俄罗斯乌苏里斯克双城子城址,曾收集
到"恤品河窝母艾谋克印"。

2. 界壕

对金代东北路界壕与边堡北段的考查与研究取得显著成果。1959
至 1960 年间的三次调查,基本摸清了金代东北路界壕的起点、走向及与
其相关的边堡、边关隘口和城址的配置和形制。

3. 手工业

黑龙江地区金代采矿、冶铁遗址的发现及大批铁器的出土,是金代
考古的一项突出成就。阿城小岭金代冶铁遗址是一处集开采、选矿到冶
炼各种功能的冶铁基地,表明金朝初期以女真族为主的匠人阶层已基本
掌握了整套铁矿石开采和冶炼技术。熟练的冶铁技术,使黑龙江境内铁
器出土十分普遍,仅肇东八里城遗址出土的铁器就多达 700 余件[1],在五
常、宾县亦有重要发现,此外,伊春、依兰、虎林、饶河、逊克等地都有批量
的铁器出土。出土铁器的类别遍及生产和生活的各个方面,如武器、刑
具、车具、马具、农具、手工业工具、生活用具及其他各种类别,铁器已被
广泛地应用。出土铁器的制作水平较高,种类完备齐全,当中含有可据
以断代的金代铁器典型标本。由此说明金代黑龙江地区将铁器大量应
用于生产、生活。

---

① 肇东县博物馆:《黑龙江肇东县八里城清理简报》,《考古》1960 年第 2 期。

4. 墓葬

黑龙江省的金代墓葬自北向南集中分布于黑龙江中游、松花江及其支流阿什河流域。此区域是女真人最初的发源地,是当时人口比较集中的地方。依建筑构造和外部形制的差异可分为土坑墓、棺椁墓和砖室墓三大类。土坑墓是最常见的埋葬形制,墓主人主要是一般平民,往往不用葬具,直接放入土圹埋葬。该类墓中随葬品比较少,主要是陶器和小件铁兵器、马具等。在《大金国志》中记载:女真人"死者埋之,而无棺椁",应是指这种类型,它应当是女真人原始葬俗之一。棺椁类墓指有木质或石质棺或椁等葬具的墓葬,在考古发现中数量也较多,使用的葬具与墓主的身份和地位有关。砖室墓是受到中原汉文化的影响产生的,其结构、形制都与中原地区同类墓相类似。在葬俗上,有土葬和火葬,这些葬俗不是单一的,经常是土葬和火葬相结合,即将尸骨火化后的骨灰与随葬品装入木棺下葬,再在墓穴内将木棺、骨灰和随葬品一同焚烧。这种方式应该是女真人等少数民族特有的葬俗。

金代墓葬的埋葬形式,依时代的早晚有明显的变化。黑龙江省境内的金代中期以后墓葬的埋葬习俗和埋葬地点,也有相应的变化和显著特点。其一,贵族阶层死后多葬在城址附近,其二,在埋葬制度上采用了同一封土内几座墓葬合家的形式。这种死后把墓葬在城址附近和几个墓室合家的习俗,说明金代中期以后确已形成了相当多独立的家族墓地。由于金代女真与契丹族之间的相互融合和渗透,再加上诸多汉文化因素的影响,势必造成金代墓葬制度的多元化状况,各种文化因素并存、互见,同时发展又互相影响,从而构成了金代墓葬制度内涵的多样化和复杂的特点。

第七章　大一统之下——元明清时期遗存

由于20世纪进行的考古调查和发掘工作相对较少,黑龙江省属于元明清时期的古代遗存发现的也比较少,一些遗存特别是城址类的遗存的使用延续了几个朝代,对年代的判定带来困难。但有些遗存,如永宁寺碑等,则在较早的时期就有记叙和调查的记载。近年来,配合一些大的基建工程项目,元明清时期的文化遗存的发现与发掘已经有了较大幅度的进展。

一、考古发现与重要活动

黑龙江省元明清时期的考古发现虽然不多,但也有一些比较重要的发现。

黑龙江地区在元朝归辽阳行省下辖开元路、水达达路和征东元帅府管辖。在今黑龙江省境内常发现有元代遗址和文物。汤原县固木纳城古城是元代桃温万户府治所。肇东八里城在元代继续沿用,为肇州屯田万户之所。泰来塔子城也为金元所沿用,元代为泰宁路故城,在城内西北部有大面积元代建筑群落废墟,遗物有汉白玉及花岗岩石柱础、琉璃釉瓦及龙纹、牡丹花纹滴水等。有人考证这里是元代宗王斡畅赤斤系家族故墟。在阿城、宝清等地都曾发现元代重要文物。

明朝洪武二十二年(1389年)设置兀良哈三卫,由三卫中的福余卫和朵颜卫管辖黑龙江西部地区。明朝政府在永乐七年(1409年)于黑龙江入海口附近的特林建立了相当于省一级的行政机构奴儿干都指挥使司,下辖384卫、24所、7城站、7地面、1寨。在特林地方立的"永宁寺记"碑及"重建永宁寺记"碑,是明朝宣示对黑龙江流域行使主权的历史见证。在库页岛设置囊哈尔卫,归奴儿干都司管辖。在依兰曾发现过"囊哈尔卫指挥使司印"证明了这一史实。

黑龙江地区是清朝的肇兴之地,清军入关后,黑龙江地方归宁古塔将军管辖。海林市的宁古塔旧城是宁古塔将军驻地。黑龙江省博物馆陈列的重1000多公斤的"神威无敌大将军"铜炮是雅克萨战争期间抗击沙俄侵略的功勋炮。康熙二十四年(1683年),清政府设黑龙江将军,其职责即管辖松花江以北至外兴安岭以南之地,驻瑷珲,城的位置在黑龙江左岸黑龙江与精奇里江(结雅河)交汇点东北,所以瑷珲城又称黑龙江城。康熙二十六年(1685年),黑龙江将军驻地迁至黑龙江右岸的新瑷珲城,即今黑河市爱辉新城遗址,为清代镇守黑龙江地方等处将军的驻地。宁安的大石桥是崇德年间所建,是吉林通往宁古塔交通要道上的重要桥梁。肇源衍福寺是清康熙年间所建,是黑龙江省境内现存最早的佛寺建筑。虎林县虎头关帝庙建于清雍正年间,是在乌苏里江以东打貂、挖参、采金、运木等汉人集资所建。齐齐哈尔、阿城、宁安、黑河等地还有一批清代所建的清真寺,至今保存完好。依兰县永和村、德丰村的一批赫哲人墓葬中出土了一批赫哲族文物,这些文物与凌纯声《松花江下游的赫哲族》一书所载实物照片、绘图资料有许多相同之处,说明清初赫哲族曾在松花江下游地区居住过。

有关元明清时期的考古工作虽然不多,但从该时期整体工作情况来看,也是有进展的。

城址方面,1981年的文物普查中,在明水县发现了两处元代遗址及一座古城址。经过勘察的明清时期古城,确认的有嘎尔当城址、莽吉塔站故城和宁古塔旧城址、瑷珲新城遗址、墨尔根水师营遗址、齐齐哈尔城址、阿勒楚喀城址等北疆重镇,对研究明清两代中央政府对黑龙江流域的经营管辖具有重要意义。

墓葬方面,1981年的文物普查中,佳木斯发现了清代墓葬,墓主人尸体用桦树皮包裹,桦树皮上印有栩栩如生的长龙,衣服皆丝织物。依兰马大明墓出土有双螭耳玉杯,依兰、肇源、绥滨、汤原等地都出土过明代青花瓷器。

元明清时期比较重要的考古活动有如下几项:1980年黑龙江省文物考古工作队发掘依兰德丰、永和两处清代墓地;1987年黑龙江省文物考古研究所调查依兰粮库明清时期墓葬,并进行抢救发掘;1991年黑龙江省文物考古研究所发掘绥滨东胜明代少数民族墓葬;1997年黑龙江省文物考古研究所发掘黑河瑷珲清代墓葬。

此外还有讷河市的郭贝勒氏家族墓地,有 11 座墓葬,为清代达斡尔族官宦世家郭贝勒氏家族墓地。嫩江县崔氏家族墓地,现存 12 座墓葬,康熙年间曾任黑龙江茂兴至瑷珲驿站北路首任站官的崔枝藩病故后葬于此。

从 1999 年 5 月到 2000 年初,省文物考古研究所对尼尔基水利枢纽工程淹没区的古代遗址分布情况进行了多次详细调查,发现了 43 处古代遗址,其中有三分之一属于清代遗址。

二、主要遗存

黑龙江省元明清时期的遗存可以确认的不多,基本上是明清时期的遗存。经过正式发掘的只有几项。遗存的内容主要有城址和墓葬。

(一)城址与建筑

1. 乃颜故城 [①]

城址位于绥化市明水县古城村东,通肯河头道沟沟西的漫岗上。1982 年全国第二次文物普查时绥化地区文物普查队发现了该城址。城址平面略呈正方形,周长 845 米,面积约 5.8 万平方米。城墙夯筑,墙基宽 5 米,顶宽 2 米。遗址内曾出过元代泥质素面灰陶片、铁镞和海兽纹铜镜,也出过北宋、金代的铜钱。城始建于 1287 年,建城者为元代宗王乃颜,乃颜叛乱,被忽必烈所灭,城遂被废。这是黑龙江为数不多的元代城址。

2. 肇源衍福寺双塔 [②]

肇源县民意乡南 6 公里的大庙屯原建衍福寺一座,寺前配建高塔两座及主影壁等建筑。1949 年衍福寺因失火被毁,双塔和影壁等幸存下来。研究者认为其塔应建于清初,距今约 300 年。双塔为喇嘛教覆钵式塔,砖结构,南向,东西并峙,间距 32 米。塔高 15 米余,由塔刹、塔身和塔基三部分组成。塔刹高 5 米余,顶端由宝珠、日、仰月和宝盖构

---

① 黑龙江省地方志编纂委员会:《黑龙江省志·文物志》,黑龙江人民出版社,2020 年。
② 黄锡惠:《"衍福寺"双塔漫语》,《黑龙江文物丛刊》1982 年第 1 期。

成金顶。金顶下的刹干上有南北相同的带有梵文的白色相轮 13 重。刹干底接相轮基座。塔身高 4 米多,覆钵部呈白色,空白处带有角兽头 8 个。覆钵下接雕有梵文的阶梯台座,高近 2 米。塔基由基座基台两部分构成。基座为方形须弥座式。基座下为长 8 米、高 3 米余的白色方形基台。衍福寺双塔比例匀称,造型古朴,融藏、蒙、汉民族风格于一体,具有较高的历史、艺术价值,是我国古代宗教、建筑艺术及各民族文化、技术相互交流与融合的宝贵文化遗产。

3. 嘎尔当古城 ①

嘎尔当古城又称西古城,始建于明朝,清朝时继续沿用。古城位于富锦县城西南约 13 公里、上街基乡嘎尔当村西 500 米处。古城平面略呈长方形,夯土板筑,周长约 700 米,现存东墙残高 1 米。城内曾出过青花粗瓷器物的残片,这种青花瓷是明清时期日常普遍使用的生活器皿。嘎尔当古城曾在明代为"弗提卫"或"弗提希卫"治所。据《富锦县志》记载:"1882 年(清光绪八年),富克锦协领衙门曾设于嘎尔当城内。"该城对于研究明清时期黑龙江境内的建制沿革及地方史具有重要价值。

4. 莽吉塔城

莽吉塔城俗称城子山古城 ②,明代海西东水陆城站中的第十城。位于抚远县城东北 10 公里、通江乡小河子屯西突出江面的小山头上。1976 年黑龙江省考古工作队做过考察,1980 年又会同合江地区文管站进行复查。古城平面呈不规则形,似"口袋状"。城墙由东北向东南循山坡而上,墙为夯筑,墙内外两侧掘沟为壕。遗物很少。古城地处黑龙江下游要冲,据地险要,是控制江面水上交通重地,据考证,该城应该为明代"海西东水陆城站"中的第十城,即莽吉塔城故址。

(二)墓葬

1. 东胜墓群 ③

墓地位于绥滨县绥东镇东胜村附近,松花江左岸一条东北—西南走

---

① 《富锦嘎尔当古城》,《黑龙江史志》1996 年第 6 期。
② 《古水道咽喉:莽吉塔城》,《黑龙江史志》1998 年第 5 期。
③ 金太顺等:《绥滨县东胜村明代兀的哈人墓葬》,《文物》2000 年第 12 期。

向的沙岗上。1991 年春,黑龙江中游文物普查队在进行文物普查时发现了该墓群。同年 10 月,黑龙江省文物考古研究所对墓地做了发掘,清理墓葬 14 座。

墓葬分布比较密集,皆为小型土坑竖穴墓,东西向。墓室一般长 2 米左右。有木质葬具的有 2 座。葬俗以单人一次葬居多,达 13 座,只有 1 座墓为三人二次葬。多数墓葬有随葬品,14 座墓中有随葬品的有 12 座,随葬品多寡不一,最多的(M13)34 件。M7 为单人一次葬,墓室长 1.8 米、宽 0.65 米。墓主仰身直肢,随葬品 13 件,除了火镰外,余皆为铜器和铁器。M1 为三人二次合葬墓,墓室长 1.95 米、宽 0.8 米,墓中人骨散置,随葬 3 件铁饰品和 1 件火镰。

墓地出土随葬器物 100 余件,以铁器和铜器为主。铜器 45 件,除了钱币,余皆为装饰品,包括牌饰、坠饰、环、戒指、花饰等。铁器 74 件,种类主要是带饰和兵器,如刀、剪刀、镞等。出土有"大观通宝"、"泰和重宝"等宋、金时期铜钱,还有 1 枚"大元通宝"铜钱,正面币文为八思巴文,背面无文字。此外有少量的银器、石器等。

发掘者认为这个墓地是明代兀的哈人(清代赫哲族前身)的氏族公共墓地,年代为明代。

图 7-1　东胜 M7 平面图　　　　图 7-2　东胜 M1 平面图

1、10. 铜器　2、3、6~9. 铁器　4、5. 火镰　　　1. 铁带扣　2. 火镰　3、4. 铁环

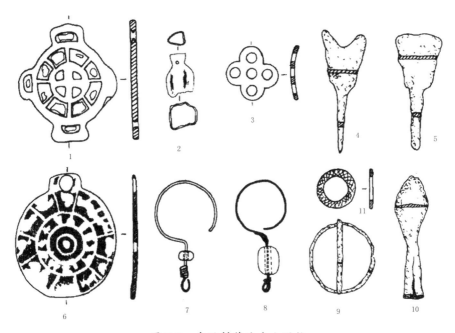

图 7-3　东胜村墓地出土器物

1~3、6~8、11. 铜器　4、5、9、10. 铁器

2. 齐齐哈尔梅里斯音钦清代墓群

墓群位于齐齐哈尔市梅里斯区雅尔塞镇音钦村东侧嫩江沿岸的土岗南坡上[①]。1979 年被当地村民发现,齐齐哈尔市文物管理站派人去现场进行了清理。1980 年、1987 年又在当地做了清理发掘工作。两次发掘共清理墓葬 4 座,出土随葬品 171 件。4 座墓中有 3 座为土坑竖穴墓,葬具为双重套棺,四角榫卯结构。1 座为瓮棺墓。

M2 为母子合葬墓,土坑竖穴,葬具为长方形双层木棺,前后有隔箱,两侧有边箱,四角榫卯结构。木棺南北长 3.5 米、高 0.85 米,前后隔箱宽 0.7 米。葬式为仰身直肢,头向南,随葬品放置在两端隔箱。

墓地的随葬品按质地可分为八类:陶器、瓷器、铜器、铁器、银器、玻璃器、桦皮器和木变石。

音钦墓群为清代墓葬,其出土的这批瓷器、铜器等文物,有的有确切

---

① 崔福来、辛建:《黑龙江省齐齐哈尔市梅里斯音钦清代墓群调查简报》,《北方文物》1989 年
　第 4 期。

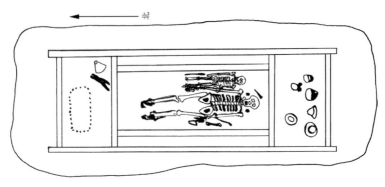

图 7-4 梅里斯音钦 M2 平面图

的年款:"大清雍正年制",为研究清代康熙、雍正年间的青花、五彩、素三彩、掐丝珐琅和金属器物的鎏金等制作工艺提供了珍贵的实物资料。

3. 瑷珲富明阿墓

富明阿是清代同治年间的吉林将军,其墓地在黑龙江省黑河市瑷珲镇,是富明阿及其妻妾的合葬墓[①]。1976 年黑龙江省文物考古工作队对该墓做了发掘,出土随葬品 100 多件,大部分为金银器、玉器和精美的装饰品,生产用品很少。在富明阿墓的随葬品中,作为反映满族物质文化特征的标准器,如扁方、耳钳和银头饰等,民族特征突出。此墓椁室形制特殊,与赫哲人以往葬俗中的葬具有相似之处,为清末黑龙江地区物质文化族属的对比研究提供了新的资料。

4. 伊春乌云河船棺墓

船棺墓发现于伊春市所辖嘉荫县的乌云河右岸山崖洞内[②]。1985 年一猎人在乌云河右岸山崖洞中发现,伊春市文物管理站派人对墓葬进行了清理。墓葬置放在一天然山洞中,当时被凌乱桦树皮覆盖的木船棺,尾部已露出洞口,靠外部分被山火烤焦。墓主人呈仰身直肢,部分肢骨连同皮上衣已斜倚在船帮的一侧,另一侧搭放着皮甲衬。洞口内外和船棺上下散落着麻绳头和铁甲片,铁带铸置于船头,腰刀已离位。据发掘者认为,墓主人当为鄂伦春族,其生前可能是当时的毕拉尔路治所由乌

① 姚玉成、李玲:《瑷珲富明阿墓出土的一批清代文物》,《北方文物》1994 年第 4 期。
② 王东甲、万大勇、刘西元:《伊春市乌云河船棺墓调查清理简报》,《北方文物》1994 年第 4 期。

云河往嘉荫河或黑龙江两岸传递公文、书信的差人。其下葬年代大约在1685年前后。

5. 依兰永和、德丰清墓

永和、德丰墓地位于依兰县迎兰乡永和村和德裕镇德丰村,两处墓地皆位于松花江左岸一级台地上[①]。1979年黑龙江省考古训练班在依兰县境内普查时发现。黑龙江省文物考古工作队在1980年夏季对两处墓地进行了发掘,共发掘清理墓葬12座。其中永和墓地8座,德丰墓地4座。

12座墓均为土坑竖穴墓,直壁,东西向11座,南北向1座。墓室长度一般在2~3米之间。10座墓有葬具。葬式仰身直肢,头向多向西南,多为单人葬,仅永和M6内有两个小孩的头骨。

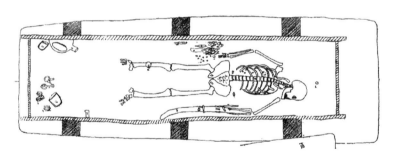

图7-5　永和M7平面图

墓地共出土随葬器物300多件,器类主要有瓷器、骨器、铁器、铜器等。鎏金和银质的随葬品仅见于个别墓葬。瓷器有碗、盘、盅。铁器有武器、马具及炊具等小件,铜器有吊锅、牌饰及其他小件饰品等。随葬品中渔猎用具出土较多,如铜吊锅、铁箭头、鱼叉、渔网残片等,未见农业工具。反映出墓地的主人生前是以渔猎为主的生产方式。

两个墓地都出土清初康熙至雍正时期的典型青花瓷器和清代货币"康熙通宝"、"雍正通宝"、"乾隆通宝",两个墓地应属同一时期。墓中出土的青花瓷器具有明显的清初特点,因此发掘者推断这批墓葬的年代应在清代初年。

---

① 黑龙江省文物考古工作队:《依兰县永和、德丰清墓的发掘》,《北方文物》1982年第1期。

永和、德丰墓地出土随葬器物反映浓厚的渔猎经济色彩,推断为松花江下游赫哲人的遗存。墓地中出土的这批文物,是在松花江中下游地区首次发现的清代珍贵文物,为研究松花江中下游地区民族分布、宗教信仰、社会状况、与中原的关系以及当时的生产技术和工艺水平等提供了新的宝贵资料。

(三)元明清时期考古收获

1. 城址与遗址的发现与研究取得了一定的进展

元代古城在黑龙江省的考古调查中有所发现,但经过科学发掘的不多。元代古城一般为方形土筑,有马面和瓮门,但数量与辽金古城比较有减少的趋势。元代有的古城沿用辽、金时期旧城,这些城址内部往往可见元代建筑遗迹。元代在营造制度和建筑构件方面仿照我国中原地区的传统样式,大量使用板瓦、筒瓦、柱础、覆盆、瓦当等,在重要建筑物中使用黄绿釉琉璃瓦。在元代古城和遗址中,出土的瓷器及其残片主要为钧窑、磁州窑、龙泉窑三个窑系的产品。这一特点既有别于此前的金代,又与其后的明、清时期不同。这种瓷器的品种组合及其特征,往往可以作为田野考古中元代遗址断代的重要标志之一。

明代黑龙江考古所见遗迹,一部分是将元朝对黑龙江地区的管辖版图的全部接收,一部分是明朝在黑龙江设置的各级管理机构的遗留,如在奴儿干都司境内设立官署,建立驿站,留下了一些城址、墓志、卫所官印等遗迹和遗物。

阿什哈达摩崖刻石是明朝造船总兵官、辽东都司都指挥使刘清在松花江造船运粮时镌刻的,是明代经营东北松花江和黑龙江流域的主要遗迹。而永宁寺碑则明确记述了明朝派官员和军队经营管理黑龙江下游,遣官设治,建立奴儿干都司的经过,它是明代东北疆域到达黑龙江流域和库页岛一带的实物例证。

清代黑龙江地区考古所见有的是清代所建的建筑遗存,如衍福寺双塔,也有部分对城址的考察,总体来说,工作比较薄弱。

元明清时期的遗迹有不同于其他时期的特点。这个时期历史文献比较完备,对史实的记载也比较多,因此,通过史书记载寻找到相对应的遗址就成为可能,如明代海西水陆城位置的确定等。

还有一个特点是城的沿用时间比较长。一座城可能沿用几个朝代,这是因为人口增多,定居成为重要的生活方式,居住在城内的居民除非遇到不可抗因素,一般都会老守田园,不再轻易流动。这就形成了城址并不随着王朝的灭亡而消失,而是继续沿用的情况。

2. 墓葬发现与发掘的收获

墓葬发现的比较少,发掘的数量有限。从已经发掘的墓葬来看,主要是对清代墓葬的发掘。由于黑龙江地区是多民族的聚居地,这里有世居黑龙江流域的满、达斡尔、锡伯、鄂伦春、赫哲、鄂温克等少数民族,对这类墓葬进行发掘,可以从中了解黑龙江少数民族的丧葬习俗。发掘的清代墓葬,因地域不同,民族不同,形成在埋葬习俗上的特殊性,反映出很强的差异性。如绥滨县东胜村墓群,多数没有葬具,埋葬方式上,流行单人一次葬。齐齐哈尔梅里斯音钦墓群4座墓中有3座葬具为长方形双层木棺,前后有隔箱,两侧有边箱,四角榫卯结构。依兰永和、德丰墓地12座墓中有10座有葬具,出土了丰富的随葬器物。伊春乌云河船棺墓则是置放在天然洞穴中,以船为棺的墓葬。这些墓葬的不同,可能是贫富的差别和身份的差别造成的,也是不同民族的不同丧葬习俗的反映。如绥滨东胜墓群可能是清代赫哲族先人的墓地,伊春船棺反映的是鄂伦春族人的丧葬习俗等等。

21世纪以来,在清代考古方面加大了研究的力度,收到了一定的成效。特别是对一些少数民族墓葬的发掘,为研究清代各少数民族文化提供了宝贵的资料。

结　语

　　黑龙江省地处中国东北边疆,素有"北大荒"之称,古代文献虽然对黑龙江地区的历史记载并不很多,但是地下文明的逐渐揭露使其历史逐渐变得清晰。在历史上的各个时代,黑龙江的古代先民都留下了深深的印记。这些重要的文化遗产通过考古发掘重现于世,成为我们了解古代黑龙江的宝贵财富。黑龙江省属于边远省份,历史上是非汉族聚居地,多元文化共存。在这片土地上,自古以来就生活着秽貊族人、夫余族人、豆莫娄族人、室韦族人、女真族人、蒙古族人等东北少数民族,相关的历史文献较少,因此黑龙江省的古代历史研究主要靠考古发掘支撑。

　　黑龙江省的文明有悠久的历史和绵延不断的传承。从旧石器时代到近代,黑龙江区域的文明化进程已经基本上有了清楚的脉络:黑龙江省在旧石器时代就已经有人类居住;新石器时代,黑龙江开始步入文明的起步阶段;商周时期,黑龙江进入了"古国"阶段;汉魏时期,黑龙江进入了"方国"阶段的前期;唐代(渤海)时期,黑龙江进入"方国"阶段的后期——"王国"时期;辽宋时期,女真崛起,建立金朝,灭辽伐宋,黑龙江则正式进入了"帝国"阶段;元明清时期,则是多民族融合发展的统一的帝国时期。经过近一个世纪的发现与探索,特别是新中国成立后50余年科学的考古工作,黑龙江考古取得了丰硕的成果,初步建立了较为完善的考古学体系,基本上可以建立起史前及历史时期黑龙江考古的时空框架。

一、史前时代黑龙江人群的分布与文化

1. 旧石器时代文化初探

20世纪黑龙江地区旧石器时代考古工作比较薄弱,发现的遗存数量

较少,材料不够丰富,限制了对黑龙江旧石器时代文化面貌的认识。但是尽管如此,我们对黑龙江旧石器时代的文化面貌也有了一定的认识。

黑龙江的旧石器遗址目前都属旷野类型,分布可以分为三个区,分别为哈尔滨周边地区、嫩江流域及大兴安岭地区。这三个分布区从时间上来看各有早晚,在地貌及石器类型上也有所差别。哈尔滨周边地区的旧石器年代最早到距今5万年左右,属旧石器时代晚期较早阶段。嫩江流域的遗存在距今1.35万年左右,属旧石器时代晚期较晚阶段。大兴安岭地区和东部山地区域的遗存年代在距今2.5万年左右,也属于旧石器时代晚期。

遗址的分布上,哈尔滨周边地区的旧石器地点一般分布在近河流的岸边,地貌位置一般较低。嫩江流域分布的地点同样是近水处,如清和屯、大兴屯,位于江边地势较高的岗地上。大兴安岭地区和东部山地也同样选择近水分布,遗址相对位置较高,一般高出当地河面5~15米。由此可见,黑龙江旧石器时代的人们在选择生存的地点时,比较喜欢离水近的地方,但是似乎有越晚选择地势越高的趋势。

石器类型上,哈尔滨周边地区发现石制品数量很少,但也能观察到石器是以小石器为主体。嫩江流域发现的石制品较多,石器类型以小石器为主,石料的来源均是附近的河流砾石层,多数是燧石、玉髓、玛瑙等,器类以刮削器、雕刻器占多数。大兴安岭地区也发现了数量较多的石制品,石材取自当地河滩上的砾石,石片技术较发达,石器多为石片石器。

从石器的特点分析,黑龙江旧石器时代晚期的石器特征与华北地区有一定的相似之处,在旧石器时代晚期,黑龙江与华北地区的细石叶技术属于同一个文化圈,有共同的发展方向。这可能为黑龙江早期原始人类的来源提供了线索。从旧石器时代晚期早段开始,生活在华北地区的较早一批晚期智人开始尝试向北进一步扩展,黑龙江目前发现最早的人类可能是来自华北。

2. 新石器时代黑龙江考古的时空框架

20世纪黑龙江地区新石器时代考古的一个最重大的收获是构建了新石器时代考古学文化的谱系框架,并对每一支考古学文化或遗存的文化面貌有了比较准确的认识。这种考古学文化的谱系框架的构建,无疑地为黑龙江地区的新石器时代考古带来极大的影响,为研究的进一步深入提供了基础。

黑龙江地区的新石器时代考古学文化从时间上自距今 7500 年至距今 4000 年,通过对松嫩平原、三江平原、牡丹江·绥芬河流域三个区域考古学文化的分析,大体上可以初步建立新石器时代的考古学文化编年序列。

黑龙江境内的新石器时代考古学文化可以分为三个发展阶段:

第一阶段(公元前 5500～前 4000 年)。这一阶段的考古学文化主要有新开流文化、振兴一期甲类遗存、小南山遗存、小拉哈一期甲组遗存等。

第二阶段(公元前 4000～前 3000 年)。这一阶段的考古学文化以亚布力文化、倭肯哈达洞穴遗存、莺歌岭下层文化前期等为代表。

第三阶段(公元前 3000～前 2000 年)。这一阶段的代表性文化有莺歌岭下层文化后期、昂昂溪文化、石灰场下层文化。

从空间分布上,在松嫩平原、三江平原、牡丹江·绥芬河流域都发现了新石器时代的考古学文化,基本上遍及黑龙江全境。从遗址坐落的地貌特征看,黑龙江地区目前发现的新石器时代遗址大致有以下几种类型,即沙丘漫岗、湖滨丘岗、山麓漫岗或山间谷地等多种地貌。

松嫩平原地区目前可以确认的新石器时代文化有两支。第一支是昂昂溪文化,基本特征是陶器的基本组合有侈口圆腹罐、带流钵、直口筒腹罐,罐类器的表面则饰细窄的附加堆纹,而附加堆纹上常常加饰戳印纹和刻齿纹。石器多压制,有石镞、刮削器、尖状器、骨梗刀等。骨器发达,有骨鱼镖、骨枪头、骨刀梗等。与昂昂溪文化遗址内涵相近的遗址广泛地分布在松嫩平原上,以嫩江沿岸最为密集,多达 100 余处。昂昂溪一带的五福、莫古气、额拉苏、红旗营子等是最有代表性的遗址群。安达青肯泡遗址、大庆沙家窑遗址也属于昂昂溪文化类型。属于这一时期的还有肇源小拉哈一期乙组遗存,出土器物主要以施条形附加堆纹的罐类为主,有少量细石器和骨器。目前在嫩江下游、松花江中上游左岸较少见到昂昂溪文化类型的遗存。根据昂昂溪滕家岗遗址、肇源小拉哈遗址一期乙组遗址的绝对年代测定结果,并参照与其文化性质相同的吉林省白城靶山墓地的碳 14 测年数据,昂昂溪文化的年代范围大体可划定在距今5500～4000年。第二支是小拉哈一期甲组遗存,以直口筒腹罐为典型陶器器形,器表则饰凹弦纹和刻划席纹。发掘者认为,从器形与纹饰来与其他文化进行比对分析,该文化的年代应是距今6500年。

三江平原地区可以确认的新石器时代考古学文化有三支。第一支是新开流文化,其文化特征主要表现在几个方面,一是陶器的基本组合为各种形式的筒形罐和钵,常见几种纹饰饰于一器;二是压制石器为主,以压制石镞数量最多;三是有发达的骨角器,最有特点的是渔猎工具以及骨雕工艺品鱼和鹰头。桦川的瓦里霍通遗址、鸡西刀背山遗址以及依兰无风浪遗址在内涵上与新开流有一些共同点,可能是新开流文化并存或稍晚的地区类型。经碳14测年,距今6000年左右。第二支是以小南山M1为代表的遗存,其文化特征是以卷沿罐、钵为基本陶器组合,陶器以素面为主,纹饰种类主要为菱格纹、波浪纹、篦点纹、弦纹等。特别值得注意的是1991年7月,饶河小南山之巅的玉石冢出土随葬品126件,其中有玉器67件,石器56件,牙坠饰3件。其中玉器的数量,几乎相当于新中国成立以来黑龙江省各地出土史前玉器的总和。小南山出土的玉环、玉玦具有鲜明的地方特色。该墓葬的发现是黑龙江省当年的重大考古发现之一。有学者将这些玉器与中国东部诸多出土的玉器进行形态学与类型学比较研究,认为小南山的玉石冢年代大体与兴隆洼遗址相当,因而认为年代可能在距今7500年左右。这种看法还需要更多材料的发现来予以支持认定。第三支是倭肯哈达洞穴遗存,其文化特征是陶器基本组合为双唇盘口罐、钵,纹饰有圆窝纹、篦点纹、附加堆纹、刻齿纹。这是我省唯一一座洞穴墓葬,对探讨新石器时代墓葬有重要的意义。

牡丹江·绥芬河地区可以确认的新石器时代考古学文化有三支。第一支是莺歌岭下层文化,以筒形罐、钵为基本陶器组合,器表饰“人”字、“之”字(或“W”形)纹。第二支是亚布力文化,以盘口罐、钵为基本陶器组合,器表饰有绳纹、席纹、篦点纹、刻划纹等。第三支是石灰场下层文化,陶器基本组合为夹粗砂罐、瓮、钵,流行刻划平行线纹和由这种纹饰组成的不规整几何形图案。这些文化之间有着共同的风格,但又存在差异,各自构成独立的文化类型,正是由于这些不同的文化特征,构成了这个区域内新石器时代的多样化面貌。

二、青铜时代黑龙江考古时空框架探索

黑龙江省境内属于青铜时代的遗址主要集中于松嫩平原,可分为早晚两个时期。典型文化是肇源小拉哈文化和白金宝文化,它们分别代表早晚两个时期的遗存。

小拉哈文化也是松嫩平原地区发现的年代最早的青铜时代文化遗存,主要以小拉哈二期及白金宝一期为代表,其文化特征是陶器有直颈、矮领、敞口、敛口的鼓腹壶、罐,以及筒腹罐、单耳杯、袋足鬲和斜腹、折腹碗等,流行素面陶器,仅有少量装饰纹饰,纹饰主要是附加堆纹、刻划纹和乳丁纹,小拉哈文化白金宝遗址中出土了1件素面束颈陶鬲,与辽宁境内高台山文化和夏家店下层文化的同类风格比较一致,说明小拉哈文化的年代应该和他们相当[1],碳14测年为距今约3500年左右,年代相当于夏至早商。松嫩平原青铜时代晚期的代表是白金宝文化,它的文化特征表现为陶器有筒腹袋足鬲、侈口鼓腹罐、筒腹罐、单耳杯、折腹小平底盆、斜腹碗等,绝大多数器物装饰纹饰,纹饰种类有附加堆纹、篦点纹、戳印纹、绳纹等,最有特点的是其中以鹿、蛙、羊等为题材的动物类纹样,是白金宝一期遗存中同类纹饰的继续和发展。关于白金宝文化的年代有几组碳14数据,距今3000年左右,相当于西周早期到春秋晚期[2]。

随着考古研究的逐步深入,黑龙江境内其他区域的商周时期遗存也逐步明朗。吉林大学的李伊萍在《黑龙江东部地区青铜时代遗存初识》[3]一文中,对黑龙江东部地区属于青铜时代的遗存做了分析。她在如何寻找判断黑龙江东部地区青铜文化时认为,一是三江及其周边地区在新石器时代是一个大的历史文化区,具有区域的文化共性,因此青铜时代的文化也可能具有这种区域性的共同特点;其二,在缺乏青铜制品的情况下来判断是否是青铜时代的文化,其中的一个特点就是青铜时代的陶器与新石器时代的陶器会构成一定的差别。

① 赵宾福、张伟:《论小拉哈文化》,《北方文物》2008年第2期。
② 赵宾福:《白金宝文化的分期与年代》,《边疆考古研究》(第7辑),科学出版社,2008年。
③ 李伊萍:《黑龙江东部地区青铜时代遗存初识》,《边疆考古研究》(第2辑),科学出版社,2003年。

相信随着资料的积累与研究的深入,将来对于黑龙江境内的商周时期遗存的框架将会充实与丰满起来。

三、早期铁器时代黑龙江考古时空框架初步完成

20世纪对于早期铁器时代的认识已经可以初步建立黑龙江早期铁器时代的时空框架。

在空间分布上,依据自然条件和遗存特点的不同,将整个黑龙江地区战国至魏晋南北朝时期考古学文化遗存划分为三个大的区域:松嫩平原区,三江平原区,牡丹江·绥芬河流域区。

时间断代上,主要分为两大段:早期铁器时代早段(战国至秦汉时期)和晚段(魏晋南北朝时期)。

早期铁器时代早段考古学文化主要以松嫩平原的汉书文化、庆华遗存,三江平原地区的桥南文化、滚兔岭文化和蜿蜒河类型,牡丹江·绥芬河流域的团结文化、东康类型及东兴文化为代表。

在松嫩平原区,出有铁器的早期文化遗存较少,且分布不均衡,以汉书文化和庆华遗存为代表。遗址主要分布在嫩江沿岸的西部地区,少量分布在肇东、宾县的东部地区。出土的铁器数量不多,绝大部分是作为随葬品出土于墓中。遗存中出土的铁器多属小型器,主要是武器和工具类。这个铜器向铁器过渡的时期,也被称为"雏形早期铁器时代"[1]。以汉书文化[2]为代表的黑龙江早期铁器时代早段,它的基本特征是陶器的基本器类有大口矮裆鬲、矮颈鼓腹罐、侈口束颈鼓腹壶、斜腹碗、单耳杯、支座等,器物表面装饰的纹饰种类有绳纹、粗篦点纹、戳印纹,有的涂红陶衣。汉书文化是白金宝文化的继续和发展,黑龙江境内的后七棵树、哈土岗子遗址也属于此类遗存。庆华遗存陶器的基本特征是有堆纹口罐、敛口瓮、几何纹红彩陶,陶器以素面为主。

---

[1] 李陈奇、殷德明、杨志军:《松嫩平原青铜与雏形早期铁器时代文化类型的研究》,《北方文物》1994年第1期。

[2] 吉林大学历史系考古专业:《大安汉书遗址发掘的主要收获》,《东北考古与历史》第1辑,1982年。

　　在三江平原地区,桥南文化的中心分布区为牡丹江、倭肯河入松花江的汇合地带。陶器比较有代表性的有敛口小底瓮,各种罐、盆、钵等,器表多为素面,纹饰中凸弦纹是最常用的纹饰,其次是指压纹、齿状附加堆纹。大量富有特征的骨器也是该文化的一个显著特点。滚兔岭文化分布区的南面基本与团结文化接壤,可达鸡西、林口一带,西至张广才岭东侧,北至松花江南岸。其基本特征是典型陶器有重唇花边口罐、侈口鼓腹瓮、直口鼓腹壶、单把罐、敞口碗、敛口碗等。蜿蜒河类型主要分布在松花江以北,在松花江下游南岸也有发现。其基本特征为陶器有敞口鼓腹罐、敞口细颈鼓腹罐、敞口碗、红衣壶等。

　　在牡丹江·绥芬河流域区,团结文化是该区最早进入铁器时代的遗存,也是目前研究最为充分的一种文化遗存。该文化属于沃沮遗存,已被学界广泛认可[①]。团结文化的代表性陶器有小平底的罐和瓮、柱把豆、圈足豆等,陶器多为素面,柱状双纽常见。同类遗存在吉林和朝鲜的图们江流域、俄罗斯的滨海地区也有发现。东康类型主要分布在牡丹江中游盆地。代表性陶器有筒腹罐、侈口壶、侈口罐等,流行乳丁纽,器表多为素面。东兴文化主要分布在牡丹江中下游之间。其基本特征为陶器有深腹罐、浅腹罐、甑、壶、碗等,流行柱状纽及单把,器表多为素面。

　　早期铁器时代晚段相当于魏晋南北朝时期。这个阶段的考古学文化主要以松嫩平原地区的戚家围子类型、三江平原地区的同仁文化、凤林文化和牡丹江·绥芬河地区的河口遗存为代表。

　　松嫩平原地区的戚家围子类型典型陶器主要有直颈鼓腹壶及侈口罐、盘口罐、水波纹罐、双横方桥耳罐等各种不同形制的罐等,素面陶器较多,纹饰种类有戳印纹、弦纹、附加堆纹、水波纹等。它的文化面貌,有学者认为其陶器含有同时期内蒙古草原东侧早期拓跋鲜卑遗存和吉林地区高句丽文化、夫余文化的因素[②]。

　　三江平原地区的同仁文化分布于黑龙江中下游,基本特征为有重唇花边口罐、盘口束颈壶、敞口碗、扁身斜口器等,器类以罐的数量最多,大多数陶器上装饰纹饰,且多为复合纹饰。凤林文化陶器的主要特征是罐

① 林沄:《论团结文化》,《林沄学术文集》,中国大百科全书出版社,1998年。
② 乔梁:《戚家围子遗存的年代与性质》,2014年9月黑龙江大学召开的"文化·族群·社会——黑龙江流域考古学术研讨会"上发表。

的数量多且形式多样,有重唇花边口罐、侈口鼓腹罐等,此外还有侈口鼓腹瓮、单把甑、盆、碗等,遗存的分布区域基本与滚兔岭文化相同,是滚兔岭文化的发展与继续。

牡丹江·绥芬河流域区的河口遗存分早晚两个时期。早期的河口遗存的发现是20世纪90年代在牡丹江中下游莲花水库淹没区的发掘而分析出的一种文化遗存,基本特征是陶器有直腹缸、侈口罐,流行四乳丁纽,与东康类型的器表装饰接近;晚期河口四期遗存中心分布区位于牡丹江流域。基本特征为陶器有花边口碗、重唇花边口罐,属于靺鞨系统的文化遗存。

四、隋唐至清黑龙江境内考古概要

黑龙江省处于中原唐朝时期的遗存是以渤海国为代表。20世纪末,唐代渤海考古取得了很大的进展。一是渤海国上京龙泉府遗址考古工作取得的重要成果为世所瞩目。经过对渤海国上京龙泉府遗址系统全面的考古勘查和重点考古发掘工作,基本搞清了渤海都城建制的基本格局,对渤海上京以宫城为主的各类遗存的形制和结构有了明确的认识,对渤海上京城形制渊源的研究取得了新进展。上京龙泉府遗址是渤海国从鼎盛至最后灭亡时期的都城,它的建设历经始建、扩建到最终完善三个过程。现存上京城宫城遗址的规模,应为文王大钦茂中期所建。康王嵩璘在位期间修筑第二重城垣,即皇城城垣。现存郭城的总体布局大体完成于彝震世。在都城整体形制和内部格局上则全面采取唐长安城制度。在上京城遗址范围内,发现了许多珍贵文物。二是渤海古城址、古建筑的发现和研究成果卓著。唐代渤海城址已发现36处,主要分布在牡丹江、东宁、海林、宁安、穆棱、林口等市县。据考古调查和发掘材料,渤海城址依其性质和规模可分为都、府、州、县四级。平面一般呈长方形或方形,个别呈"回"字形,城墙多以土夯筑,构筑方法是先挖基槽后筑夯墙,建筑风格与唐代城址颇为一致。城门多开于各墙中间或一角。城墙外多建有护城壕,有的在城门处修建瓮城。三是渤海墓葬的发掘意义重大。渤海王陵的发掘取得了重要成果,除了已知的1号墓外,又先后发现4座大型王室贵族墓,出土壁画和三彩熏炉等一批文物精品。渤海的墓葬,在黑龙江省已发现34处,主要分布在牡丹江·绥芬河流域。已探明和发掘的渤海墓葬有萝北团结墓群、海林头道河子墓群、山咀子墓群、宁安虹鳟鱼场墓群、大朱屯墓群、海林羊草沟墓群、牡丹江桦林石场沟墓群、宁安洋草沟墓群等。这些墓葬的发掘,为唐代渤海墓葬的分类分期研究树立了标尺,也为研究唐代渤海国丧葬制度等提供了宝贵的资料。

黑龙江省辽金时期的考古成就主要集中在金代。

金代是黑龙江地区古代城市发展的一个重要阶段,已经调查发现的辽金古城近200处,辽代城址占很少一部分,多数是金代古城。金代城的制度沿袭和仿照辽宋建制,同时,城墙夯筑,附筑马面、瓮城、角楼、护城壕等,具有金代城址的明显特征。金"建五京,置十四总管府,是为十九路"。金代城址已发现约193座,依其性质可分为都城、路府、州、县四个等级。这些众多的古城除了建筑年代早晚、规模大小、地理位置不同及建筑形制略有不同外,其余方面则是大同小异并带有一定的规律性。城址的分布有一定规律,大致南部比较密集,西部和东部次之,北部稀少。

黑龙江省发现的金代古城有几大特点。特点之一,大部分城址都选择并建筑在江河岸边的台地上,少数不建在江河岸边的则建在较为重要的军事要塞和交通枢纽上;特点之二,大多数城为方形或长方形,这些城大都建在地势较平坦的地方,而少数城的形状不是规则的,如椭圆形、多边形、靴形等则大都建在凸起的高岗山地上,它们的形式多依山势走向而定;特点之三,靠近水源的城,在城外挖有护城河,这种护城河较宽,而不靠近水源的则挖护城壕,这种护城壕比护城河既窄且深。

金代古城之所以多数修筑在江河岸边,主要是可以充分利用水上运输方便各城镇之间的往来联系,既能起到繁荣经济和集散转运的作用,同时又便于连接驿站藉以传递信息。这种经济又方便的作法是金代筑城史上的鲜明特点之一。其次,金代城址几乎都有马面、瓮城、角楼、护城河壕等军事防卫设施,城址可以凭借河流天险用来加强防卫,或者利用天然河水灌济城壕,还可以供给城中军民饮水之需。

金代行政区划路下设州。八里城遗址有学者考证为金肇州故城。

金朝在交通要冲还设立军事屯田性质的城市。中兴城址位于黑龙江与松花江汇合口,三面环水。南北二门均设有瓮城,四面城墙均修筑马面,并修筑了三重城墙及三道城壕。城外东南、西南、西北各方还建有小方城,应是加强防御的卫堡。该城地理位置重要,防卫设施严密,应为金代北方军事重镇。

在东北地区的中部和北部,大量生产和使用铁器是在金代。在阿城小岭五道岭一带发现金代早期冶铁遗址,发现古矿洞10余处,冶铁炉址50余处及一些冶铁工具,说明金代初期冶铁业已有相当高的水平。

1988年,阿城巨源乡城子村金齐国王完颜晏夫妻合葬墓出土了大量珍贵的文物。此墓墓主人身份明确,年代确切,陪葬品丰富精美而又未遭破坏,在金代墓葬研究中具有重要的标尺意义。墓葬出土的丝织品服饰填补了中国服饰史中金代服饰的空白,被学术界誉为北国的"马王堆"。绥滨中兴墓群出土金银器、玉器、瓷器、丝织品以及石雕飞天,带"郎"字私人印章,是金代女真人皈依佛教和改汉姓的佐证。

金朝末年,蒲鲜万奴在今黑龙江和吉林两省东部地区建立了东夏国。经考证,宁安城子后山城即为东夏国城址。近年出土天泰七年十二月少府监造"夺与古阿邻谋克印"、天泰二年元月北京行六部造"万户天字号印"、天泰二年造"古州之印"、"北京劝农司印"、"勾当公事之印"、"祥州节度使印"等印章,均刻有"天泰"年号,是为东夏国遗物。上述"古州之印"出土在牡丹江市附近,有人认为古州应即在这一带,"北京劝农司印"发现于海林旧街,有人认为旧街古城可能为东夏国的北京治所。

明清考古的收获主要是城址与墓葬两个方面。城址方面经过勘察,已经确认了嘎尔当城址、莽吉塔站故城和宁古塔旧城址、瑷珲新城遗址、墨尔根水师营遗址、齐齐哈尔城址、阿勒楚喀城址等北疆重镇,对研究明清两代中央政府对黑龙江流域的经营管辖具有重要意义。

墓葬发现与发掘的不多,其中清代墓葬的清理与发掘是该时期比较新的内容。经发掘和调查较为重要的有依兰德丰、永和两处墓地,出土随葬器物反映浓厚的渔猎经济色彩,推断为松花江下游赫哲人的遗存。

黑龙江省的古代遗址,其文物遗存数量较多,且保存较完好。历史上黑龙江省经济、文化的发展水平较中原地区落后,开发建设、生产的规模也远不及中原地区。由于地处偏远及清初的封禁政策,出现人口密度低,相对来说地广人稀的现象。因此,黑龙江省文物遗存的总数虽然在全国居于最少的几个省份之一,但保存的状况相对较好。黑龙江省的古代建筑很少,但古代遗址尤其是城址数量众多。如,在三江地区广泛分布的汉魏时期古城址,遍布全省的辽金时期古城址等。有些城址长期以来并没有采取特殊的保护措施,仍然保存的比较好,许多城内至今没有居民,有的耕地也没有开垦到城上——这在有些耕地紧缺的省份是做不到的。

黑龙江考古属于我国边疆考古之一,考古发掘获得的成果,是我国统一的多民族国家形成的历史见证,也是中华民族疆域形成的实物见证。众多城址的发现,为我们再现了黑龙江地区以汉族为主体形成的多民族国家和东北疆域形成的历史。如国保单位宁安唐代渤海国上京龙泉府遗址、省保单位泰来辽代塔子城遗址、国保单位克东蒲与路故城遗址(可证明金代东北疆域远达今外兴安岭一带)、省保单位抚远明代莽吉塔站故址、省保单位海林清代宁古塔旧街遗址、国保单位黑河清代黑龙江将军驻地——瑷珲新城遗址等。在各不同时期,城址的分布情况也有差别。渤海、辽金遗址相对集中。唐代渤海国的都城位于黑龙江省宁安市渤海镇,金代前期都城位于黑龙江省阿城市白城,早期渤海、辽金遗址在黑龙江省也有较广泛的分布。

从考古中所发现的古代遗物看,黑龙江地区的文化主要包括三种因素。第一种是本地土著文化因素,第二种是黄河流域(含辽西)中原文化因素,第三种是外来文化因素。本地因素是当地特有的,从本土中成长起来的,在早期文化中表现比较明显。例如新石器时代的新开流文化、昂昂溪文化等。黄河流域及辽西等文化因素很早就有显现,如新石器时代饶河小南山等出土的玉器显现出它们之间存在着联系。在青铜时代和早期铁器时代,这种联系更加明显,如黄河流域三足器和高圈足器等对陶器的影响,这种联系在唐以后逐渐增多,元明清时期更加明显。外来文化因素在早期主要体现在北方草原游牧文化的影响,以及高句丽等对渤海时期文化的影响。总的来看,黑龙江地区的考古学文化是中国考古学文化的一部分,它有明显的地域特征,受到中原文化的强烈影响,是从多元走向趋同的过程。

主要参考文献

一、古籍

（元）脱脱:《金史》,中华书局,1975年。

二、考古报告

杨志军、郝思德、李陈奇:《平洋墓葬》,文物出版社,1990年。

黑龙江省文物管理委员会等:《阎家岗——旧石器时代晚期古营地遗址》,文物出版社,1990年。

中国社会科学院考古研究所:《六顶山与渤海镇》,中国社会科学出版社,1997。

黑龙江省文物考古研究所、吉林大学考古学系:《河口与振兴》,科学出版社,2001年。

黑龙江省文物考古研究所编著:《七星河——三江平原古代遗址调查与勘测报告》,科学出版社,2004年。

黑龙江省文物考古研究所:《宁安虹鳟鱼场》,文物出版社,2009年。

黑龙江省文物考古研究所、吉林大学考古学系:《肇源白金宝——嫩江下游一处青铜时代遗址的揭示》,科学出版社,2009年。

黑龙江省文物考古研究所:《渤海上京城龙泉府宫城—— 1998~2007年度考古发掘调查报告》,文物出版社,2009年。

三、考古简报

辛建、崔福来:《齐齐哈尔市梅里斯三合砖厂辽代砖室墓清理简报》,《北方文物》1991年第2期。

黑龙江省博物馆:《嫩江下游左岸考古调查简报》,《考古》1960年第4期。

黑龙江省博物馆:《嫩江沿岸细石器文化调查报告》,《考古》1961年第10期。

黑龙江省博物馆:《牡丹江中下游考古调查简报》,《考古》1960年第4期。

黑龙江省博物馆:《黑龙江拉林河左岸考古调查》,《考古》1964年第12期。

黑龙江省博物馆:《金东北路界壕边堡调查》,《考古》1961年第5期。

黑龙江省博物馆:《乌苏里江流域考古调查》,《文物》1972年第3期。

黑龙江省博物馆:《绥芬河上游瑚布图河左岸考古调查》,《黑龙江大学学报》1979年第4期。

黑龙江省文物考古研究所:《黑龙江省呼玛老卡遗址调查简报》,《北方文物》1996年第2期。

黑龙江省博物馆:《昂昂溪新石器时代遗址调查》,《考古》1974年第2期。

黑龙江省博物馆:《黑龙江宁安牛场新石器时代遗址清理》,《考古》1960年第4期。

黑龙江省博物馆:《黑龙江宁安大牡丹屯发掘报告》,《考古》1961年第10期。

黑龙江省博物馆:《东康原始社会遗址发掘报告》,《考古》1975年第3期。

黑龙江省博物馆:《黑龙江饶河小南山遗址试掘简报》,《考古》1972年第2期。

佳木斯市文物管理站、饶河县文物管理所:《黑龙江饶河县小南山新石器时代墓葬》,《考古》1996年第2期。

郝思德、李砚铁:《黑龙江肇源小拉哈、狼坨子青铜时代遗址调查简报》,《黑龙江文物丛刊》1984年第4期。

于凤阁:《依安县乌裕尔河大桥新石器时代遗址调查》,《黑龙江文物丛刊》1982年第2期。

黑龙江省文物考古研究所：《黑龙江尚志县亚布力新石器时代遗址清理简报》，《北方文物》1988 年第 1 期。

杜尔伯特蒙古族自治县博物馆：《黑龙江省杜尔伯特李家岗新石器时代墓葬清理简报》，《北方文物》1991 年第 2 期。

黑龙江省文物考古研究所、吉林大学考古学系：《黑龙江省海林县振兴遗址发掘简报》，《北方文物》1997 年第 3 期。

黑龙江省文物考古研究所、吉林大学考古学系：《黑龙江省肇源县小拉哈遗址发掘简报》，《北方文物》1997 年第 1 期。

马利民、项守先、傅维光：《黑龙江省齐齐哈尔市滕家岗遗址三座新石器时代墓葬的清理》，《北方文物》2005 年第 1 期。

郝思德、岳日平：《大庆市沙家窑新石器时代遗址调查》，《北方文物》1987 年第 1 期。

黑龙江省文物考古工作队：《黑龙江省肇源白金宝遗址第一次发掘》，《考古》1980 年第 4 期。

黑龙江省文物考古研究所等：《黑龙江肇源白金宝遗址 1986 年发掘简报》，《北方文物》1997 年第 4 期。

哈尔滨市文物管理站、五常市文物管理所：《黑龙江省五常市沙河子镇西山石棺墓的考古调查》，《北方文物》1999 年第 1 期。

黑龙江省博物馆考古部等：《宁安县东康遗址第二次发掘记》，《黑龙江文物丛刊》1983 年第 3 期。

黑龙江省文物考古工作队、吉林大学历史系考古专业：《东宁团结遗址发掘报告》，《吉林省考古学会第一次年会资料》，1978 年。

黑龙江省文物考古研究所：《黑龙江省双鸭山市滚兔岭遗址发掘报告》，《北方文物》1997 年第 2 期。

黑龙江省文物考古研究所：《黑龙江友谊县凤林城址 1998 年发掘简报》，《考古》2000 年第 11 期。

黑龙江省文物考古研究所：《黑龙江友谊县凤林城址二号房址发掘报告》，《考古》2000 年第 11 期。

黑龙江省文物考古研究所：《黑龙江双鸭山市保安村汉魏城址试掘》，《考古》2003 年第 2 期。

黑龙江省文物考古研究所：《黑龙江宝清县炮台山汉魏城址试掘简报》，

《文物》2009 年第 6 期。

于汇历、赵宾福、张伟:《黑龙江肇源县小拉哈遗址发掘报告》,《考古学报》1998 年第 1 期。

黑龙江省文物考古研究所、吉林大学考古学系:《黑龙江省肇东县哈土岗子遗址试掘简报》,《北方文物》1988 年第 3 期。

黑龙江省文物考古研究所、吉林大学北方考古研究室:《黑龙江省肇东县后七棵树遗址发掘简报》,《北方文物》1988 年第 3 期。

哈尔滨市文物管理委员会办公室:《哈尔滨市呼兰县团山遗址调查简报》,《北方文物》1992 年第 2 期。

黑龙江省博物馆、齐齐哈尔市文管站:《齐齐哈尔大道三家子墓葬清理》,《考古》1988 年第 12 期。

郝思德、杨志军、李陈奇:《黑龙江泰来县平洋砖厂墓地发掘简报》,《考古》1989 年第 12 期。

齐齐哈尔市文物管理站:《黑龙江省齐齐哈尔市东土岗青铜时代墓葬清理简报》,《北方文物》2002 年第 3 期。

黑龙江省文物考古研究所:《黑龙江宾县庆华遗址发掘简报》,《考古》1988 年第 7 期。

黑龙江省文物考古研究所:《黑龙江海林市望天岭遗址发掘简报》,《北方文物》1998 年第 2 期。

黑龙江省文物考古研究所:《黑龙江海林木兰集东遗址》,《北方文物》1996 年第 2 期。

黑龙江省文物考古研究所:《黑龙江省海林东兴遗址 1992 年试掘简报》,《北方文物》1996 年第 2 期。

黑龙江省文物考古研究所、吉林大学考古学系:《黑龙江海林市东兴遗址发掘简报》,《考古》1996 年第 10 期。

黑龙江省文物考古研究所、吉林大学考古学系:《黑龙江省海林市三道河乡东兴遗址 1994 年考古发掘简报》,《北方文物》1996 年第 1 期。

黑龙江省文物考古研究所、吉林大学考古学系:《黑龙江海林市渡口遗址的发掘》,《考古》1997 年第 7 期。

黑龙江省文物考古研究所:《黑龙江宝清县炮台山汉魏城址试掘简报》,《文物》2009 年第 6 期。

黑龙江省文物管理委员会:《黑龙江友谊县凤林古城址的发掘》,《考古》
　　2004 年第 12 期。

黑龙江省文物考古研究所:《黑龙江友谊凤林城址 1999 年发掘简报》,
　　《北方文物》2016 年第 4 期。

黑龙江省文物考古研究所:《黑龙江友谊凤林城址 2000 年发掘简报》,
　　《考古学报》2013 年第 4 期。

黑龙江省佳木斯市文物管理站:《黑龙江桦南县小八浪遗址的发掘》,
　　《考古》2002 年第 7 期。

杨虎:《黑龙江省绥滨县蜿蜒河遗址发掘报告》,《北方文物》2006 年第
　　4 期。

杨虎、谭英杰、林秀贞:《黑龙江绥滨同仁遗址发掘报告》,《考古学报》
　　2006 年第 1 期。

黑龙江省文物考古研究所:《黑龙江萝北县团结墓葬发掘》,《考古》1989
　　年第 8 期。

黑龙江省文物考古研究所:《黑龙江省绥滨县四十连遗址发掘报告》,
　　《北方文物》2010 年第 2 期。

李英魁:《黑龙江省萝北县团结墓葬清理简报》,《北方文物》1989 年第
　　4 期。

鄂善军:《黑龙江省同江市勤得利古城调查》,《北方文物》2002 年第
　　3 期。

黑龙江省文物考古工作队、吉林大学考古专业:《东宁大城子渤海墓群发
　　掘简报》,《考古》1982 年第 3 期。

黑龙江省文物考古研究所:《渤海砖瓦窑址发掘报告》,《北方文物》1986
　　年第 2 期。

黑龙江省文物考古研究所:《渤海上京宫城第一宫殿东、西廊庑遗址发掘
　　清理简报》《渤海上京城第 2、3、4 号门址发掘简报》,《文物》1985 年
　　第 11 期。

黑龙江省文物考古研究所:《黑龙江省牡丹江桦林石场沟墓地》,《北方
　　文物》1991 年第 4 期。

黑龙江省文物考古研究所:《黑龙江海林北站渤海墓试掘》,《北方文物》
　　1987 年第 1 期。

黑龙江省文物考古研究所、吉林大学考古学系:《黑龙江海林市兴农渤海时期城址的发掘》,《考古》2005年第3期。

吕遵禄:《镜泊湖周围山城遗址的调查》,《北方文物》1989年第1期。

黑龙江省文物考古研究所:《黑龙江省海林市羊草沟墓地的发掘》,《北方文物》1998年第3期。

黑龙江省文物考古研究所:《黑龙江省宁安市虹鳟鱼场墓地的发掘》,《考古》1997年第2期。

黑龙江省文物考古工作队、吉林大学历史系考古专业:《黑龙江东宁县大城子渤海墓发掘简报》,《考古》1982年第3期。

黑龙江省文物考古研究所:《黑龙江五常市香水河墓地发掘简报》,《考古》2016年第4期。

黑龙江省文物考古研究所:《黑龙江省宁安市东莲花村渤海墓葬》,《北方文物》2003年第2期。

牡丹江市文物管理站:《牡丹江边墙调查简报》,《北方文物》1986年第3期。

丹化沙:《黑龙江泰来辽墓清理》,《考古》1960年第4期。

金铸:《黑龙江省龙江县二村古墓群调查》,《北方文物》1987年第1期。

傅惟光、金铸:《黑龙江省龙江县合山乡的辽代石室墓》,《北方文物》1989年第4期。

朱国忱:《塔子城调查记略》,《辽海文物学刊》1987年第2期。

鄂善君:《黑龙江省同江市团结古城调查》,《北方文物》1994年第4期。

张鹏、于生:《黑龙江省逊克县河西古城第三次调查简报》,《北方文物》1995年第3期。

李彦君、刘展、姜占忠:《"蒙古山寨"古城调查简报》,《北方文物》2000年第4期。

崔福来、新建:《齐齐哈尔市梅里斯长岗辽墓清理简报》,《北方文物》1993年第1期。

肇东县博物馆:《黑龙江肇东县八里城清理简报》,《考古》1960年第2期。

黑龙江省文物考古工作队:《黑龙江克东县金代蒲峪路故城发掘》,《考古》1987年第2期。

安路:《哈尔滨新香坊金墓发掘综述》,《黑龙江史志》1984 年第 2 期。

黑龙江省文物考古研究所:《黑龙江阿城巨源金代齐国王墓发掘简报》,《文物》1989 年第 10 期。

黑龙江省文物考古研究所:《黑龙江双城市车家城子金代城址发掘简报》,《考古》2003 年第 2 期。

黑龙江省文物考古工作队:《镜泊湖周围山城遗址的调查》,《黑龙江文物丛刊》1983 年第 3 期。

阎景泉:《黑龙江省阿城市双城村金墓群出土文物整理报告》,《北方文物》1990 年第 2 期。

崔福来、辛建:《黑龙江省齐齐哈尔市梅里斯音钦清代墓群调查简报》,《北方文物》1989 年第 4 期。

王东甲、万大勇、刘西元:《伊春市乌云河船棺墓调查清理简报》,《北方文物》1994 年第 4 期。

黑龙江省文物考古工作队:《依兰县永和、德丰清墓的发掘》,《北方文物》1982 年第 1 期。

赵善桐:《黑龙江安达县青肯泡遗址调查记》,《考古》1962 年第 12 期。

朱国忱、张太湘:《东康原始社会遗址发掘报告》,《考古》1975 年第 3 期。

四、研究论著

黑龙江省文物考古队:《黑龙江古代文物》,黑龙江人民出版社,1979 年。

谭英杰、孙秀仁、赵虹光、干志耿:《黑龙江区域考古学》,中国社会科学出版社,1991 年。

干志耿、孙秀仁:《黑龙江古代民族史纲》,黑龙江人民出版社,1987 年。

裴文中:《裴文中史前考古学论文集》,文物出版社,1987 年。

王幼平:《中国远古人类文化的源流》,科学出版社,2005 年。

刘晓东等:《黑龙江通史先秦卷》,社会科学文献出版社,2019 年。

赵宾福:《东北石器时代考古》,吉林大学出版社,2003 年。

赵宾福:《中国东北地区夏至战国时期的考古学文化研究》,科学出版社,2009 年。

黑龙江省文物考古研究所:《考古·黑龙江》,文物出版社,2011年。

《黑龙江省文物考古研究所大事记》,内部刊物。

黑龙江省地方志编纂委员会:《黑龙江省志·文物志》,黑龙江人民出版
　　社,1994年。

黑龙江省地方志编纂委员会:《黑龙江省志·文物志》,黑龙江人民出版
　　社,2020年。

秦大树:《宋元明考古》,文物出版社,2004年。

赵评春、迟本毅:《金代服饰——金齐国王墓出土服饰研究》,文物出版
　　社,1998年。

孔祥星、刘一曼:《中国古代铜镜》,文物出版社,1984年。

阿城县文物管理所编:《阿城县出土铜镜》,阿城县文物管理所,1974年。

那国安、王禹浪编著:《金上京百面铜镜图录》,哈尔滨出版社,1994年。

《历史的见证》编写组:《历史的见证》,《黑河地区文物普查文集》,黑龙
　　江人民出版社,1978年。

五、研究论文

徐永杰:《黑龙江考古界说》,《北方文物》2001年第4期。

于汇历、尤玉柱:《阎家岗遗址的结构及埋葬学研究》,《考古与文物》
　　1988年第4期。

张森水:《中国旧石器考古的新转折——〈阎家岗旧石器时期晚期古营
　　地遗址〉述评》,《北方文物》1991年第2期。

于汇历:《黑龙江省旧石器时代考古二十年》,《北方文物》2000年第
　　1期。

郝思德:《试论黑龙江省新石器时代文化的特点》,《求是学刊》1981年
　　第2期。

谭英杰、赵善桐:《松嫩平原青铜文化刍议》,《中国考古学会第四次年会
　　论文集》,1985年。

李陈奇、殷德明、杨志军:《松嫩平原青铜与雏形早期铁器时代文化类型
　　的研究》,《北方文物》1994年第1期。

郝思德：《白金宝文化初探》，《求是学刊》1982 年第 5 期。

都兴智：《试论汉书文化和白金宝文化》，《北方文物》1986 年第 4 期。

贾伟明：《关于白金宝类型分期的探索》，《北方文物》1986 年第 4 期。

李学来：《白金宝文化研究》，《青果集》，知识出版社，1998 年。

谭英杰：《黑龙江旧石器时代考古的回顾和展望》，《黑龙江文物丛刊》1982 年第 1 期。

于建华：《对牡丹江中游原始文化的几点认识》，《黑龙江文物丛刊》1982 年第 2 期。

匡瑜：《战国至两汉的北沃沮文化》，《黑龙江文物丛刊》，1982 年第 1 期。

林沄：《论团结文化》，《林沄学术文集》，中国大百科全书出版社，1998 年。

贾伟明：《论团结文化的类型、分期及相关问题》，《考古与文物》1985 年第 2 期。

杨志军、刘晓东、李陈奇、许永杰：《平洋墓葬研究》，《北方文物》1996 年第 4 期。

谭英杰、赵虹光：《黑龙江中游铁器时代文化分期浅论》，《考古与文物》1993 年第 4 期。

谭英杰、赵虹光：《再论黑龙江中游铁器时代文化晚期遗存的分期——科尔萨科沃墓地试析》，《中苏考古学论文集》，1990 年。

张伟：《松嫩平原早期铁器的发现与研究》，《北方文物》1997 年第 1 期。

孙秀仁：《新中国时期渤海考古学的进展》，《黑龙江文物丛刊》1982 年第 2 期。

孙秀仁：《略论海林山嘴子渤海墓葬的形制、传统和文物特征》，《中国考古学会年会论文集》（1979 年），文物出版社，1981 年。

刘晓东：《渤海墓葬的类型与演变》，《北方文物》1996 年第 2 期。

李殿福：《渤海上京永兴殿考》，《北方文物》1988 年第 4 期。

魏存成：《渤海的建筑》，《黑龙江文物丛刊》，1984 年第 4 期。

刘晓东、魏存成：《渤海上京城营筑时序与形制渊源研究》，《中国考古学会第六次年会论文集》（1987 年），文物出版社，1990 年。

刘晓东、魏存成：《渤海上京城主体格局的演变》，《北方文物》1991 年第 1 期。

黑龙江省文物考古工作队:《从出土文物看黑龙江地区的金代社会》,《文物》1977 年第 4 期。

孙秀仁、干志耿:《论辽代五国部及其物质文化特征》,《东北考古与历史》1982 年第 1 辑。

孙秀仁:《黑龙江辽金考古与历史研究的主要收获》,《黑龙江文物丛刊》1983 年第 1 期。

吴顺平:《论黑龙江地区金代早期的陶瓷工艺》,《北方文物》1989 年第 4 期。

胡秀杰:《辽金时期契丹女真族瓜棱器研究》,《北方文物》1996 年第 2 期。

郝思德:《黑河卡伦山辽代墓葬出土的漆器及其制作工艺》,《北方文物》1996 年第 4 期。

王永祥、王宏北:《黑龙江金代古城述略》,《辽海文物学刊》1988 年第 2 期。

王禹浪、曲守成:《黑龙江地区金代古城初步研究》,《东北地方史研究》1988 年第 4 期。

谭英杰、赵虹光:《黑龙江考古学研究的回顾与思考》,《北方文物》1993 年第 3 期。

孙秀仁:《黑龙江历史考古述论》(上、下),《社会科学战线》1979 年第 1、2 期。

杨志军、许永杰、李陈奇、刘晓东:《二十年来的黑龙江区系考古》,《北方文物》1997 年第 4 期。

黑龙江省文物考古研究所:《建国以来黑龙江省考古的主要收获》,《北方文物》1989 年第 3 期。

杨志军:《牡丹江地区原始文化试论》,《黑龙江文物丛刊》1982 年第 3 期。

张泰湘:《嫩江流域原始文化初论》,《北方文物》1985 年第 2 期。

杨虎、谭英杰、张泰湘:《黑龙江古代文化初论》,《中国考古学会第一次年会论文集》,文物出版社,1979 年。

干志耿:《东北考古述略》,《社会科学战线》1997 年第 1 期。

张忠培:《黑龙江考古学的几个问题的讨论》,《北方文物》1997 年第 1 期。

张伟:《松嫩平原战国两汉时期文化遗存研究》,《北方文物》2005 年第

4 期。

尹赞勋:《哈尔滨附近第四纪哺乳动物化石群之发现》,《中国地质学会志》11 卷第 2 期。

游寿、于英莲:《黑龙江省和内蒙古呼盟的旧石器晚期骨制工具》,《北方论丛》1980 年第 1 期。

杨大山:《饶河小南山新发现的旧石器地点》,《黑龙江文物丛刊》,1981年第 1 期。

黄慰文、张镇洪等:《黑龙江昂昂溪的旧石器》,《人类学学报》1984 年第 3 期。

高星:《昂昂溪新发现的旧石器》,《人类学学报》,1988 年第 1 期。

魏正一等:《哈尔滨阎家岗旧石器时代晚期地点》,《北方文物》1986 年第 4 期。

魏正一、李龙:《齐齐哈尔市碾子山区发现的石器》,《北方文物》1990 年第 3 期。

孙建中、王雨灼:《东北大理冰期的地层》,《地层学杂志》1983 年第 1 期。

魏屹、陈胜前、高星:《试论阎家岗遗址动物骨骼圈状堆积的性质》,《人类学学报》2012 年第 3 期。

黄可佳:《哈尔滨阎家岗遗址动物骨骼圈状堆积的初步研究》,《考古学报》2008 年第 1 期。

于汇历、袁宝印、黄慰文:《哈尔滨阎家岗遗址的地质背景》,《人类学学报》2010 年第 4 期。

梁思永:《昂昂溪史前遗址》,《梁思永考古论文集》,科学出版社,1959 年。

思晋:《倭肯哈达洞穴遗存试析》,《北方文物》1994 年第 3 期。

郝思德:《桦川万里霍通原始社会遗址调查》,《黑龙江文物丛刊》1984年第 1 期。

武威克、刘焕新、常志强:《黑龙江省刀背山新石器时代遗存》,《北方文物》1987 年第 3 期。

陈家本、范淑贤:《黑龙江省双城市出土曲刃青铜短剑》,《北方文物》1991 年第 1 期。

安路、贾伟明:《黑龙江讷河二克浅墓地及其问题探讨》,《北方文物》
1986 年第 2 期。

张泰湘、曲柄仁:《黑龙江富裕县小登科出土的青铜时代遗物》,《考古》
1984 年第 4 期。

张伟:《嫩江流域夏至东汉时期的五支考古学文化》,《北方文物》2010
年第 2 期。

赵善桐:《黑龙江官地遗址发现的墓葬》,《考古》1966 年第 1 期。

李砚铁、刘晓东、王建军:《黑龙江省依兰县桥南遗址发掘及相关问题》,
《北方文物》2000 年第 1 期。

丹化沙、谭英杰:《松花江中游和嫩江下游的原始文化遗址》,《东北考古
与历史》1982 年第 1 辑。

丹化沙:《黑龙江省肇源望海屯新石器时代遗址》,《考古》1961 年第 10 期。

张伟:《关于黑龙江省考古学文化命名的几点看法——以嫩江流域青铜
时代至早期铁器时代为例》,《北方文物》2008 年 4 期。

潘玲、林沄:《平洋墓葬的年代与文化性质》,《边疆考古研究》(第 1 辑),
科学出版社,2002 年。

赵宾福:《汉书二期文化研究——遗址材料和墓葬材料的分析与整合》,
《边疆考古研究》(第 8 辑),科学出版社,2009 年。

乔梁:《黑龙江汉晋时期考古学遗存的分布与文化格局》,边疆考古研究
(第 13 辑),科学出版社,2013 年。

许永杰:《黑龙江七星河流域汉魏遗址群聚落考古计划》,《考古》2000
年第 11 期。

吕遵禄:《黑龙江宁安林口发现的古墓葬群》,《考古》1962 年第 11 期。

黑龙江省博物馆、黑龙江省文物考古工作队:《黑龙江文物考古三十年主
要收获》,《文物考古三十年》,文物出版社,1979 年。

张泰湘:《唐代渤海率宾府辨》,《历史地理》(第 2 辑),上海人民出版社,
1982 年。

黑龙江省文物考古研究所、吉林大学考古学系:《1996 年海林细鳞河遗
址发掘的主要收获》,《北方文物》1997 年第 4 期。

黑龙江省文物考古研究所:《黑龙江省东宁县小地营遗址渤海房址》,
《考古》2003 年第 3 期。

黑龙江省文物考古研究所:《黑龙江省海林市山咀子渤海墓葬》,《北方文物》2012 年第 1 期。

黑龙江省文物考古研究所:《黑龙江省海林二道河子渤海墓葬》,《北方文物》1987 年第 1 期。

黑龙江省文物考古工作队:《黑龙江宁安县莺歌岭遗址》,《考古》1981 年第 6 期。

黑龙江省博物馆:《黑龙江东宁大城子新石器时代居住址》,《考古》1979 年第 1 期。

牡丹江市文物管理站:《黑龙江省宁安县石灰场遗址》,《北方文物》1990 年第 2 期。

黑龙江省文物考古工作队:《密山新开流遗址》,《考古学报》1979 年第 4 期。

黑龙江省文物考古工作队:《肇东县青铜时代墓葬》,《中国考古学年鉴》1984 年。

李陈奇、赵虹光:《渤海上京城考古的四个阶段》,《北方文物》2004 年第 2 期。

丹化沙:《黑龙江泰来后窝堡辽墓》,《考古》1962 年第 3 期。

干志耿、魏国忠:《绥滨三号辽代女真墓群清理与五国部文化探索》,《考古与文物》1984 年第 2 期。

郝思德、李陈奇:《黑河卡伦山古墓葬发掘的主要收获》,《黑河学刊》1986 年第 1 期。

邹向前:《黑龙江省龙江县鲁河新丰砖厂辽墓》,《北方文物》1995 年第 2 期。

于庆东:《五国部越里吉地望考》,《北方文物》2008 年第 1 期。

齐齐哈尔市文物管理站:《齐齐哈尔富拉尔基辽代砖室墓》,《北方文物》2003 年第 3 期。

乔梁、杨晶:《黑龙江省西部的辽代墓葬》,《北方文物》2001 年第 4 期。

哲里木盟博物馆:《内蒙古哲里木盟发现的几座契丹墓》,《考古》1984 年第 2 期。

谭英杰:《解放前俄国人在黑龙江的学术团体及其考古活动简述》,《北方文物》1986 年第 2 期。

黑龙江省博物馆:《黑龙江阿城县小岭地区金代冶铁遗址》,《考古》1965 年第 3 期。

黑龙江省文物考古工作队:《黑龙江畔绥滨中兴古城和金代墓群》,《文物》1977 年第 4 期。

黑龙江省文物考古工作队:《松花江下游奥里米古城及其周围的金代墓群》,《文物》1977 年第 4 期。

许子荣:《金上京会宁府遗址》,《黑龙江文物丛刊》1982 年第 1 期。

林秀贞:《绥滨中兴金代古城和墓葬》,《黑龙江古代文物》,黑龙江人民出版社,1979 年。

石砚:《黑龙江省讷河县龙河古城考略》,《北方文物》1989 年第 4 期。

申佐军:《牡丹江地区金代古城述略》,《北方文物》2006 年第 2 期。

胡秀杰:《黑龙江省绥滨中兴墓群出土的文物》,《北方文物》1991 年第 4 期。

黑龙江省文物考古研究所:《"金源故地"发现金齐国王墓》,《北方文物》1989 年第 1 期。

黑龙江省博物馆:《哈尔滨新香坊墓地出土的金代文物》,《北方文物》2007 年第 3 期。

张连峰:《亚沟石刻图像》,《黑龙江文物丛刊》1983 年第 4 期。

里壤:《金宝严大师塔铭志》,《黑龙江文物丛刊》1982 年第 1 期。

丹化沙:《金代曹道士碑之调查与初步研究》,《求是学刊》1980 年第 3 期。

王禹浪、李陈奇:《金代铜镜初步研究》,《辽金史论集》(第 3 辑),书目文献出版社,1987 年。

黄锡惠:《"衍福寺"双塔漫语》,《黑龙江文物丛刊》1982 年第 1 期。

《富锦嘎尔当古城》,《黑龙江史志》1996 年第 6 期。

《古水道咽喉:莽吉塔城》,《黑龙江史志》1998 年第 5 期。

金太顺等:《绥滨县东胜村明代兀的哈人墓葬》,《文物》2000 年第 12 期。

姚玉成、李玲:《瑷珲富明阿墓出土的一批清代文物》,《北方文物》1994 年第 4 期。

叶启晓:《黑龙江省旧石器时代文化遗存研究》,《边疆考古研究》(第 2 辑),科学出版社,2004 年。

吉林大学历史系考古专业:《大安汉书遗址发掘的主要收获》,《东北考古与历史》(第 1 辑),1982 年。

黑龙江省文物管理局:《黑龙江考古五十年》,《新中国考古五十年》,文物出版社,1999 年。

于汇历:《黑龙江清河屯遗址的旧石器》,《东北亚旧石器文化》,文物出版社,1996 年。

于汇历:《黑龙江五常学田旧石器时代文化遗址的初步研究》,《人类学报》1988 年 7 卷 3 期。

干志、魏正一:《黑龙江省旧石器时代考古发现与研究》,《北方文物》1989 年第 1 期。

郝思德、刘晓东:《黑龙江省近十年来考古工作的主要收获》,《黑河学刊》1989 年第 2 期。

李文信:《依兰倭肯哈达的洞穴》,《考古学报》1954 年第 1 期。

孙建中:《松辽平原旧石器考古问题》,黑龙江文物丛刊,1983 年第 2 期。

魏正一、干志耿:《呼玛十八站新发现的旧石器》,《求是学刊》1981 年第 1 期。

叶启晓:《黑龙江史前人类迁徙和环境演变研究》,《环境考古研究》(第 2 辑),科学出版社,2000 年。

张泰湘:《太城子古城调查记》,《文物资料丛刊》4,文物出版社,1981 年。

六、国外著述(包括著书和期刊论文)

《黑龙江考古民族资料译文集》(第 1 辑),北方文物杂志社,1991 年。

[苏]克鲁沙诺夫主编,成于众译:《苏联远东史——从远古到 17 世纪》,哈尔滨出版社,1993 年 10 月。

[日]原田淑人等:《东京城——渤海国上京龙泉府遗址の发掘调查》,东京,1939 年。

[朝]朝中共同考古学发掘队著,东北考古学研究会译:《中国东北地方遗迹发掘报告》,朝鲜社会科学院出版社,1966 年。

[朝]朱荣宪:《渤海文化》,朝鲜社会科学出版社,1971 年。

[日]三宅俊成:《满洲考古学概说》,满洲事情案内所,1945 年。

七、学位论文

赵里萌:《中国东北地区辽金元城址的考古学研究》,吉林大学博士学位
　　论文,2019 年。

八、其他

中国新闻网:《东亚人群如何适应"冰河时代"? 中国科学家解析遗传图
　　谱和基因演化》,《中国新闻网》2021 年 5 月 27 日。
张澍:《"龙人"化石,或将改写人类演化史! 》,《黑龙江日报》2021 年 7
　　月 12 日。
游寿、王云:《哈尔滨师范学院历史系部分教师赴嫩江和牡丹江文化区作
　　考古调查》,《黑龙江日报》1962 年 8 月 28 日。
乔梁:《戚家围子遗存的年代与性质》,"文化族群社会——黑龙江流域
　　考古学术研讨会",黑龙江大学,2014 年 9 月。